金融衍生工具与交易策略

杨 璐　王晓玲　编著

清华大学出版社
北京

内 容 简 介

本书共十一章,主要介绍了金融市场中主要金融衍生品(远期、期货、期权、互换、信用衍生品和结构化产品)的基本概念、运作原理、交易制度、交易策略、风险管理等知识,侧重于风险转移技术和相关交易策略的介绍,包括套期保值、套利和投机原理等内容。通过本书的学习,读者应能了解金融衍生工具相关原理及交易策略,能够运用所学原理,对市场中的金融衍生品进行分析,了解其基本交易操作和风险管理方法。

本书内容丰富、结构清晰、语言简练、图文并茂,具有很强的实用性和可操作性,可作为高等院校金融学专业基础课程的教材,也可作为其他各类金融职业资格的培训教材和自学参考书。

本书封面贴有清华大学出版社防伪标签,无标签者不得销售。

版权所有,侵权必究。举报: 010-62782989, beiqinquan@tup.tsinghua.edu.cn。

图书在版编目(CIP)数据

金融衍生工具与交易策略/杨璐,王晓玲编著. —北京:清华大学出版社,2024.4
ISBN 978-7-302-65828-3

Ⅰ.①金… Ⅱ.①杨…②王… Ⅲ.①金融衍生产品 Ⅳ.①F830.95

中国国家版本馆 CIP 数据核字(2024)第 060132 号

责任编辑: 王　定
封面设计: 周晓亮
版式设计: 孔祥峰
责任校对: 马遥遥
责任印制: 刘　菲

出版发行: 清华大学出版社
网　　址: https://www.tup.com.cn, https://www.wqxuetang.com
地　　址: 北京清华大学学研大厦 A 座
邮　　编: 100084
社 总 机: 010-83470000
邮　　购: 010-62786544
投稿与读者服务: 010-62776969, c-service@tup.tsinghua.edu.cn
质 量 反 馈: 010-62772015, zhiliang@tup.tsinghua.edu.cn
印 装 者: 定州启航印刷有限公司
经　　销: 全国新华书店
开　　本: 185mm×260mm
印　　张: 15.5
字　　数: 387 千字
版　　次: 2024 年 6 月第 1 版
印　　次: 2024 年 6 月第 1 次印刷
定　　价: 69.80 元

产品编号: 100915-01

前言

习近平总书记在党的二十大报告中强调："加强和完善现代金融监管，强化金融稳定保障体系，依法将各类金融活动全部纳入监管，守住不发生系统性风险底线。"这就必须按照党中央决策部署，深化金融体制改革，推进金融安全网建设，持续强化金融风险防控能力。本书贯彻"立德树人"作为教育根本任务的综合教育理念，坚持不懈用习近平新时代中国特色社会主义思想铸魂育人，将大局意识、法治意识、风险意识、金钱观、职业道德等思政育人元素融入课程之中。面对复杂多变的国内外经济金融环境，本书引导学生了解世情、国情、党情、民情，探索符合国情的金融创新、健康发展的新路径，增强对党的创新理论的政治认同、思想认同、情感认同，坚定中国特色社会主义道路自信、理论自信、制度自信、文化自信。

本书从金融衍生工具与风险管理对立统一的关系出发，具体介绍了当代信用货币体系下债权与物权的金融衍生化方式。金融衍生品是从基础资产派生出来的金融工具，具备跨期性、联动性、不确定性和杠杆性等相关风险特征。因此，本书在引入金融衍生品的基本概念之前，从现代信用货币体系角度，介绍了基础货币(高能货币，M0)到广义货币(M2)的转换过程，并从风险管理角度确认了信用货币与金融衍生品相似的债权风险特征。因此，金融衍生品在本书中有两个层面的含义，一是基础货币的衍生性，二是基础资产的衍生性。

因此，在分析金融衍生品的收益和风险特征时，需要同时结合基础货币的衍生性和基础资产的衍生性。换言之，金融衍生品价格由货币价格和基础资产价格共同决定。在美元作为全球资产定价锚的大背景下，全球美元流动性的高低也驱动全球大宗商品价格的变化。在货币的价值尺度不变的前提下，古典经济学能够用供给-需求框架来研究商品的均衡价格。然而，在货币的价值尺度不断变化的当下，货币的名义价值和实际价值需要被准确测度和区分，进而才能度量基础资产和其衍生品的内在价值。

本书在编著过程中不断强调信用货币的衍生性，也着重于对利率衍生品(货币的国内价格)和汇率衍生品(货币的国外价格)的介绍，进而有利于理解内外循环条件下货币流通和商品流通的价值对应关系，例如，利率、汇率和大宗商品价格三者之间的价值对应关系。在此基础上，本书进一步突出了利率衍生品、汇率衍生品和大宗商品衍生品对信用货币的价格发现功能和风险管理功能。

在区分货币的名义价值和实际价值基础上，本书介绍了其他金融衍生品套期保值交易策略，具体包括股指期货(期权)、碳排放权期货(期权)和数字货币等。由于2008年国际金融危机之后，全球投资者开始质疑以美元为中心的全球货币体系，因此以比特币为首的去中心化数字资产开始吸引市场的关注。本书借助金融互换这一去中心化的交易方式，将其与数字货币的分布式记账体系相结合,重点介绍了金融互换和数字货币在金融脱媒(去中心化)方面的作用。

作为新型生产要素,数字技术可以推动各类资源要素快捷流动,加速各类市场主体的融合,帮助市场主体重构组织模式,实现跨界发展,打破时空限制,延伸产业链条,畅通国内外经济循环。因此,数字货币不仅具有大宗商品类似的物权风险特征,而且还具有跨时空的交易优势,导致其价格驱动风险因素更为复杂。由于本书仅作为本科生入门读物,在编著中仅重点强调了数字货币与碳排放权之间的联系,其他跨时空特征并未涉及。

2015年后,随着供给侧结构性改革的深化和去杠杆工作的推进,我国也开始快速地推行资产证券化,这也使得金融衍生品对应的基础资产不断多样化。本书侧重介绍了基于债权的各类衍生产品,具体包括信用违约互换、信用关联票据和信用期权等。结合以上内容,本书重点介绍了我国理财产品市场的结构化产品类型、风险结构特征和内部结构特征等,再通过相关案例进一步解析了期货、期权和互换如何在结构化产品中相结合,为读者设计结构化产品提供一定的思路。

本书由杨璐和王晓玲负责设计总体思路和框架,以及全书统稿和审定。各章节编写分工如下:前言、第一章、第二章和第十一章由杨璐编写,第三章和第四章由李国华编写,第五章、第六章和第七章由张凯编写,第八章、第九章和第十章由王晓玲编写。

本书获深圳大学教材出版资助,在编写过程中,上级主管部门和深圳大学校领导给予了高度重视和持续关注,郑尊信、赵登峰、谢圣远、宋清华等专家、学者进行了悉心指导,深圳大学教务处同仁在编写出版工作上积极协调,清华大学出版社编辑们对本书进行了细心的审校,在此谨表示诚挚的谢意!此外,本书还参阅了大量的国内外著作、文献、教材、报刊及网络资料,在此,一并向这些作者表示衷心的感谢!

由于时间仓促,编者水平有限,书中难免有不妥之处,敬请读者予以指正,以便再版时修正。

本书免费提供教学课件、教学大纲、电子教案和练习与思考参考答案,读者可扫描下方二维码获取。

教学课件

教学大纲

电子教案

练习与思考参考答案

编　者
2024年2月

目 录

第一章 概述 ················1
  第一节 金融衍生工具与基础资产 ········1
    一、金融衍生工具的含义 ········2
    二、金融衍生工具的分类 ········2
    三、金融衍生工具的特点 ········3
  第二节 金融衍生工具的发展和功能 ········5
    一、金融衍生工具的发展背景 ········5
    二、金融衍生工具的功能 ········7
  第三节 全球金融衍生工具交易概况 ········7
  练习与思考 ················9

第二章 远期利率协议概述 ········11
  第一节 远期交易的产生与发展 ········11
    一、远期交易的产生 ········11
    二、金融远期合约 ········12
    三、金融远期定价 ········12
  第二节 远期利率协议 ········14
    一、远期利率的概念 ········15
    二、远期利率协议的术语 ········15
    三、结算金的计算方法 ········16
  第三节 远期利率协议在利率风险管理中的应用 ········17
  练习与思考 ········17

第三章 期货市场概述 ········19
  第一节 期货市场的发展、功能与分类 ········19
    一、期货市场的发展 ········20
    二、期货市场的功能 ········21
    三、期货市场的分类 ········22
  第二节 期货合约 ········24
    一、期货合约的概念 ········24
    二、期货合约举例 ········26
  第三节 期货交易所 ········27
    一、期货交易所的主要功能 ········27
    二、期货交易所的设立、组织与管理 ········28
    三、期货交易所的会员分类 ········29
    四、期货交易所的主要业务 ········29
  第四节 期货结算所 ········29
    一、期货结算所的功能 ········30
    二、期货结算所的设立、组织与管理 ········31
    三、期货结算所的会员分类 ········31
    四、期货结算所的主要业务 ········32
  第五节 期货经纪公司 ········32
    一、期货经纪公司的设立 ········32
    二、期货经纪公司的主要业务 ········32
    三、期货经纪公司分类 ········33
    四、经纪人的概念 ········33
  第六节 期货合约交易者 ········34
    一、期货合约交易者的分类 ········34
    二、期货投机者的积极作用 ········35
  练习与思考 ········35

第四章 期货投机与套期保值原理 ………… 37
第一节 期货投机的概念和作用 ………… 37
一、期货投机概述 ………… 37
二、期货投机的作用 ………… 39
第二节 期货套期图利 ………… 40
一、跨期套利数学分析模型 ………… 40
二、跨市场套利数学分析模型 ………… 42
三、跨商品套利数学分析模型 ………… 45
第三节 期货套期保值的基本原理 ………… 49
一、套期保值的基本概念 ………… 49
二、套期保值的分类 ………… 50
三、套期保值结果的评价尺度及相关经济学假设 ………… 50
四、卖出套期保值分析模型 ………… 51
五、买入套期保值分析模型 ………… 53
六、套期保值者在保值的同时可能失去的机会 ………… 55
七、不直接交割期货的原因 ………… 57
第四节 基差交易 ………… 58
一、买方叫价的基差交易分析模型 ………… 58
二、卖方叫价的基差交易分析模型 ………… 62
练习与思考 ………… 69

第五章 金融期货 ………… 71
第一节 利率期货的产生与发展 ………… 71
一、IMM90天国库券期货合约标准简介 ………… 72
二、IMM指数 ………… 72
三、IMM指数与实际报价的关系 ………… 72
四、浮动盈亏的计算 ………… 73
五、交割 ………… 74
六、短期利率期货的套期保值 ………… 74
第二节 中长期利率期货 ………… 75
一、合约举例 ………… 75
二、报价方式 ………… 76
三、理论债券和合资格债券 ………… 77
四、交割 ………… 77
五、最便宜债券 ………… 79
六、中长期利率期货的套期保值 ………… 80

第三节 股票价格指数期货 ………… 80
一、股票价格指数及其计算 ………… 81
二、股票价格指数期货合约举例 ………… 82
三、买卖一张股票价格指数的实质 ………… 84
四、用股票价格指数期货进行套期保值 ………… 85
第四节 外汇期货 ………… 86
一、外汇概述 ………… 86
二、外汇期货的产生与发展 ………… 87
三、外汇期货合约 ………… 88
四、外汇期货套期保值的应用 ………… 89
第五节 天气期货 ………… 90
一、天气期货合约条款 ………… 91
二、取暖指数和制冷指数 ………… 91
三、应用取暖指数期货和制冷指数期货进行套期保值 ………… 92
第六节 碳排放权期货 ………… 93
一、碳排放权期货的产生 ………… 93
二、碳排放期货合约 ………… 94
三、中国碳排放权交易市场特征 ………… 96
练习与思考 ………… 98

第六章 期权市场 ………… 103
第一节 期权市场的产生与发展 ………… 103
一、期权市场的发展简史 ………… 103
二、期权交易发展中的重大事件 ………… 105
第二节 期权的基本概念及功能 ………… 107
一、期权的基本概念 ………… 107
二、期权的分类 ………… 109
三、期权的功能 ………… 112
第三节 标准化的期权合约 ………… 113
第四节 期权交易 ………… 117
一、期权交易指令 ………… 117
二、撮合与成交 ………… 118
三、对冲平仓 ………… 118
四、交易成本 ………… 119
五、期权交易风险 ………… 119
第五节 期权交易的优势与劣势 ………… 120
一、期权交易与期货交易的比较 ………… 120

  二、期权的优越性·················121
  三、期权交易的缺点··············123
 第六节 期权履约··························123
  一、履约程序·······················123
  二、期权履约的方法···············124
 第七节 期权交易保证金·················127
  一、一般原理······················127
  二、保证金制度···················128
  三、期权结算与期货结算的差异·····132
  四、每日结算原则················133
 练习与思考·····························135

第七章 期权定价与交易策略··········137
 第一节 期权定价··························137
  一、内在价值······················138
  二、时间价值······················139
  三、期权金与内在价值和时间价值的
    关系···························140
 第二节 影响期权定价的因素············141
  一、标的物价格(S)···············141
  二、标的物价格波动率(σ)········142
  三、履约价格(K)·················143
  四、距到期日剩余时间(T)········143
 第三节 期权交易·························144
  一、买进看涨期权损益分析········145
  二、卖出看涨期权损益分析········146
  三、买进看跌期权损益分析········147
  四、卖出看跌期权损益分析········148
 第四节 期权套期保值··················150
  一、卖期保值·····················150
  二、买期保值·····················152
 练习与思考····························156

第八章 金融互换··························159
 第一节 互换市场的起源和发展·········159
  一、互换的概念···················159
  二、互换的起源···················160
  三、互换的产生和发展············162
 第二节 互换的理论基础·················164
  一、互换产生的理论基础··········164

  二、互换交易合约的内容·········165
  三、互换交易的参加者···········165
  四、互换的功能···················166
  五、互换的种类···················167
 第三节 互换的交易机制·················171
  一、利率互换交易机制···········171
  二、货币互换交易机制···········172
  三、资产负债互换交易机制······176
 第四节 互换的估值和定价··············177
  一、利率互换的估值和定价······177
  二、货币互换的估值和定价······178
 练习与思考····························178

第九章 信用衍生产品······················181
 第一节 信用衍生品简介·················181
  一、信用衍生产品的定义·········181
  二、信用衍生产品发展简史······182
  三、信用衍生产品的特性·········183
 第二节 信用衍生产品的主要
    种类·····························183
  一、信用违约互换·················183
  二、总收益互换···················187
  三、信用关联票据·················188
  四、信用期权与信用价差期权···189
  五、抵押债务凭证·················190
 第三节 信用增级与资产证券化········193
  一、信用增级的分类··············193
  二、资产证券化···················194
  三、我国基础设施公募REITs····195
  四、信用衍生品的评价···········200
  五、信用衍生品助推了金融危机·····201
 练习与思考···························202

第十章 数字货币··························203
 第一节 当前货币和支付体系············203
 第二节 数字货币的定义·················205
  一、加密货币：去中心化信用的
    不明朗的未来···············205
  二、加密货币的分布式账本技术·····206

三、评估无需许可加密货币的经济
　　　　局限性 ……………………209
第三节　NFT协议 ……………………212
　　一、NFT交易的实质 ……………212
　　二、NFT的交易风险 ……………213
　　三、NFT的应用 …………………213
第四节　加密货币带来的监管
　　　　挑战 ………………………214
练习与思考 ………………………………217

第十一章　结构化产品 …………………219
第一节　结构化产品的一般特征 ……219
　　一、固定投资期限 ………………220
　　二、本金保护 ……………………220
　　三、基于特定公式计算收益 ……220

　　四、衍生工具的角色 ……………221
　　五、种类繁多的基础资产组合 …222
第二节　结构化产品的分类 …………222
　　一、以本金保护程度为基准分类 …223
　　二、以风险程度高低为基准分类 …223
第三节　我国结构化产品市场的
　　　　发展 ………………………226
　　一、我国结构化产品市场发展历史 …226
　　二、我国结构化产品市场发展现状 …227
　　三、我国结构化产品发展的政策性
　　　　建议 ………………………232
练习与思考 ………………………………234

参考文献 …………………………………235

第一章

概 述

金融衍生工具是现代金融市场创新的集中体现，是现代金融学理论知识和实践经验的综合运用。本章将介绍金融衍生工具的基本知识，从定义、特征、种类等方面对金融衍生工具进行初步的解释，进而让读者认识到金融衍生工具为什么在现代金融市场中扮演如此重要的角色。对金融从业者而言，金融衍生工具的业务运作过程是不可或缺的基本知识，本章对此也有所涉及。同时，本章也介绍了金融衍生工具市场情况，包括市场的参与者、发展阶段、二级市场及中国的金融衍生工具市场的基本状况。

本章要点：

- 了解中国金融衍生工具市场的基本情况；
- 理解金融衍生工具市场产生与发展的背景；
- 掌握有关金融衍生工具市场特征和功能的知识；
- 理解金融衍生工具市场各个构成要素的概念、作用等；
- 掌握有关金融衍生工具标准化内容的知识。

第一节　金融衍生工具与基础资产

党的二十大报告提出，"加强反垄断和反不正当竞争，破除地方保护和行政性垄断，依法规范和引导资本健康发展"。资本对更高利润的追逐，还会导致大量资本从利润率较低的实体产业中流出，从而流向利润率更高的金融行业，形成"脱实向虚"的现象，为我国经济社会的平稳健康发展埋下了隐患。然而，实体产业才是真正的财富之母，任何金融形态都建立于实体产业之上。资本无序扩张也就意味着实体产业(基础资产)严重空心化、杠杆化和衍生化。本章的重点在于理解基础资产与金融衍生工具之间的关系，进而掌握衍生工具形成杠杆交易和兑现未来收益的过程，即从产业资本到金融资本的转变过程，进而理解资本无序扩张的本质。

一、金融衍生工具的含义

金融衍生工具(financial derivatives)也称金融衍生产品、金融派生品,是以货币、债券、股票等传统金融商品为基础,以杠杆或信用交易为特征的金融工具。传统金融商品也称标的资产或基础资产(underlying assets)。金融工具如远期、期货、期权、互换等,均归入金融衍生工具的范畴。

关于金融衍生工具的含义,要注意以下三点:

(1) 金融衍生工具是从基础金融资产派生而来的。这个特征决定了金融衍生工具的价格变动主要受基础资产价格变动的影响。

(2) 金融衍生工具是对未来的交易。这类金融工具是对基础金融资产未来可能产生的结果进行交易,交易结果的盈亏在未来时刻才能确定。

(3) 金融衍生工具的交易具有杠杆效应。这类金融工具是通过预测基础金融资产未来的市场行情走势,以支付少量保证金的方式参与合约的交易,因此这类交易具有以小博大的高杠杆效应。对于保值者来说,可以利用少量资金进行风险管理;对于投机者来说,可能带来数倍的收益,也可能产生巨额的亏损。

二、金融衍生工具的分类

(一) 按照金融衍生工具交易方法分类

(1) 金融远期合约(financial forwards),指合约双方同意在未来日期按照协定价格交换金融资产的合约。金融远期合约规定了将来交换的资产、交换的日期、交换的价格和数量,合约条款因合约双方的需要不同而不同。金融远期合约主要有远期利率协议、远期外汇合约、远期股票合约等。

(2) 金融期货(financial futures),指买卖双方在有组织的交易所内以公开竞价的形式达成的、在将来某一特定时间交收标准数量特定金融工具的协议,主要包括货币期货、利率期货和股票指数期货三种。

(3) 金融期权(financial options),指合约双方按约定价格,在约定日期内就是否买卖某种金融工具所达成的契约,包括现货期权和期货期权两大类,而每大类又可分为很多种类。

(4) 金融互换(financial swaps),指两个或两个以上的当事人按共同商定的条件,在约定的时间内,交换一定支付款项的金融交易,主要有货币互换和利率互换两大类。

(5) 资产支持证券(asset-backed securities),指由受托机构发行的、代表特定目的信托的信托受益权份额。受托机构以信托财产为限向投资机构承担支付资产支持证券收益的义务,其基础资产通过结构化处理,风险收益呈现出多种形态。

这五类衍生工具中,金融远期合约是其他四种衍生工具的始祖,其他衍生工具均可以认为是金融远期合约的延伸或变形。这种分类是最基本、最常见的分类。本书内容的安排,基本按这种分类方式进行。

(二) 按照基础工具种类的不同分类

(1) 股权式衍生工具(equity derivatives)，指以股票或股票指数为基础工具的金融衍生工具，主要包括股票期货、股票期权、股票指数期货、股票指数期权及这些合约的混合交易合约。

(2) 货币衍生工具(currency derivatives)，指以各种货币作为基础工具的金融衍生工具，主要包括远期外汇合约、货币期货、货币期权、货币互换及这些合约的混合交易合约。

(3) 利率衍生工具(interest rate derivatives)，指以利率或利率的载体为基础工具的金融衍生工具，主要包括远期利率协议、利率期货、利率期权、利率互换及这些合约的混合交易合约。

(4) 信用衍生工具(credit derivatives)，是分离和转移信用风险的各种工具和技术的统称。虽然信用衍生工具的发展历程才十年，但在全球发展迅速且日趋成熟。比较有代表性的信用衍生产品主要有信用违约互换、总收益互换、信用关联票据和信用利差期权四种。

(三) 按照金融衍生工具交易性质的不同分类

(1) 远期类衍生工具(forward-based derivatives)，在这类交易中，交易双方均负有在将来某一日期按一定条件进行交易的权利与义务，双方的风险收益是对称的。属于这一类的有远期合约(包括远期外汇合约、远期利率协议等)、期货合约(包括外汇期货、利率期货、股票指数期货等)、互换合约(包括货币互换、利率互换等)。

(2) 选择权类衍生工具(option-based derivatives)，在这类交易中，合约的买方有权根据市场情况选择是否履行合约。换言之，合约的买方拥有不执行合约的权利，而合约的卖方则负有在买方履行合约时执行合约的义务。因此，双方的权利、义务以及风险收益是不对称的。属于这一类的有期权合约(包括汇率期权、利率期权、股票期权、股票指数期权等)，另有期权的变通形式，比如：认股权证(warrants，包括非抵押认股权证和备兑认股权证)、可转换债券(convertible bonds)、利率上限(caps)、利率下限(floors)、利率上下限(collars)等。值得一提的是，上述分类并不是一成不变的。随着金融衍生工具的发展，上述的分类界限正在模糊，由两种、三种甚至更多不同种类的衍生工具及其他金融工具，经过变化、组合以及合成这几种方式创造出来的再衍生工具和合成衍生工具正在出现，使衍生工具的传统分类模糊难辨。比如：由期货和期权合约组成的期货期权(option on futures)，由期权和互换合成的互换期权(swaptions)，由远期和互换合成的远期互换(forward swaps)等。

三、金融衍生工具的特点

(一) 金融衍生工具的构造具有复杂性

这是因为人们对基本衍生工具如期货、期权和互换的理解和运用已经不易，而当今国际金融市场的"再衍生工具"更是把期货、期权和互换进行组合，使金融衍生工具的构造更为复杂。这种复杂多变的特性使金融产品的设计需要使用较高深的数学方法，大量采用现代决策科学方法和计算机科学技术，仿真模拟金融市场运作。在开发、设计金融衍生工具时，采用人工智能和自动化技术，一方面使得金融衍生工具更具有充分的弹性，更能够满足使用者的特定需要；另一方面也导致大量的金融衍生工具难以为一般投资者所理解，更难以掌握和驾驭。

(二) 金融衍生工具的交易成本较低

金融衍生工具可以用较为低廉的交易成本来达到规避风险和投机的目的，这也是金融衍生工具为保值者、投机者所喜好并迅速发展的原因之一。衍生工具的成本优势在投资于股票指数期货和利率期货时表现得尤为明显。例如，通过购买股票指数期货，而不必逐一购买单只股票，投资者即可以少量的资本投入及低廉的交易成本来实现其分散风险或投机的目的。又如，在浮动利率市场具有借款优势的借款人可与另一在固定利率市场具有借款优势的借款人进行利率互换交易，以达到双方均降低成本的目的。

(三) 金融衍生工具的设计具有灵活性

运用金融衍生工具易于形成所需要的资产组合，创造出大量的、特性各异的金融产品。交易者参与金融衍生工具的交易，有的是为了保值；有的是利用市场价格波动风险进行投机，牟取暴利；有的是利用市场供求关系的暂时不平衡套取无风险的额外利润。既然存在各种复杂的经营目的，就要有各种复杂的经营品种，以适应不同市场参与者的需要。所以，金融衍生工具可根据各种参与者所要求的时间、杠杆比率、风险等级、价格参数的不同来进行设计、组合和拆分。可见，金融衍生工具的设计具有较大的灵活性。

(四) 金融衍生工具具有虚拟性

虚拟性是指信用制度膨胀下，金融活动与实体经济偏离或完全独立的那一部分经济形态。它以金融系统为主要依托，其行为主要体现在虚拟资本(包括有价证券、产权、物权、金融衍生工具、资本证券化等)的循环上。虚拟经济是以信息技术为工具的经济活动，是一种涉及有价证券的经济。虚拟经济的运作需要以大量的衍生工具为媒介，人们的交易对象正是证券化了的产权、信用和风险，交易的目的在于谋取差价。金融衍生工具独立于现实资本运动之外，却能给持有者带来收益，是一种收益获取权的凭证，其本身没有价值，具有虚拟性。表1-1 为基础资产与金融衍生工具的对应关系。

表1-1　基础资产与金融衍生工具的对应关系

基础资产	金融衍生工具市场
股票	期权：股票期权、股价指数期权、外汇期权、利率期权、农产品期权、贵金属期权、比特币期权、碳排放权期权等。
外汇	
利率	远期契约：远期外汇、远期利率协议、远期农产品合约。
商品	期货：股指期货、外汇期货、利率期货、长期国债期货、农产品、金属、能源期货、比特币期货、碳排放权期货等。
数字货币	
碳排放权	互换：权益互换、外汇互换、利率互换、商品互换等。

📖 专栏

现代信用货币风险要素构成

基于以上金融衍生工具的性质，试想一下现代信用货币系统是否符合这三个特征：基础资产，未来的交易，以及杠杆效应。首先，信用货币所锚定的基础资产到底是什么？这其实就引出了基本概念，货币的价值锚定问题。货币的价值锚定就是给货币赋予实物价值，也就是一定数量的钱到底能买到什么。春秋时期的市场经济，各诸侯国货币的主要锚定物是米粟等粮食，范蠡[①]给越王勾践的国策中就有下面这段，"昔者越王勾践困于会稽之上，乃用范蠡、计然。计然曰：'……夫粜，二十病农，九十病末。末病则财不出，农病则草不辟矣。上不过八十，下不减三十，则农末俱利，平粜齐物，关市不乏，治国之道也……'"——司马迁，《史记·货殖列传》。于是，在传统的小农经济中，货币的价值锚定也仅停留于实物资产。

现代信用货币体系中把货币分为基础货币和广义货币。人民币(基础货币)是通过美元和欧元等硬通货来进行价值锚定的，而影响工农业的石油、铁铜等大宗商品价格则通过美元等硬通货和全球期货市场进行价值锚定，这是当前的信用货币体系。但是，人民币(广义货币)则需要商业银行的信用创造来实现，换言之，就是各类银行贷款(未来的交易)。例如，房贷是现在的自己向未来的自己借钱，实现了商业银行的信用创造，进而实现了广义货币的扩张。换言之，现代信用货币的价值锚定在你的未来，广义货币的不断扩张往往是不断向未来的自己加杠杆的过程。

信用货币作为现代信用货币体系的支柱，本质是一种人类社会对基础资产价值的衍生工具，这种基础资产包含了人类社会所认可的一切具有价值的事物。这种事物不仅包括了具体的商品(黄金)，也包括了抽象的商品(比特币)，甚至包括了人类精神世界(宗教)。在本书的介绍中，请各位读者务必对"这个金融产品的基础资产到底是什么？"有一个先入为主的认识，这样有助于分析不同金融衍生品的风险要素。

第二节 金融衍生工具的发展和功能

近20年来，全球金融衍生工具(也称为金融衍生产品，本书交替使用)发展相当快速，在金融市场上所充当的角色也愈来愈重要。中国过去十多年在这方面不断有新产品推出。譬如，1997年9月4日台湾地区开始有股票认购权证的交易，接着台股指数期货也在1998年7月21日推出，台指期权在2001年12月开始交易。1993年郑州商品交易所开始有小麦期货的交易，随后大连的大豆期货、上海期货交易所的金属期货等交易量也都很大。2010年中国金融期货交易所开始沪深300股指期货的交易。在期权方面，2005年8月22日，首只权证宝钢权证在上海证券交易所上市。然而，在2008年金融海啸后，区块链技术驱动下以比特币为首的数字货币的兴起，金融衍生工具成为众矢之的，加强金融衍生工具监管的呼声也日益高涨。

一、金融衍生工具的发展背景

(一) 环境诱因

20世纪70年代，随着美元的不断贬值，布雷顿森林体系完全崩溃，国际货币制度由固定汇率制走向浮动汇率制。1973年和1978年的两次"石油危机"使西方国家的经济陷入滞胀，

[①] 范蠡(公元前536年—公元前448年)，字少伯，华夏族，楚国宛地三户(今南阳淅川县滔河乡)人。春秋末期政治家、军事家、谋略家、经济学家和道家学者，越国相国、上将军。

国际市场的利率变动更加剧烈,利率风险骤然加大。进入20世纪80年代以后,主要发达国家不断放松对金融市场的管制,实行金融自由化政策,在促进金融行业自由竞争的同时,也使得市场波动更加频繁、剧烈。面对金融市场上的这一系列变化,传统的金融工具已无法低成本、高效率地满足投资者的避险需求,于是金融工程开始兴起。在金融工程的带动下,一批以期货、期权、互换为代表的金融衍生产品应运而生。

(二) 内在动力

一方面,银行等金融机构面临着巨大的市场竞争压力,因而必须努力拓展新的业务。受到金融自由化以及资产证券化的影响,在金融机构的激烈竞争中,投资人和筹资人更多地通过证券市场进行投融资,出现了金融脱媒问题。银行不得不面对传统存贷款业务急剧萎缩的现实。与此同时,随着利率、汇率以及股市风险的增大,银行迫切需要有效的避险工具。为了规避风险,并夺回失去的市场份额,银行积极地设计开发金融衍生工具,充当衍生品交易的中介和交易对手,推动了金融工程的发展。

另一方面,银行受到国际监管的压力而进行盈利模式的转型。以巴塞尔委员会为代表的国际银行业监管组织,为防止跨国银行的危机,对银行的资本充足性提出了越来越高的要求。为此,银行业掀起了表内资产表外化的热潮。而金融衍生品交易就是表外业务的重要内容,可以在无须增加银行资产的情况下,为银行带来丰厚的收入,从而成为银行业新的利润增长点。因此,衍生工具的强大魅力吸引了众多金融机构投身其中。

(三) 理论支持

金融理论的不断发展推动了金融工程的产生和发展。新兴金融工具的开发和金融策略的实施都离不开对金融产品的定价(pricing)。对金融学科的发展具有关键意义的理论主要包括:欧文·费雪(Irving Fisher)提出的净现值(net present value, NPV)方法;冯·诺依曼(Von Neumann)和摩根斯坦恩(Morganstern)提出的期望效用理论;马柯维茨(Markowitz)提出的资产组合选择(portfolio selection)理论;威廉·夏普(William Sharpe)、林特纳(J.Lintner)和莫辛(J. Mossin)提出的著名的资本资产定价模型(capital asset pricing model, CAPM);费希尔·布莱克(Fischer Black)和迈伦·斯科尔斯(Myron Scholes)提出的期权定价公式;斯蒂芬·罗斯(Stephen Ross)提出的套利定价模型(arbitrage pricing theory, APT);考克斯(Cox)、罗斯(Ross)和鲁宾斯坦(Rubinstein)提出的期权定价的二项式(binomial);卡尼曼(Kahneman)和特维斯基(Tversky)提出的展望理论(prospect theory)等。

(四) 物质基础

以计算机技术为代表的新技术革命为金融工程的产生和发展提供了重要的物质基础和硬件保证。只有在新技术的辅助下,结构复杂的衍生工具交易才能够顺利进行。高效率的信息处理系统能提供有关汇率、利率等经济变量的走势,帮助交易者识别、衡量并监控各种风险,寻找交易机会。金融分析理论的发展与信息技术的紧密结合,为开发设计和推广金融衍生品奠定了坚实的基础。

二、金融衍生工具的功能

(一) 作为风险管理的工具

金融衍生工具最开始的目的便是作为风险管理(risk management)之用。譬如中国的进口商可以买入远期美元,以规避美元升值、人民币贬值的损失;中国石油可以买入原油期货,以规避原油油价上涨的风险,因此金融衍生工具最初的目的大都是对冲(hedging)。但是,也有些交易者在没有现货的情形下,买卖金融衍生工具而承担风险,就是所谓的投机(speculating)。也就是说,对冲者或不想承担风险的投资人,可借由金融衍生工具将风险移转给愿意承担风险的投机者,因此金融衍生工具可作为风险管理之用。

(二) 提升市场完整性

金融衍生工具和现货商品的价格存在一定的关系。如果两者的关系不符合理论价格,便存在套利机会。套利结果将会使价格快速调整到合理地步,直到没有套利机会为止,因此可以促进市场效率。另外,由于金融衍生工具的种类非常多,而交易策略也相当多,因此可以给投资者提供许多不同风险与报酬的组合,适合各种不同的风险需求者,使金融市场的产品更加完整。

(三) 具有价格发现功能

本来金融衍生工具的价格是依附在现货价格上的,也就是说当现货价格变动时,金融衍生工具的价格才跟着改变。但是,我们常常听说金融衍生工具如期货或远期契约的价格,会对未来现货的价格走势提供一些有用的隐含信息。也就是说,从期货的价格可以预测未来现货的走势。美国研究数据显示,S&P 500 股指期货常常会有领先大盘指数的情形出现,这是因为金融衍生工具在交易上有一些优势。当市场有一些重大讯息出现,譬如美国联邦储备理事会(FED)调降利率,投资者反映这个利多消息在股指期货(如 S&P 500 股指期货)比较快;但如果要 500 种股票完全反映这个好的信息,则可能需要一段时间。此外,由于期货的交易成本较现货小,投资者会倾向于反映信息于期货交易上。因此,期货的价格变动往往会领先现货价格的变动。所以说金融衍生工具具有价格发现(price discovery)的功能。

第三节 全球金融衍生工具交易概况

全球近年来金融衍生工具的交易量增长快速,新的种类也愈来愈多。除了股票、利率、外汇、商品等有关的金融衍生工具外,也陆续出现和信用、股价指数波动率、碳排放权、气候、能源、电子、地震等相关的金融衍生工具,令人目不暇接。近年来全球交易量较大的期货及期权交易所有:韩国股票交易所(Korea Stock Exchange, KSE)、欧洲交易所(European Exchange, EUREX)、芝加哥商品交易所(Chicago Mercantile Exchange, CME)、纽约泛欧交易所(NYSE Euronext)、芝加哥期权交易所(Chicago Board Option Exchange, CBOE)等。俄罗斯股票交易所(Russian Trading System Stock Exchange, RTS)及上海期货交易所近年来成长也非常迅速。

另外，近年来期货期权交易所并购的趋势愈来愈盛。譬如欧洲交易所(EUREX)，最早是由德国期货交易所(DTB)及瑞士期货期权交易所(SOFFEX)于 1998 年联合成立的。EUREX 于 2007 年并购国际证券交易所(ISE)，目前总交易量仅次于韩国股票交易所，为全球第二大交易所。EUREX 为一全面电子化的交易所，全球的银行、金融机构等都可以使用 EUREX 的交易系统。芝加哥商品交易所(CME)于 2007 年合并芝加哥期货交易所(Chicago Board of Trade, CBOT)及纽约商业交易所(New York Mercantile Exchange, NYMEX)，成立 CME 集团(CME Group)。

第四大集团为纽约-泛欧交易所(NYSE Euronext)，是由纽约证券交易所集团(NYSE Group)和总部位于巴黎的泛欧交易所(Euronext)于 2007 年 4 月合并而成。子公司包括 Arca Option 交易所、美国股票交易所(American Stock Exchange, AMEX)以及伦敦国际金融期货交易所(London International Financial Futures Exchange, LIFFE-UK)。

亚洲方面，韩国由于网络交易发达、交易税低等因素，使得 KOSPI 指数期权的交易量相当庞大，因此交易量近年来一直居于全球第一。印度国家证券交易所(NationalStock Exchange of India, NSE)，交易量在亚洲仅次于韩国股票交易所，大部分是由指数期权交易量的巨幅攀升所致。

中国台湾地区金融衍生工具的交易历史较短，其中大部分交易属于场外交易市场。但是近年来，交易所的金融衍生工具种类及交易量正逐渐增加。目前认购权证、认售权证在台湾证券交易所交易，而台湾期货交易所则有台指期货、台指期权、利率期货、个股期权及个股期货等交易品种，这些大多是与股价相关的金融衍生工具；而与汇率和利率有关的金融衍生工具则多数在场外交易市场交易。台湾地区场外交易金融衍生工具以换汇、远期外汇、汇率期权及外汇互换所占的比重较大。从风险因素种类来看，与汇率有关的金融衍生工具占了 9 成以上，而与利率有关的金融衍生工具所占不到 1 成。从这里可以看出，台湾地区企业所面临的风险仍以汇率风险占最大部分。在汇率衍生性金融工具中，换汇交易及远期外汇占据主导地位，其次为货币互换及外汇期权契约。在交易所方面，1997 年 9 月 4 日，台湾证券交易所开始挂牌交易股票认购权证。1998 年 7 月 21 日，台湾期货交易所正式推出台湾股指期货，并于 1999 年 7 月 21 日推出电子类股期货及金融类股期货契约。指数期权则在 2001 年 12 月 24 日推出，而个股期权、利率期货、黄金期货及个股期货等也纷纷问世。

中国大陆的四个期货交易所近年来交易量快速增长。上海期货交易所成立于 1990 年，推出国债期货以来，经历了 20 多年曲折的发展。衍生品业务开展初期，违规投机事件屡屡发生，国债期货被暂停("327"国债事件)，严重阻碍了国内衍生品市场的发展进程。后来，随着监管逐步完善，国债期货重启、股指期货推出，金融衍生工具的种类更加丰富。上海期货交易所主要交易金属期货，其中螺纹钢期货和铜期货交易量更是位居全球前列，而锌、铝等期货的交易量也很大，在 2009 年，上海期货交易所已跻身全球十大交易所之列。

大连商品交易所成立于 1993 年，已上市的品种有玉米、玉米淀粉、黄大豆 1 号、黄大豆 2 号、豆粕、豆油、棕榈油、鸡蛋、纤维板、胶合板、线型低密度聚乙烯、聚氯乙烯、聚丙烯、焦炭、焦煤、铁矿石共计 16 个期货品种和豆粕期权。

郑州商品交易所成立于 1990 年，先后推出小麦、绿豆、芝麻、棉纱、花生仁等期货交易品种，经中国证监会批准交易的品种有小麦、棉花、白糖、精对苯二甲酸(PTA)、菜籽油、早籼稻等期货品种，其中小麦包括优质强筋小麦和硬冬(新国标普通)小麦。2022 年 8 月，证监会批准郑州商品交易所开展菜籽油和花生期权交易。菜籽油和花生期权合约正式挂牌交易时间为 2022 年 8 月 26 日。

中国金融期货交易所成立于 2006 年 9 月，并于 2010 年 4 月 16 日推出沪深 300 股指期货。沪深 300 股指期货是中国最早推出的金融期货。2015 年，中金所正式推出了 10 年期国债期货和上证 50、中证 500 股指期货。

练习与思考

1. 简述金融衍生工具的含义。
2. 金融衍生工具产生的背景有哪些？
3. 什么是基础资产？金融衍生工具是如何处理基础资产风险的？
4. 为什么不能使用通常的供求分析方法对金融衍生产品进行研究？
5. 金融衍生工具有哪些主要类别？
6. 你觉得未来自己的现值是多少？金融资本是如何形成的？
7. 你能否将任何两种金融衍生工具组合成新的金融衍生工具？

第二章

远期利率协议概述

远期利率协议是现代金融体系资金成本的定价工具,是理解利率期限结构和投资者预期的重要工具。本章将介绍远期利率协议的基本知识,从定义、特征、种类等方面对远期利率协议进行初步的解释,进而使读者认识到远期利率协议为什么在利率定价和利率期限结构中扮演如此重要的角色。对金融从业者而言,利率风险管理是不可或缺的基本知识,包括运作流程、避险原理、结算金的计算及在风险管理中的应用。

本章要点:
- 了解金融远期合约的种类,掌握远期利率的概念及计算方法;
- 理解远期利率协议的含义;
- 掌握远期利率协议的运作流程、避险原理、结算金的计算;
- 掌握远期利率协议在风险管理中的应用。

第一节 远期交易的产生与发展

远期合同交易与期货交易既紧密相联又相互区别。二者的关联主要在于远期合同交易是期货交易的雏形,期货交易是直接在远期合同交易的基础上发展起来的,以至于人们常常将它们混为一谈。实际上,二者有质的区别。远期合同交易与现货交易本质一样,买卖双方最终为了实物商品的交收或交割,而不是其他;而期货交易的买卖双方交易的目的不是为了交收或交割商品,而是为了回避风险或盈利,或者说是为了进行套期保值或赚取风险利润。当前,我国发展进入战略机遇和风险挑战并存、不确定难预料因素增多的时期,各种"黑天鹅""灰犀牛"事件随时可能发生。我们必须增强忧患意识,坚持底线思维,做到居安思危、未雨绸缪,准备经受风高浪急甚至惊涛骇浪的重大考验。

一、远期交易的产生

一般认为,远期交易萌芽于欧洲。早在古希腊和古罗马时期,欧洲就出现了中央交易场所和大宗易货交易，形成了按照既定时间和场所开展的交易活动。在此基础上，产生了远期交易的雏形。在农产品收获之前，商人往往先向农民预购农产品，等收获以后，农民再交付产品，这就是国外原始的远期交易。中国的远期交易同样源远流长，早在春秋时期，中国商人的鼻祖陶朱公范蠡就开展了远期交易。首先，他提出了"谷贱伤民、谷贵伤末"的问题，通过把价格调整到一定范围内而做到"农末俱利"。这样既可以促进农业发展，又有利于工商业的发展，使国民经济各部门能够协调发展。其次，他明确提出了商品价格对生产与流通的作用，尤其是恰当地处理好谷价与其他商品价格的关系对生产与流通的作用。范蠡试图通过调整价格促进生产和流通，这都是通过经济手段而不是通过行政命令来实现的，这也是值得肯定的。再次，怎样把物价控制在一定范围内呢？范蠡主张用"平粜"的办法，这就需要丰收年国家把粮收购储藏起来，在歉收年缺粮时国家再把粮食平价粜出，这样才能起到平定粮食和其他物价的作用，这就叫作"平粜齐物"。所以"平粜"是范蠡首先提出来的，战国时李悝推行平粜法和汉代设"常平仓"都是这一思想的发展与实践。因此，"平粜"思想的重要性不可忽略。范蠡有治国理财的实际经验，他提出的"农末俱利"的价格政策和"平粜齐物"的经济主张具有重要的理论意义和实践意义。"劝农桑，务积谷""农末兼营""务完物""无息币""平粜各物，关市不乏，治国之道也。""夏则资皮、冬则资絺、旱则资舟、水则资车，以待乏也。"等思想对现代的经济建设也有积极的现实意义。

二、金融远期合约

金融远期合约是最基础的金融衍生产品。它是指交易双方在场外市场上通过协商，按约定价格(称为远期价格)在约定的未来日期(交割日)买卖某种标的金融资产(或金融变量)的合约。

根据基础资产划分，常见的金融远期合约包括五个大类。

(1) 股权类资产的远期合约。股权类资产的远期合约主要包括单个股票的远期合约、一揽子股票的远期合约和股票价格指数的远期合约三个子类。

(2) 债权类资产的远期合约。债权类资产的远期合约主要包括定期存款单、短期债券、长期债券、商业票据等固定收益证券的远期合约。

(3) 远期利率协议。远期利率协议是指按照约定的名义本金，交易双方在约定的未来日期交换支付浮动利率和固定利率的远期协议。

(4) 远期汇率协议。远期汇率协议是指按照约定的汇率，交易双方在约定的未来日期买卖约定数量的某种外币的远期协议。

(5) 远期商品协议。远期商品协议是指按照约定的商品价格，交易双方在约定的未来日期买卖约定数量的某种商品的远期协议。

三、金融远期定价

套利(arbitrage)是指在某项金融资产的交易中，交易者可以在不需要期初投资支出的条件下获取无风险的报酬。比如，同一个资产在两个不同的市场上进行交易，但是各市场的交易价格不同，这时交易者就可以在价高的市场上卖出该资产，同时在价低的市场上买入同样的资产，通过这种方式赚得套利的收益。

无套利分析是面向金融产品设计、开发、定价和交易的基本分析技术,也是金融衍生产品定价的基础。在该框架下,资产 A 如果与经过组合后产生的资产 B 完全相同,那么它们的价格以及相应的现金支付在任何时候均应相等。否则就会出现套利机会,套利者可以通过低买高卖的手段进行套利,这种方式会使得被低估的价格上升,被高估的价格下降,最终两项资产的价格完全相等,套利机会最终消失。

(一) 无收益资产的远期价格确定

这里先考虑无收益资产的远期价格确定。无收益资产可以理解为无红利股票、零息债券等。为了给无收益资产进行定价,可以构筑两个可比较的组合:组合 A 是 1 单位资产的远期合约多头组合,1 单位资产的远期价格为 F;组合 B 是 1 单位标的资产多头组合。如果这两个组合的现值相等,就可以用一个资产为另一个资产定价了。

组合 A:1 单位资产的远期合约多头(合约价值为 f)+一笔数额为 Fe^{-rT} 的现金。

组合 B:1 单位标的资产(现价为 S)。

在组合 A 中,由于合约双方确定的 1 单位资产的远期价格为 F,因此现在多头就需要拥有的资金量为 Fe^{-rT}。多头需要将 Fe^{-rT} 做无风险投资,这样期末就可以获得资金 F,通过履行合同进而获得 1 单位资产。

可以考虑,在远期合约到期时,两个组合的当前价值相等,即

$$f + Fe^{-rT} = S \tag{2.1}$$

通常,一个公平的远期价格 F 就是使远期价值 $f=0$ 的交割价格。因此,可以得到远期资产价格公式为

$$F = S^{rT} \tag{2.2}$$

这符合常理。如果投资者在合约结束时需要持有 1 单位资产,可以选择现在就持有 1 单位现货资产,也可以选择持有 1 单位资产的远期多头(远期价格为 F),在合约到期时再获得资产。

(二) 已知收益资产的远期价格确定

对于债券、股票、股指这类金融资产,未来会产生已知收益,可利用以上基本原理进行定价。为此,可以构筑两个组合。

组合 A:1 单位资产的远期合约多头(远期价格为 F) + 一笔数额为 Fe^{-rT} 的现金。

组合 B:1 单位资产(现价为 S) + 该 1 单位资产在远期合约对应到期日前所获得的收益现值 I。

在组合 B 中,增加了一项内容,即 1 单位资产未来所获得收益的现值 I。这个也很容易理解:因为如果是前述的无收益资产,构筑组合 B 所需要花费的资金是 S;而如果是有收益资产,相当于未来收益的贴现值可以减少现有的构筑成本,这样看来,组合 B 的当前价为 $S-I$。

在组合 A 中,Fe^{-rT} 可以按照远期合约约定的价格 F 在期末买入 1 单位现货资产。很明显,通过组合 A 和组合 B,从最终结果来看,投资者均可以持有 1 单位的现货资产。这两个组合在未来均是 1 单位现货资产,市场价值在未来相当。从现值看,价值也应相等。

也就是说,$Fe^{-rT} = S - I$。这样远期价格应为

$$F = (S - I)e^{rT} \tag{2.3}$$

如果组合 B 转换为已知收益率 q 的 1 单位资产，现值为 Se^{-qT}，则式(2.3)可以表示为

$$F = Se^{(r-q)T} \tag{2.4}$$

其中，q 可以为股票的股息率、资产的收益率、货币的利息率等。

(三) 有便利收益的远期价格确定

持有大宗商品会产生一定的储藏费用 U，于是，进行远期定价时所需要考虑的是便利收益所带来的变化。

组合 A：1 单位大宗商品的远期合约多头(远期价格为 F) + 一笔数额为 Fe^{-rT} 的现金。

组合 B：1 单位大宗商品(现价为 S) + 储藏成本的现值 U。

组合 A 和组合 B 在远期合同结束时均可以获得 1 单位大宗商品，未来现货市场价值相等。从无套利分析来看，1 单位大宗商品的远期价格为

$$F = (S+U)e^{rT} \tag{2.5}$$

如果远期价格 F 和理论价格 $(S+U)e^{rT}$ 不吻合，则市场会存在套利交易。

> 📖 **案例分析2-1**
>
> **中行石油宝事件**
>
> 2020年，美国时间4月20日，美国WTI原油期货5月合约跌出史上第一个负数结算价-37.63美元。这是疫情期间全球原油市场剧烈动荡下的极端表现，客户和中国银行都蒙受损失，由此触发"原油宝"事件。5月4日，国务院金融稳定发展委员会在第二十八次会议上指出，要高度重视当前国际商品市场价格波动所带来的部分金融产品风险问题。5月5日，中国银行回应"原油宝"产品客户诉求：已经研究提出了回应客户诉求的意见。中行保留依法向外部相关机构追索的权利。5月6日，据《上海证券报》引述原油宝投资者的法指意见，收到中行来电通知，愿意就原油宝承担客户负价亏损，并将根据客户具体情况，在保证金20%以下给予差异化补偿。
>
> (资料来源：http://www.csrc.gov.cn/)

思考题： 当远期价格 F 小于理论价格 $(S+U)e^{rT}$ 时，交易者对未来的预期是怎么样的？

第二节 远期利率协议

远期利率协议是防止国际金融市场上利率变动风险的一种保值方法。远期利率协议保值产生于伦敦金融市场，并迅速被世界各大金融中心接受。随着远期利率协议的广泛应用，1984年6月在伦敦形成了"远期利率协议"市场。通过远期利率协议进行保值，既可以避免借贷双方远期外汇申请的烦琐，又可以达到避免利率变动风险的目的。

一、远期利率的概念

提到远期利率(forward rate)，往往要涉及与之紧密联系的即期利率(spot rate)。即期利率的计息起点在当前时刻，比如银行的利率牌价，反映的就是不同期限的即期利率数值。相应地，远期利率的计息起点则在未来某一时刻。

假设某银行的即期利率牌价是 3 个月期年利率为 5.25%，9 个月期年利率为 5.75%，可以相应画出图 2-1。

图2-1 远期利率与即期利率的关系图

图 2-1 中指示的分别是 3 个月和 9 个月即期利率的始末端。同时，在 3 个月到 9 个月之间指示的则是 3 个月后起息的 6 个月期远期利率。若客户向银行申请这种形式的远期贷款，则在 3 个月后才开始贷款，贷款的期限为 6 个月，用 3×9 表示。

远期利率协议 (forward rate agreements, FRA) 是买卖双方同意从未来某一商定的时期开始在某一特定时期内按协议利率借贷一笔数额确定、以具体货币表示的名义本金的协议。

如果参考利率与协议利率不同，则以某一市场利率作为参考利率，在协议规定的交割日，根据协议利率，买方和卖方必须向一方支付一定的差额做补偿。补偿的方向根据买卖双方的 FRA 合同而定。

在习惯上，买方是指通过远期利率协议来回避利率上升风险的交易者；卖方是指通过远期利率协议来回避利率下降风险的交易者。所以，远期利率协议的买方多是为了防止未来某日期借入资金的经济主体，即未来的债务人，未来利率上升带来更多的利息负担。相反，远期利率协议的卖方通常是未来的债权人，为了锁定将来贷出资金的利率，防止利率下降造成利息收入减少。

二、远期利率协议的术语

交易日，是指签订远期利率协议的日期。

起算日，是指交易日后的两天，即协议开始生效的日期。

交割日，也称起息日、结算日，是指交易双方结算中所应支付利率的日期，即名义贷款或存款的开始日。

基准日，又称利率确定日，通常为交割日的前两个工作日。在这一天，交易双方将确定参考利率的大小。

到期日，是指协议中确定的名义贷款或存款的最后一天。

协议期限，是指在交割日与到期日之间的天数。

名义本金，是远期利率协议买卖双方确定支付差额的基础。之所以称为名义本金，是因为这个本金是观念上的本金，在实际交易中并不发生真正的资金转移。由于远期利率协议没有标准化的特征，因此名义本金往往由交易双方自由议定。在目前的国际金融市场上，一份远期利率协议的名义本金可能达到 5000 万美元，甚至更高。

协议利率，是指交易双方商定的，合约期间的远期利率。应当说，协议利率实际上是一种固定利率。

参考利率，是一种市场利率，在远期利率协议签订时无法对其进行准确判断，多采用银行同业拆借利率的平均利率作为标准。在国际金融市场上，原来的远期利率协议的参考利率主要是 LIBOR(2021 年已取消)，现在主要是各国担保的回购拆借(repo)。在中国，远期利率是经中国人民银行授权的全国银行间同业拆借中心等机构发布的银行间市场具有基准性质的市场利率或中国人民银行公布的基准利率，最后采用哪种由交易双方决定。

交易额，是在交割日那天，协议一方交给另一方的金额。

远期利率协议重要日期如图 2-2 所示。

图2-2 远期利率协议重要日期

三、结算金的计算方法

在远期利率协议下，如果参考利率超过协议利率，那么卖方就要给买方支付一笔结算金，以补偿买方在实际借款中因利率上升而造成的损失。

$$结算金 = \frac{(r_r - r_k) \times A \times \frac{D}{B}}{1 + (r_r \times \frac{D}{B})} \tag{2.6}$$

其中，r_r 为参考利率；r_k 为协议利率；A 为名义本金；D 为协议期限的天数；B 为转换为年的天数(美国市场按 360 天计算，欧洲和我国按 365 天计算)。

【例 2-1】 甲乙双方在 2020 年 10 月 7 日同意成交一份 1×4、名义本金为 100 万美元、合同利率为 4.75% 的远期利率协议。这里交易日为 10 月 7 日，起算日为 10 月 9 日，确定日为 11 月 7 日，结算日为 11 月 9 日，合同到期日为 2021 年 2 月 8 日。确定日确定的参考利率为 5.5%。则结算金是多少？

$$结算金 = \frac{(r_r - r_k) \times A \times \frac{D}{B}}{1 + (r_r \times \frac{D}{B})}$$

$$= \frac{(0.055 - 0.0475) \times 100 \times \frac{92}{360}}{1 + \left(0.055 \times \frac{92}{360}\right)} = 1890.10$$

第三节 远期利率协议在利率风险管理中的应用

利率风险实际上有两种：一种是利率上升的风险；另一种是利率下降的风险。对于借款者而言，利率上升将加重他们的利息负担。在利用远期利率协议来管理这种利率风险时，他们可买进远期利率协议。而对于贷款者或投资者而言，利率下降将造成他们的投资收益减少。在利用远期利率协议来管理这种利率风险时，他们可卖出远期利率协议。接下来，分别以借款者与贷款者的例子，说明如何利用远期利率协议来管理利率上升的风险和利率下降的风险。

【例2-2】 2020年6月1日，X公司准备在3个月后借入为期3个月的100 000美元资金，以满足经营上的需要。当时，以Repo表示的市场利率为2.10%。但根据预测，市场利率将在近期内有较大幅度的上升。为回避因市场利率上升而加重利息负担的风险，X公司便于6月1日从B银行处买进一份远期利率协议。该协议的条款如下：

(1) 协议期限：FRA3×6；
(2) 名义本金：10 000 000美元；
(3) 协议利率：2.10%；
(4) 参考利率：美元3个月期Repo。

假如到9月1日时，Repo参考利率上升到2.25%，求结算金的数额。

解：根据协议的条款，可知

$$r_r = 2.25\%, \quad r_k = 2.10\%, \quad A = 10\,000\,000, \quad D/B = 0.25$$

因此，结算金的数额 = 3729 美元。

假设三个月后(9月1日)，X公司将这笔结算金以Repo的利率进行再投资，则到6个月以后(12月1日)，这笔结算金的本息之和等于

$$3729 \times (1 + 2.25\% \times 0.25) = 3750$$

另一方面，X公司以9月1日的利率进行借款，其未来要支付的利息等于

$$10\,000\,000 \times 2.25\% \times 0.25 = 56\,250$$

将结算金未来的本息和用于冲抵借款的利息，最终的净利息数额等于：56 250 − 3750 = 52 500，因此，X公司最终的借款利率等于2.10%。可以看到，X公司通过购买远期利率协议，成功地将其未来借款的利率由3个月后的市场利率(2.25%)降至期初的市场利率(2.10%)的水平。最终实现了利率风险的规避。反过来，若3个月后市场利率下降至2.10%以下，则X公司要向B银行支付结算金，最终其借款利率仍是2.10%。这就说明，作为一种套期保值的工具，远期利率协议只能使套期保值者避免可能发生的损失，为此他们必须放弃可能获得的意外利益。

练习与思考

1. 某公司为防范未来借款成本的上升，决定购买 1×4 FRA 协议来回避风险。已知：名义

本金数额为 100 万美元，当前时刻一个月后开始的三个月远期利率为 5%，一个月后三个月即期利率为 6%。

计算：交割结算日的结算金额，并说明交易双方中是哪一方进行了支付。

2. A 公司的财务总监预计在 90 天后将收到 1000 万美元的现金，并打算将这笔钱以 6 个月短期存款的形式存入银行。他预计在未来的 90 天里短期存款利率会下降，为了对冲风险，他决定使用 90 天后到期的 FRA 协议。FRA 协议的当前报价是 1.5%。90 天后，市场的参考利率是 2.5%。假定 FRA 协议的名义本金数额为 1000 万美元。

问：财务总监应当通过多头还是空头 FRA 协议以实现套期保值？计算使用 FRA 协议后 A 公司的盈亏数额。

3. 假设连续复利的零息利率如下所示。

期限(月)	年利率(%)
3	8
6	8.2
9	8.4
12	8.5
15	8.6
18	8.7

计算：第二季度、第三季度、第四季度、第五季度和第六季度的远期利率。

4. 假设连续复利的零息利率如下所示。

期限(年)	年利率(%)
1	2
2	3
3	3.7
4	4.2
5	4.5

计算：第 2 年、第 3 年、第 4 年和第 5 年的远期利率。

第三章

期货市场概述

期货市场是与实体经济联系最紧密的金融行业，是对宏观经济风险对冲的有效工具。目前已经上市的品种覆盖农业、能源、化工、有色金属等多个事关国民经济的重要行业。本章将介绍期货市场的基本知识，从定义、特征、种类等方面对期货市场进行初步的解释，进而使读者认识到期货市场为什么在实体经济中扮演如此重要的角色。党的二十大报告中提到的"建设现代化产业体系，坚持把发展经济的着力点放在实体经济上、推进新型工业化"，使期货市场迎来发挥服务功能的良好机遇。

本章要点：
- 了解期货交易的定义和基本特征，掌握期货交易的相关概念和术语；
- 熟悉期货合约的基本内容；
- 了解期货交易、保证金结算的基本规则；
- 了解期货交易的基本功能，熟悉期货交易的基本分类；
- 了解期货市场的组织和管理者。

第一节 期货市场的发展、功能与分类

期货市场是标准化的远期合约市场。党的二十大报告指出，推进高水平对外开放，加快构建以国内大循环为主体、国内国际双循环相互促进的新发展格局。期货市场对外开放，是中国资本市场双向开放的重要举措之一。随着《中华人民共和国期货和衍生品法》的推出，人们对期货行业更加重视，期货业对外开放多措并举，国际化进程提速。从"引进来"和"走出去"两个方面来看，该法规定了境外期货交易场所、境外期货经营机构等向境内提供服务，以及境内外交易者跨境交易应当遵守的行为规范，同时构建了境内外市场互联互通的制度体系，这有利于我国期货市场的规范化和国际化发展。

一、期货市场的发展

随着交通运输条件的改善和现代城市的兴起，远期交易逐步发展成为集中的市场交易。英国的商品交换发育较早，国际贸易也比较发达。公元1215年，英国的《大宪章》正式规定允许外国商人到英国参加季节性的交易会，商人可以随时把货物运进或运出英国，从此开启了英国的国际贸易之门。在交易过程中，出现了商人提前购买在途货物的做法。具体过程是：交易双方先签订一份买卖合同，列明货物的品种、数量、价格等，预交一笔订金，待货物运到时再交收全部货款和货物，这时交易即告完成。随着这种交易方式的进一步发展，买卖双方为了转移价格波动所带来的风险，牟取更大的利益，往往在货物运到之前将合同转售，这就使交易更加复杂化。后来，来自荷兰、法国、意大利和西班牙等国的商人还组成了一个公会，对会员买卖的合同提供公证和担保。

期货交易萌芽于远期现货交易。从历史发展来看，交易方式的长期演进，尤其是远期现货交易的集中化和组织化，为期货交易的产生和期货市场的形成奠定了基础。较为规范化的期货市场在19世纪中期产生于美国芝加哥。19世纪三四十年代，芝加哥作为连接中西部产粮区与东部消费市场的粮食集散地，已经发展成为当时全美最大的谷物集散中心。随着农业的发展，农产品交易量越来越大，同时由于农产品生产的季节性特征、交通不便和仓储能力不足，农产品的供求矛盾日益突出，具体表现为：每到收获季节，农场主将谷物运到芝加哥，谷物在短期内集中上市，交通运输条件难以保证谷物及时疏散，使得当地市场饱和，价格一跌再跌，加之仓库不足，致使生产者遭受很大损失。到了来年春季，又出现谷物供不应求和价格飞涨的现象，消费者深受其苦，粮食加工商因原料短缺面临重重困难。在这种情况下，储运经销应运而生。当地经销商在交通要道设立商行，修建仓库，在收获季节向农场主收购谷物，来年春季再运到芝加哥出售。当地经销商的出现，缓解了季节性的供求矛盾和价格的剧烈波动，稳定了粮食生产。但是，当地经销商面临着谷物过冬期间价格波动的风险。为了规避风险，当地经销商在购进谷物后就前往芝加哥，与那里的谷物经销商和加工商签订来年交货的远期合同。

随着谷物远期现货交易的不断发展，1848年，82位美国商人在芝加哥发起组建了世界上第一家较为规范化的期货交易所——芝加哥期货交易所(CBOT，又称芝加哥谷物交易所)。该交易所成立之初，采用远期合同交易的方式，交易的参与者主要是生产商、经销商和加工商，其特点是实买实卖，交易者利用交易所来寻找交易对手，在交易所缔结远期合同，待合同期满，双方进行实物交割，以商品货币交换了结交易。当时的交易所对供求双方来说，主要起稳定产销、规避季节性价格波动风险等作用。随着交易量的增加和交易品种的增多，合同转卖的情况越来越普遍。

为了进一步规范交易，芝加哥期货交易所于1865年推出了标准化合约，取代了原先使用的远期合同。同年，该交易所又实行了保证金制度(又称按金制度)，以消除交易双方由于不能按期履约而产生的诸多矛盾。1882年，交易所允许以对冲合约的方式结束交易，而不必交割实物。一些非谷物商看到转手谷物合同能够盈利，便进入交易所，按照"贱买贵卖"的商业原则买卖谷物合同，赚取一买一卖之间的差价，这部分人就是投机商。为了更有效地进行交易，专门联系买卖双方成交的经纪业务日益兴隆，发展成为经纪行。为了处理日益复杂的结算业务，专门从事结算业务的结算所也应运而生。随着这些交易规则和制度的不断健全和完善，交易方式和市场形态发生了质的飞跃。标准化合约、保证金制度、对冲机制和统一结算的实施,标志着现代期货市场的确立。

近代中国,经过数次与列强的战争和一系列不平等条约的签订,晚清政府逐渐承认和接受落后于世界的事实,并意欲通过"洋务运动"和体制改革实现国家的现代化转型。转型是通过引进和学习资本主义国家一系列制度的方式进行的,中国的期货市场正是在这样的背景下开始萌芽的。西方列强通过侵略、渗透等方式操纵上海金融市场,陆续开办了数家证券交易所。在光绪十七年(1891),西商成立的上海股份公所已经具备交易所雏形。至1905年,在香港申请以有限责任公司形式注册的上海众业会所已是正式的证券交易所。至1929年,两者合并,之后采用上海众业公所的名称。交易品种主要是洋商的股票,交易方式有现货和期货两种形式。其中,现货每逢星期一交割,期货交割则以当月为限;实际交易中,现货交易居于大多数。可见,期货交易的雏形已经显现。

二、期货市场的功能

(一) 风险转移功能

风险转移是期货交易最基本的经济功能。在日常经济活动中,市场主体常面临商品价格、利率、汇率和证券价格的变动(统称价格风险)。所谓风险转移(risk shifting)就是将市场上变化的风险从不愿承担风险的人身上转移到愿意承担风险的人身上。有了期货交易后,生产经营者就可利用套期保值交易把价格风险转移出去,以实现规避风险的目的。

套期保值(hedge)是指在现货市场某一笔交易的基础上,在期货市场上做一笔价值相当、期限相同但方向相反的交易进行套期保值。套期保值规避价格波动风险的经济原理是某一特定商品的期货价格和现货价格应共同受相同经济因素的影响和制约,也就是说,两者价格的走势具有趋同性。现货价格上升,期货价格也会上升,相反情况是很少的;而且,当期货合约临近交割时,现货价格与期货价格的差,叫作基差(basis),也往往接近于零,否则,会存在套利机会。所以,投资者只要在期货市场建立一种与其现货市场相反的部位,则在市场价格发生变动时,他在一个市场遭受损失,必然在另一个市场获利,以获利弥补损失,达到保值的目的。期货的套期保值分为两种形式:多头套期保值和空头套期保值。

(1) 多头套期保值(long hedge)又称买入套期保值,是指交易者通过当前买入期货合约的方式对将来在现货市场上买入的商品进行保值,以防止未来因现货市场价格上涨而带来的成本上升。

(2) 空头套期保值(short hedge)又称卖出套期保值,是指交易者通过当前卖出期货合约的方式对将来在现货市场上卖出的商品进行保值,以防止未来现货市场价格下跌而造成损失。

对于大豆的加工商来说,未来要进一批大豆,然后将大豆榨油制成豆油和豆粕,需要防范的风险包括未来进货时大豆价格上涨的风险和未来产成品豆油和豆粕价格下跌的风险。为了防范风险,加工商可以在期货市场对大豆进行买入套期保值,同时对豆油和豆粕进行卖出套期保值。

(二) 价格发现功能

价格发现(price discovering)是期货交易的另一重要功能。价格发现也叫价格形成(price formation),是指大量的买者和卖者通过竞争性的叫价之后造成的市场价格,它反映了人们对利率、汇率和股指等变化和收益曲线的预测及对目前供求状况和价格关系的综合认知。这种竞争性的价格一旦形成并被记录下来，通过现代化的通信手段迅速传到世界各地，就会形成世界性的价格。

期货交易是在有组织的正规化的期货交易所内进行的。由买卖双方公开竞价而产生了期货价格，能够反映出众多的买卖双方对当前、几个月及一年以后现货供求关系、价格走势预期的均衡。此外，按照期货交易所的价格报告制度，所有在交易所内达成的每一笔新交易的价格，都要向会员及其场内经纪人报告并公之于众。这就使所有的期货交易者及场内经纪人能及时了解期货市场上的行情变化，及时做出新判断。通过继续在期货市场开立多头或空头头寸，这种新判断又会反映到期货价格上，使期货价格具有了持续性和公开性的特征，这进一步提高了期货价格的真实性和预测性。

期货交易的价格发现功能有利于形成公平、合理、统一的价格，从而也有利于消除垄断，促进竞争，使各生产经营者、投资者和金融机构都根据这一价格做出合理的生产经营决策和投资决策，以实现公平合理、机会均等的竞争。随着期货市场的不断发展完善，尤其是随着国际性期货市场的出现，期货价格在更大范围内综合反映了潜在的供求关系及其变化趋势，期货交易的价格发现功能也就越来越完善。

但是，如果期货市场存在着过度投机或价格操纵行为，则会削弱期货价格的真实程度，甚至使价格完全扭曲，扰乱期货市场进而波及现货市场。为了防止期货价格出现不正常波动，各国期货交易所都会采取相应的防范措施，如规定每日最高合约数量限制、每日最高价格波动幅度限制等，这有利于期货市场的正常运行，有利于价格发现功能得到充分发挥。

三、期货市场的分类

(一) 商品期货

目前世界上的商品期货品种非常多，但大体上可分为农产品期货、黄金期货和金属与能源化工期货三个子类。

(1) 农产品期货。农产品期货是最古老的期货品种，可以分为三类：谷物和油菜籽、牲畜和肉类、食品和纤维。

谷物和油菜籽是最早的期货交易品种，在很多年中都是交易最活跃的期货。然而，在最近几年它们的交易额被金融期货超过。影响谷物和油菜籽期货价格的主要因素是农产品产量、气候、政府的农业政策和国际贸易。参与此类交易的主要是进行投机和套期保值的农场主、食品加工厂、谷物仓储公司、出口商和外国谷物进口商等。

牲畜和肉类期货曾被认为是完美的投机工具，但是在现实中并不比其他种类更具有投机性。这类期货的价格不但受一些明显因素的影响，如国内和世界肉类需求，还受到一些不太明显的因素的影响，如谷物价格、政府政策、人口趋势和国际贸易。参与交易的主要是农场主、肉类包装厂以及猪肉和牛肉的主要使用者，如快餐连锁店等。

食品和纤维期货包括的品种比较广泛，如咖啡、可可、棉花、橙汁、白糖等。它的价格也同样受到上述诸多因素的影响。此外，由于这一种类中的大多数商品是进口的，所以国际经济及政治条件也是一个重要的影响因素。

我国商品期货交易所中的大连和郑州商品交易所是主要的农产品期货交易所，其中大连商品交易所交易的种类有黄大豆、豆油、豆粕、玉米、玉米淀粉、棕榈油、鲜鸡蛋；郑州商品交易所交易的种类有棉花、早籼稻、菜籽油、小麦、白糖。

(2) 黄金期货。世界黄金市场是世界上买卖黄金的场所，由分布在世界各国的近40个国际性黄金市场组成。目前黄金的期货交易已遍及西欧、北美、亚洲及澳洲等各地。我国的黄金期货交易设在上海期货交易所。

(3) 金属与能源化工期货。除黄金以外，金属期货商品还有铜、铝、铅、锌、锡、镍、钯、铂、银等9种。能源产品有原油、取暖用油、无铅普通汽油、丙烷等4种。其中每一种商品都被认为是不可恢复的自然资源。这些商品中许多是由在政治上不稳定的国家生产的。这类商品的大部分现货和期货是在伦敦、巴黎、阿姆斯特丹和苏黎世进行交易的。国际政治和经济是影响此类期货交易的重要因素。

我国的金属期货主要在上海期货交易所进行交易，上市的种类有铜、铝、铅、锌、银、镍、锡、铁(线材、螺纹钢)。

能源化工期货在我国期货交易所交易的种类有 PTA(精对苯二甲酸)、天然橡胶、燃料油、线型低密度聚乙烯、PVC(聚氯乙烯)、焦炭、焦煤、沥青、动力煤。

(二) 金融期货

根据标的物的性质不同，金融期货也可分为三大类：外汇期货、利率期货和股票指数期货。

(1) 外汇期货。外汇期货(foreign exchange futures)是指交易双方约定在未来特定的时期进行外汇交割并限定了标准币种、数量、交割月份及交割地点的标准化合约。外汇期货也被称为外币期货(foreign currency futures)或货币期货(currency futures)。外汇期货产生于1972年，由芝加哥商业交易所的国际货币市场(IMM)首创，最初的交易货币包括英镑、德国马克、瑞士法郎、加拿大元、日元等。此后，美国中美洲商品交易所、费城期货交易所等相继推出外汇期货交易。1982年9月，类似于IMM的伦敦国际金融期货交易所开张营业，1984年新加坡国际金融期货交易所也开始进行外汇期货交易。目前，世界上主要的期货市场大多都进行外汇期货交易。

(2) 利率期货。利率期货(interest rate futures)是继外汇期货之后产生的又一个金融期货类别，它是指标的资产价格参考利率水平的期货合约，如长期国债期货、短期国债期货和欧洲美元期货。利率期货是有利息的有价证券期货，进行利率期货交易主要是为了固定资金的价格，即得到预先确定的利率或收益。1975年10月，芝加哥期货交易所推出了第一张利率期货合约——政府国民抵押协会(Government National Mortgage Association, GNMA)抵押凭证期货合约。1976年1月，IMM推出了3个月期的美国国库券期货合约，短期利率期货得到了迅速的发展。1977年8月，芝加哥期货交易所又推出了美国长期国债期货合约，从此长期利率期货蓬勃发展。目前，利率期货的品种繁多，交易也十分活跃。

(3) 股票指数期货。股票指数期货(stock index futures)指期货交易所同期货买卖者签订的、约定在将来某个特定的时期，买卖者向交易所结算公司收付等于股价指数若干倍金额的合约。股票指数期货是所有期货交易中最复杂和技巧性最强的一种交易形式，其交易标的物不是商品，而是一种数字，可谓买空卖空的最高表现形式。股票指数期货交易于1982年2月由美国堪萨斯期货交易所首创。堪萨斯交易所当时推出的合约是价值线(value line)综合平均指数期货。继堪萨斯期货交易所之后，芝加哥商业交易所(1982年4月)、纽约证券交易所(1982年5

月)以及芝加哥期货交易所(1984年7月)也相继开办了股票指数期货交易。还有一种金融期货产品是股票期货,这是以单只股票作为标的物的期货,属于股票衍生品的一种,在20世纪80年代后期才开始出现,至今成交量不大,市场影响力较小。

第二节 期货合约

期货合约是买方同意在一段指定时间之后按特定价格接收某种资产、卖方同意在一段指定时间之后按特定价格交付某种资产的协议。双方同意将来交易时使用的价格称为期货价格。双方将来必须进行交易的指定日期称为结算日或交割日。双方同意交换的资产称为"标的"。如果投资者是通过买入期货合约(即同意在将来日期买入)在市场上取得的头寸,则称该头寸为多头头寸或在期货上做多。相反,如果投资者取得的头寸是通过卖出期货合约(即承担将来卖出的合约责任),则称该头寸为空头头寸或在期货上做空。

一、期货合约的概念

期货合约是标准化的远期合同。那么,它对远期合同的哪些方面进行了标准化呢?换句话说,标准化的内容是什么呢?大致说来,标准化的内容包括如下三个方面。

(一) 商品方面的标准化

商品方面的标准化主要指商品数量(重量、体积等)计量单位、质量指标等方面的标准化,以及合约单位的数量(每张合约的数量)的标准化。例如,大豆要采用期货合约的交易方式进行交易,就必须规定重量和质量的计量单位、质量标准、每张合约的数量等。重量单位可以用吨,也可以用公斤、磅等计量指标,必须确定究竟采用什么单位。质量计量单位更复杂,就大豆而言,有杂质含量、水分含量、各有效成分的含量、颜色等级等;而质量标准又有国家标准、国际标准甚至地方港口标准等。还有每张合约的数量也必须事先确定好,是10吨?还是1000磅?

在期货合约的规定中,合约单位(trading unit 或 contract size)通常单独列出,从中也间接规定了数量计量单位。如:规定大豆一张合约的数量是十吨大豆,也就间接规定了合约的数量计量单位是吨。

质量标准通常由交割等级(deliverable grade)来规定。如:规定大豆的交割等级是2号黄(No.2 yellow),至于2号黄的质量内涵是什么则必须引用国家或国际标准化组织公布的大豆质量标准。

(二) 交易方面的标准化

交易方面的标准化主要包括如下内容。

(1) 报价方式(price quote):这主要是规定期货市场上报出的价位的经济含义。比如,期货市场上报出的大豆价位是4140,则必须清楚这4140是指每吨大豆4140元人民币还是每1000磅大豆4140元人民币或其他的含义。

(2) 最小变动价位(tick size):指价格变动的最小幅度。例如,规定大豆期货合约的报价方式采用每吨多少元,最小变动价位是一元,那么,如果现在市场的成交价格是4000元,则无论买方或卖方,他们报出的价格只能是元的整数,如 4001 元、3997 元等,而不能出现元的小数位(例如,多少角多少分),如 4001.25 元就是无效的报价。

(3) 每日波幅限制(daily price limit 或 maximum fluctuation):指价格在前一营业日结算价格的基础上当日可上升或下降的最大幅度(将在后面介绍结算价格的含义)。例如,某一大豆期货合约前一营业日结算价格为 4000 元,如果规定每日波幅限制是 5%,那么,当日该期货合约的市场价格最多只能升到 4200 元(4000+4000×5%)。相应地,当日该期货合约的市场价格最多只能降到 3800 元(4000-4000×5%)。4200 元以上的买卖报价和 3800 元以下的买卖报价均是无效报价。

(4) 交易时间(trading time/trading hours):通常指一周何日交易、一日何时交易。

(5) 最后交易日(last trading day):最后交易日规定一种合约的最后交易日期。在最后交易日的营业时间内,交易者还可以交易该合约;在此之后,交易者就不可买卖该合约,该合约即不复存在,在此之前未平仓的所有合约不能再平仓,持有合约者必须履行交割义务,期货合约变为现货合同,期货交易双方变为现货交易双方。

(6) 最低保证金额(minimum margin):指交多少保证金才能买、卖或持有一张合约。最低保证金可用具体金额表示,也可用合约金额的百分比表示。例如,买卖一张合约必须交 30 000 元港币的保证金,这是用具体金额表示;而要交的保证金最低须为合约金额的 6%,这是用合约金额的百分比表示。

(7) 持仓限额(position limit):指单一交易者在任一时刻、任一种指定合约上所能持有的最高的合约张数。

另外,还有交易代码等关于交易方面的规定。

(三) 交割方面的标准化

交割方面的标准化主要包括如下内容。

(1) 交割月份(delivery months/contracts months):通常有两层意义。例如,某大豆期货合约规定交割月份分别是:Mar.、Jun.、Sept.、Dec.。这些交割月份的第一层意思是,该大豆期货起码有四个合约,分别是:三月份交割的合约、六月份交割的合约、九月份交割的合约、十二月份交割的合约。如果现在是二月份,那么现在正在交易的大豆期货起码有四个品种,分别是:今年三月份交割的合约、今年六月份交割的合约、今年九月份交割的合约、今年十二月份交割的合约(如果期货交易所规定一个半循环,则还要增加其后的两个季月,即明年 3 月交割的合约和明年 6 月交割的合约);如果现在是八月份,那么现在正在交易的大豆期货起码有如下四个品种:今年九月份交割的合约、今年十二月份交割的合约、明年三月份交割的合约、明年六月份交割的合约。交割月份的第二层意思是,一个合约将在哪一个月份终止交易、退出市场。例如,交割月份为 Mar.表示该合约将在三月份终止交易、退出市场,如果现在是四月份,那么现在市场上交易的期货合约品种中就没有今年三月份交割的品种(但可能有后年三月份交割的品种——这要由交易所规定),取而代之的是明年三月份交割的品种,且该品种交易到明年三月份终止。如果现在是二月份,那么现在市场上交易的期货合约品种中就没有去年三月份交割的品种,而是今年三月份交割的品种,且该品种交易到今年三月份终止(当今年三月份交割的期货合约终止交易时,明年三月份交割的合约通常会立即开始交易——也许在此之前已开始交易,所以市场上总是起码有四个期货合约在交易)。至于在交割月,从哪一天起当月交割的合约不再交易则由最后交易日规定。

(2) 交割期和最后交割日(last delivery day)：交易所通常会在指定交割月份的某一段时间为交割日期，最后交易日之前、交割日期内，期货交易的双方可以申请交割；但在最后交割日营业时间结束之前还未按要求履行交割义务的未平仓合约的持有者将受到规定的处罚。例如，六月份交割的合约，如果其最后交割日是 6 月 27 日，那么，当日营业时间结束前，未平仓合约持有者必须办理完规定的交割手续，否则，将受到处罚，包括没收已交的保证金。

(3) 现金交割或实物交割：通常在规定交割等级的同时，规定了该合约是采用现金交割还是采用实物交割——以后将介绍有关知识。

交割方面的标准化内容还包括交割仓库、交割手续、交割程序、付款方式等许多内容，因大多数期货市场参与者不会进入交割程序，且交割手续方面的规定较为个别化、手续也较为复杂，因而期货交易所多数疏于宣传介绍。其实，这一部分的内容也很重要，有一些还是有普遍意义的规定。如：期货交易所通常规定实物商品的卖出方可在期货交易所指定的众多仓库中任选一个仓库作为交割地点，而实物商品的买入方则不能选择交割地点，实物商品的买入方只能到期货交易所指定的仓库去提货(当然，期货交易所有义务采用数学规划方法安排交割，使买卖双方的运输费用之和尽可能地少)。

二、期货合约举例

以下是郑州商品交易所的小麦期货合约文本。

交易品种	小麦
交易代码	WT
交易单位	10 吨/手
报价单位	元/吨
交割月份	1、3、5、7、9、11
最小变动价位	1 元/吨
每日价格最大波动限制	不超过上一交易日结算价±3%
最后交易日	合约交割月份的倒数第七个交易日
交易时间	每周一至五上午 9:00—11:30 下午 1:30—3:00
交易手续费	2 元/手(含风险准备金)
交易保证金	合约价值的 5%
交割日期	合约交割月份的第一交易日至最后交易日
交割品级	"郑州商品交易所期货合约交割品标准" 标准品：二等硬冬白小麦 符合 GB 1351-1999 替代品：一、三等硬冬白小麦 符合 GB 1351-1999
交割地点	交易所指定交割仓库
交割方式	实物交割
上市交易所	郑州商品交易所

第三节 期货交易所

期货交易所常常被定义为期货合约买卖的场所。其实，期货交易所是一个机构，它提供期货合约买卖的场所，但本身不仅仅是一个场所。严格地说，期货交易所是组织期货合约交易并提供交易环境的法人机构。在期货市场的组成要素中，期货交易所处于市场中心的地位，所以期货交易所通常被认为是狭义的期货市场。

一、期货交易所的主要功能

期货交易所的主要功能体现在如下几个方面。

(一) 期货交易所组织交易并提供期货合约交易环境

期货交易所是期货合约交易的组织者。在期货市场的诸构成要素中，只有期货交易所适合为交易提供必要的环境。期货交易所为期货合约的交易提供的交易环境包括：

(1) 必要的硬环境。例如，固定的完成价格撮合成交的场所，覆盖面辽阔、传输速度快、传输量大的通信网络，先进的买卖盘处理及记录设施等。

(2) 必要的软环境。例如，交易规则、条例等。

(二) 传播价格信息

由于期货交易所是期货合约交易的组织者，且期货合约的成交是在期货交易所内达成的，并只能经期货交易所确认，所以，由期货交易所向经济社会发布交易信息是理所当然的事。

期货交易所一般具有强大的信息传播能力，能迅速地将大量有关市场价格的信息传送到市场的各个角落。这些信息通常包括成交价格、成交数量、未平仓合约数量、开市价格、收市价格等市场各个方面的数据。在有效发挥期货市场价格发现功能方面，期货交易所处于至关重要的地位。

(三) 维持期货交易"公开、公平、公正"地进行

期货交易所是期货市场的组织者，它强大的信息传播能力及严格的信息发布制度可确保交易公开进行；期货交易所通常具有很强的能力制定和修改一系列规章制度及交易程序，并具有一定的行政仲裁权利，同时拥有高素质的执行规章制度、交易程序的执行人员，因而期货交易所一般能确保交易公平、公正地进行。

(四) 提供交易担保和履约担保

期货交易所能凭借其管理市场的权利，通过严格执行保证金制度、无负债中央结算制度以及建立风险基金等措施为所有合法交易提供担保、为所有实物交割提供担保。任何市场参与者，只要其交易是合法的，期货交易所就能保证其成交的有效性；对于任何市场参与者通过合法的交易应得的利益，期货交易所保证应得者及时、足额地得到；对于任何到期未平仓合约，期货交易所保证持仓者及时、全额地履行交割义务。

二、期货交易所的设立、组织与管理

(一) 期货交易所的设立

国际上,期货交易所通常是采用中央政府审批制设立的,即由中央政府或其授权的主管部门依法审查批准设立。申请设立期货交易所的一般程序是:

(1) 由发起人向中央政府或政府主管部门提交申请书。申请书要说明期货交易所选址何处、基础设施尤其是金融服务和通信服务环境有何优势、发起人资本实力如何、是否拥有必需的专门人才队伍。申请书还应附期货交易所章程、期货交易规则、会员管理办法等文件。

(2) 中央政府或政府主管部门依法审批申请文件,并做出批准或不批准的决定且将决定通知发起人。

(3) 设立申请被批准后,发起人依法集资、招募会员、召开会员大会(或股东大会)、选举产生权力机构人员及法人代表、办理机构登记注册手续。注册完毕,发起人责任终止,期货交易所从此由其法人代表负责经营和管理。

(二) 期货交易所的组织与管理

期货交易所有两种组织方式,一种是会员制,一种是公司制。采用会员制的期货交易所,由会员出资组建期货交易所,交易所是非营利机构;采用公司制的期货交易所,由股东出资组建期货交易所,交易所是营利性经营机构。无论组织方式是会员制还是公司制,期货交易所在内部运作上,即管理上均采用会员制度。我国采用的也是会员制。以下是期货交易所会员制度的有关内容。

(1) 会员资格。期货交易所会员可以是厂商也可以是个人。在一些发达国家传统期货交易所,会员资格多数以个人身份取得。而在我国,期货交易所的会员则以厂商为主。但无论厂商还是个人,想取得期货交易所会员资格,都必须具有一定的基础条件,通过一定的申请程序。期货交易所会员的会员资格可转让、可暂停。期货交易所会定期复查会员是否维持着作为期货交易所会员应满足的条件,发现问题时,期货交易所会采取包括暂停会员资格、取消会员资格在内的措施。

一般而言,期货交易所的会员资格有如下取得方式:

① 期货交易所创办时以发起人的身份加入;

② 期货交易所增加会员时申请加入;

③ 受让期货交易所会员转让的会员资格。

(2) 会员名额。一个期货交易所的会员名额通常是固定不变的,以便稳定交易程序。但在一些新兴发展中国家,期货交易所会员名额常常是开放的。机构或个人只要满足一定的条件、履行一定的程序,即可成为期货交易所的会员。需要指出的是,在新兴发展中国家,期货交易所常常采用先进的电脑交易系统进行交易,在广泛应用了现代通信技术和数据处理技术后,期货交易所没有许多传统期货交易所在扩大会员名额时不能克服的困难,因而开放会员名额是理所当然的事——这就是后进国家的优势之一。

(3) 会员大会及会员的权利和义务。在实行会员制的期货交易所里,全体会员组成会员大会。通常,会员大会是期货交易所的最高权力机构(在我国例外——是权力机构,但不是最高权力机构)。通常，会员大会选举产生期货交易所的执行机构——理事会或董事会。期货交易所的重大事项通常应提交会员大会表决。期货交易所会员的权利义务通常由期货交易所的章程及国家的法律法规约定。会员通常通过会员大会行使权力；会员履行义务通常表现为接受期货交易所的管理。但在实行公司制的期货交易所里，会员大会不是最高权力机构，会员的权利和义务也是通过与期货交易所的合同加以规定的。

(4) 期货交易所的管理机构。期货交易所的管理由期货交易所的理事会或董事会负责。理事会或董事会一般采用两个层次的管理办法。

① 任命或聘用期货交易所的总经理，授权其对期货交易所进行日常经营管理。

② 对期货交易所的重大事项，向股东会或会员大会提交提案。提案在股东会或会员大会上通过的话，提案即成为决议。期货交易所的经营班子必须将决议付诸实施。

三、期货交易所的会员分类

按期货交易所会员所能进行的期货业务范围，期货交易所的会员常常分为两类：

(1) 普通会员或一般会员。这类会员只能做自营业务，其买卖的期货合约的真实委托人是会员自己。

(2) 全权会员。这类会员既能做自营业务，也能做委托代理业务，其买卖的期货合约的真实委托人可以是会员自己也可以是其他机构或个人。

在我国，期货交易所会员也分为两类，但分别是：经纪公司会员和非经纪公司会员。前者只能代理期货交易、不能自营；后者只能自营、不能代理。我国新成立的中国金融期货交易所则拟将会员分为：结算交易会员和非结算交易会员，后者将不能参与结算。

四、期货交易所的主要业务

期货交易所的日常业务大致可分为如下三类。

(1) 组织交易。主要是组织实施期货合约的交易。包括受理委托买卖盘、撮合成交、成交回报、行情发布、记录交易数据、提交交易报告等。

(2) 会员管理与服务。主要包括受理会员资格申请、受理会员资格转让、办理有关会员资格维持的事务、审核会员财务信用状态及针对发现的问题及时采取措施。

(3) 辅助业务。包括内外稽查、事前事后监督、信息发布的规范化管理、研究发展、公共关系业务等。

第四节 期货结算所

期货结算所是为期货交易提供结算的机构。其主要功能是结算每笔场内交易合约、结算交易账户、核收履约保证金并使其维持在交易所需要的最低水平上、监管实物交割、报告交易数据等。期货结算所是一个非营利机构，是会员为了便利期货交易而组建的结算、担保机构，结算费用主要用于支付结算所业务开支。

一、期货结算所的功能

期货结算所的功能大致可分为如下三种。

(一) 提供简洁的结算服务

期货结算所几乎都是采用中央结算模式进行结算的。如果没有期货结算所提供的中央结算功能,期货交易的结算将是一项十分复杂的工作。例如,在没有期货结算所提供的中央结算功能时,交易会员(或结算会员)之间将不得不直接进行结算。如果会员数量为 N,则每一个会员将直接与其他 N-1 个会员进行结算,整个市场的结算关系为 N(N-1)/2 个。而在中央结算模式下,任何两个会员之间达成的任何交易,比如 A 会员卖给 B 会员,在结算时都被认为是 A 会员卖给期货结算所,再由期货结算所卖给 B 会员。这样一来,任何会员达成的任何交易在结算时都被认为是与期货结算所达成的交易,而不必追究实际交易对手是谁。在结算时,任一会员仅与期货结算所结算即可。在会员数量为 N 时,结算关系为 N 个,仅为无中央结算功能时的 2/(N-1)。如果考虑到交割的复杂性,中央结算功能就显得更为简洁。

(二) 充当期货市场的会计

在期货市场上,一切成交均须通过期货结算所登记才算合法,从而使期货结算所能够监督整个市场的成交、持仓情况,发挥会计监督的作用。

(三) 协同期货交易所为所有合法的成交与交割提供担保

实际上,期货交易所的大多数功能都或多或少是通过发挥结算所的功能来起作用的。特别地,当说期货交易所的主要功能之一是为交易和交割提供担保时,也可以说期货交易所主要是通过期货结算所的结算制度来为交易和交割提供担保的。

期货结算所的主要结算制度有:

(1) 结算保证金制度。每个结算会员均须按持仓数量和期货结算所的规定在期货结算所存放足额的结算保证金,以保证结算会员账户下发生亏损或结算会员违规时,获得合法利益的一方或没有违规的另一方的权益得到保证。

(2) 无负债结算制度。期货交易所每日收市后,期货结算所都将根据每笔交易的开仓价格、平仓价格、每一种合约当日结算价格及前一日结算价格计算每一笔成交产生的盈亏,包括所有当日未平仓合约产生的盈亏,并在此基础上计算每一结算会员当日盈亏总额,用结算会员当日结算前结算账户余额加当日盈利总额或减当日亏损总额得到当日结算账户余额。此余额若大于期货结算所规定的保证金水平,多余部分结算所会员可自由支配;此余额若小于期货结算所规定的保证金水平,结算会员必须立即(在规定的时间内)补充资金,使结算账户余额达到规定的水平。否则,期货结算所将按违规处理程序处罚该结算会员,包括强制平仓。

(3) 风险处理制度。当期货结算所会员不能及时足额缴纳结算保证金或不能履行交割义务时,期货结算所通常按如下风险处理程序处理问题。首先,将该会员合约账户上的所有未平仓合约按一定的顺序依次平仓,直到平仓所释放的保证金数额达到规定的水平为止;如果平掉全部合约还不能解决问题,则表明该会员的结算账户出现了负数,此时,期货结算所将动用该会员名下的结算准备金来弥补亏损(每一会员在申请成为期货结算所会员时都交纳了一份结算准备金);如果还不够,期货结算所将动用期货结算担保金(该会员需参与结算担保计划);如果还不够,期货结算所就只能动用期货结算所的风险基金。期货结算所设立的风险基金是期货结算所的最后保证,当该笔基金全部用完还不能解决问题时,期货结算所原则上就该破产了。

(4) 最高持仓量制度。期货结算所(或期货交易所)通常限制每一个结算会员(或交易会员)在每一种期货合约上的最大持仓量,并逐日进行审查。这就是最高持仓量制度。如果结算会员所持合约数量超过了最高持仓量,期货结算所将通过提高其所持合约的保证金金额或强制平仓等措施进行制裁。

二、期货结算所的设立、组织与管理

(一) 期货结算所的设立

期货结算所可独立设立为法人,也可设立为期货交易所的一个内部部门。在西方发达国家,期货交易所对应的期货结算所通常为独立的法人。在这种情况下,期货结算所通常为多个期货交易所(及证券交易所)提供结算服务。其好处是节约了结算会员的结算保证金及结算准备金。同时,结算效率也更高一些。当然,也有一些期货交易所对应的期货结算所是期货交易所的内部部门。在我国,期货交易所对应的期货结算所都设立为期货交易所的内部部门。需要指出的是,如果期货结算所设立为独立的法人,那么设立期货结算所所依据的法律一般不是公司法,而是专门的金融类法律。

(二) 期货结算所的组织与管理

以独立法人形式设立的期货结算所通常采用公司形式。但无论是独立法人形式的期货结算所还是作为期货交易所下属部门的期货结算所,在内部管理上都采用会员制形式。相对而言,申请成为期货结算所会员应具备的基本条件较之申请成为期货交易所会员应具备的条件要高,会员名额也不一定固定。在我国,期货交易所的会员一般自动成为期货结算所的会员(2006年成立的中国金融期货交易所将改变这一现状,有些交易会员将无参与结算的资格)。由于结算业务相当专业化,所以期货结算所即使是期货交易所的一个部门,其日常管理工作也相对独立。期货结算所的业务规则、运作流程通常也须在期货结算所会员大会上通过才可实施。

三、期货结算所的会员分类

期货结算所的会员按其业务通常分为三类。

(1) 通用会员。通用会员可以为自营期货交易直接与期货结算所结算,也可以为通用会员自己代理的交易与期货结算所结算,还可以代理期货交易所其他会员对其他会员的交易(包括自营和代理的交易)与期货结算所进行结算——期货交易所的有些会员不具有期货结算所会员的资格。

(2) 普通会员。可以为自己的自营交易与期货结算所进行结算,也可为自己代理的交易与期货结算所进行结算,但不可代理期货交易所其他会员对其他会员的交易(包括自营和代理的交易)与期货交易所进行结算。

(3) 本户会员。只能给自己的自营交易与期货结算所办理结算。

通用会员的条件一般很高，通常是资信好、资本雄厚、财务状况健康的大财团、大公司。普通会员多为期货经纪公司。而本户会员多为个人或主营业务较突出的工商企业。

我国金融期货交易所的结算会员拟分为：交易结算会员、全面结算会员和特别结算会员(一般是代理非结算交易会员的结算业务的商业银行)。

四、期货结算所的主要业务

期货结算所的日常业务大致可分为如下三类。

(1) 组织每日结算与交割。主要是组织每日的结算及组织到期未平仓合约的交割等。

(2) 会员管理与服务。主要是受理会员资格申请、受理会员资格转让、办理有关会员资格维持的事务、审核会员财务信用状态及针对发现的问题及时采取措施。

(3) 辅助业务。包括内外稽查、事前事后监督、风险基金的管理等。

第五节　期货经纪公司

期货经纪公司指代理客户买卖期货合约的机构(通常以公司的形式存在)。在国外，期货经纪公司也称作期货经纪行、期货佣金商等。期货市场上大部分交易是由期货经纪公司代理的。需要指出的是：期货交易所会员、期货结算所会员并不一定是期货经纪公司；而期货经纪公司也不一定是期货结算所的会员或期货交易所的会员，它可能不够格。

一、期货经纪公司的设立

在一些国家，由于其公司法适用范围较广，期货经纪公司可按公司法设立。但在更多的国家，比如我国，期货经纪公司作为金融机构，其设立必须按公司法及相关金融法(如《中华人民共和国期货和衍生品法[①]》等)的设立程序进行。在我国现实中，申请设立期货经纪公司除符合公司法的规定外，还必须向国家证券管理机构申请。在我国，设立期货经纪公司的必要条件是：公司注册资金人民币 3000 万元以上；法人代表及高级管理人员的条件符合专门的规定；有规定数量的专职专门人员。

二、期货经纪公司的主要业务

期货经纪公司的主要业务按业务所履行的职能的特征可分为两类。

---

① 已于 2022 年 8 月生效。

(一) 以客户为中心的经纪性业务

以客户为中心的经纪性业务分为：
(1) 客户发展业务。主要包括开发市场、寻找客户。
(2) 客户服务业务。主要包括向客户介绍、解释交易规则、交易手续，提供和分析市场信息，代办买卖委托手续、报告成交情况、报告盈亏结果等。

(二) 以交易、结算、交割为中心的职能性业务

以交易、结算、交割为中心的职能性业务分为：
(1) 保证金账户管理(盯市)。主要是随时检查每一客户的保证金账户，确保及时发现客户保证金账户资金不足的情况；在客户保证金账户资金不足时，确保客户能及时平仓或追加足额保证金；在客户保证金账户资金不足又不能及时平仓或追加保证金时，保证能及时执行强制平仓制度，以尽量减少期货经纪公司的风险和损失。
(2) 执行与期货结算所的日常结算。每天核对每一客户的每一笔交易是否与期货结算所的记录相一致、盈亏数据是否正确，并与期货结算所进行应收盈利或应付亏损额的交收工作。
(3) 落盘。负责在客户的委托交易指令送到期货交易所之前审核客户委托交易指令是否合法、正确；在确认客户委托交易指令合法、正确无误后，立即将客户委托交易指令送到期货交易所的交易主机或期货经纪公司在期货交易所交易池的出市代表手中(在期货成交是由手工进行的情况下，成交是在期货交易所交易大厅，也叫交易池——由各个期货经纪公司的出市代表完成的)。
(4) 交割业务。组织到期未平仓合约的实物及货款的交付交收。

三、期货经纪公司分类

以期货经纪公司作为法人的主营业务范围为标准，期货经纪公司可分为三类。
(1) 专业期货经纪公司：公司以期货经纪业务为主营业务，通常不再经营其他业务。
(2) 证券商兼营期货经纪业务：这类公司以证券业务为主，兼营期货经纪业务。在中国，1999年颁布的证券法规定证券经营机构不得经营期货业务、期货经营机构也不得经营证券业务。
(3) 现货厂商兼营期货经纪业务：这些厂商的主营业务是加工、仓储、贸易等，但它们兼营期货经纪业务。

四、经纪人的概念

经纪人是一个广泛应用而又非常含糊不清的概念，有必要做些说明。通常期货经纪人可指经纪机构，也可指个人。不过，多数情况下指个人。当经纪人指个人时，按其工作场所所在地，可分为两大类。
(1) 场内经纪人，又称出市代表。他(她)代表期货经纪公司在期货交易所的交易池内完成买卖行为。场内经纪人是在成交由人工在交易池内完成的交易模式下的产物——在交易是由人工在交易池内完成的交易模式下，场内经纪人的地位是非常显赫的。但在成交是由计算机自动撮

合完成的交易模式下，场内经纪人就变成多余的了。

(2) 场外经纪人。场外经纪人，是指那些依附于期货经纪公司或客户、服务客户并从期货经纪公司或客户处获取报酬的人。场外经纪人又有许多类型，他们不一定是期货经纪公司的职员。他们的工作内容和获取报酬的方式多是与期货经纪公司或客户协商确定的。

第六节　期货合约交易者

期货合约交易者就是买卖期货合约的人。期货合约交易者是期货市场的主体。其主体类型主要包括套期保值者和投机者。从交易成立的角度来看，任何一笔成功的期货交易均基于买卖双方对商品价格未来走势的异质性预期。只有存在这种预期差异性，才能确保期货市场的流动性。因此，市场主体复杂程度越高，市场也越具有流动性，也更加有韧性。

一、期货合约交易者的分类

按期货合约交易者买卖期货合约的目的，期货合约交易者可分为两大类：套期保值者和期货投机者。

(一) 套期保值者

套期保值者是为回避现货市场价格波动的风险而买卖期货合约的人或机构。

例如，农场主认为现时现货市场的价格是不错的(提醒读者注意，本教材将不断用到如下四种说法：现时现货市场价格、未来现货市场价格、现时期货市场价格、未来期货市场价格。请注意它们的内涵)，如果未来他的小麦能以这样的价格销售，他就能获得满意的收益。可惜他的小麦还未到收获季节，他害怕等到他的小麦收割时，小麦的市场价格下降。为了回避这种风险，他可以现在就在小麦期货市场上卖出小麦期货合约，等到小麦收获时，他将期货市场上的合约平仓(买回小麦期货合约)退出期货市场，同时，他将小麦按当时现货市场上小麦的价格卖出。这种做法，在一般情况下，无论小麦收割时现货市场价格是升还是跌，农场主都能实现令他满意的现时现货市场的价格。比如，小麦收割时，现货市场上的价格较之现时现货市场上的价格下降了，一般情况下(以后将精确地给出条件)，期货市场的价格也会下降，即他在期货市场上小麦的开仓价格(卖出价格)就高于他在期货市场上的平仓价格(买入价格)，期货市场上的交易就给他带来了盈利，这种盈利可全部或部分弥补他在现货市场上因价格下降而减少的收入。

(二) 期货投机者

期货投机者，是指试图正确预测期货合约价格走势并根据自己的判断买卖期货合约、力争高价卖低价买或低价买高价卖而获取价差收益的机构或个人。例如，当预期期货合约价格要下跌时，就先在期货市场上做空(卖出期货合约)，如果预测正确，价格真的下降了，就平仓(买入期货合约)，这样一来就获得了买卖价差的收益。

二、期货投机者的积极作用

期货市场的主要功能简而言之是回避风险和价格发现。以下就从这两个方面来看一看期货投机者的积极作用。

(一) 期货投机者是风险承担者

期货市场是为向风险回避者提供回避价格风险的工具而发展起来的。可是，如果期货市场只有风险回避者而没有投机者，就可能出现这样一种现象：套期保值者为套期保值而买卖期货合约时，找不到交易对手——期货合约的卖出者可能不得不一再降低卖出价格以创造交易对手，因为很少有人买；而期货合约的买入者可能不得不一再提高买入价格以创造交易对手，因为很少有人卖。如此，不但提高了交易成本，而且有可能使套期保值交易根本不能进行(在交易不活跃的市场，交易的成本是很高的，2001年前的中国B股市场就是如此)。大批期货投机者的存在，提供了一大批交易对手，使交易更容易达成、交易成本更低。

(二) 使期货市场的价格发现功能更能发挥作用

期货投机者的获利情况完全取决于他们对价格走势的判断的正确性。为增加其对价格走势判断的正确性，期货投机者往往会深入地研究合约相关商品的供求状况。大批期货投机者的存在使对商品供求状况的研究力量大大增强，商品供求状况得到了较之仅有套期保值者和一些现货厂商时更为广泛和深入的研究。期货投机者会将他们的研究成果反映到商品的期货价格中，这样，期货市场的成交价格就更能反映商品的实际供求关系和商品的价值，这种价格对人类经济活动(包括宏观的和微观的)就有了更强的指导作用。

练习与思考

一、简答题

1. 什么是期货市场？什么是狭义的期货市场？
2. 期货市场包括哪些主要的构成要素？
3. 什么是期货合约？
4. 期货合约标准化的内容包括哪几方面？
5. 期货合约交易方面的标准化内容是什么？
6. 期货合约交易方面的标准化内容包括报价方式。什么是报价方式？
7. 期货合约交易方面的标准化内容包括最小变动价位。什么是最小变动价位？
8. 期货合约交易方面的标准化内容包括每日波幅限制。什么是每日波幅限制？
9. 期货合约交易方面的标准化内容包括最低保证金额。最低保证金额有哪两种规定方式？
10. 期货合约交割方面的标准化内容包括交割月份。交割月份的含义是什么？
11. 期货交易所的主要功能有哪些？

12. 期货交易所为期货合约交易提供的交易环境包括哪些内容？
13. 期货交易所要为期货交易提供交易担保和履约担保。这是什么意思？
14. 设立期货交易所的一般程序是什么？
15. 期货交易所会员制度的主要内容是什么？
16. 成为期货交易所会员的主要方式有哪些？
17. 期货交易所会员名额是开放的。这是什么意思？
18. 按期货交易所会员所能进行的期货业务范围，期货交易所的会员常常分为哪几类？
19. 期货交易所的日常业务分为哪几类？
20. 期货结算所的功能有哪些？
21. 期货结算所的主要结算制度有哪些？
22. 什么是无负债结算制度？
23. 什么是结算的风险处理制度？
24. 期货结算所的会员有哪几类？
25. 期货结算所的日常业务大致可分为哪几类？
26. 什么是期货经纪公司？
27. 期货经纪公司的主要业务分为几类？
28. 什么是期货经纪公司的职能性业务？
29. 什么是落盘？
30. 期货经纪公司如何分类？
31. 什么是场内经纪人？
32. 什么是场外经纪人？
33. 期货合约交易者如何分类？
34. 谁是套期保值者？谁是期货投机者？
35. 为什么说期货投机者是风险承担者？
36. 期货投机者的积极作用是什么？

二、判断题

1. 期货投机者对期货市场价格发现功能发挥作用有积极意义。
2. 场外经纪人通常是期货公司的正式员工。
3. 落盘是期货结算所的工作之一。
4. 独立结算所通常为特定的单一期货交易所服务。
5. 在完全实行了电脑交易的期货交易市场上，场内经纪人已无存在的必要。
6. 设结算参与者为 N 个，则实行中央结算制度下的结算关系仅是不实行中央结算制度下的结算关系的 2/(N-1)。
7. 期货经纪公司客户服务工作的主要内容是寻找客户。
8. 一般情况下，期货交易所的会员自动成为期货结算所的会员。
9. 期货交易所必须对所有发生在期货交易所内的交易提供保证金。
10. 期货结算所会员的结算账户上的资金余额非负，但该会员可能同样处在负债状态。

第四章

期货投机与套期保值原理

《中华人民共和国期货和衍生品法》于 2022 年 8 月 1 日正式颁布实施，该法的出台有利于期货市场更好地服务实体经济，为促进和规范行业发展、保护投资者权益提供了强有力的法律保障，将极大地增强我国期货和衍生品市场的国际吸引力。我国期货市场从无到有、从小到大，逐步成为助力实体经济发展、有效管理价格风险的重要手段。此外，《中华人民共和国民法典》《中华人民共和国公司法》《中华人民共和国刑法》《中华人民共和国行政处罚法》《中华人民共和国行政许可法》《中华人民共和国行政复议法》《中华人民共和国仲裁法》等法律的相关内容从不同的角度对期货市场具有规范和调整作用，利用期货市场价格发现和规避风险两大功能，可以极大地提升我国实体企业风险管理能力和风险抵抗能力，进而服务实体经济和助力乡村振兴，打造我国实体经济的核心竞争力，最终促进我国全面建设社会主义现代化国家。

> **本章要点：**
> - 了解期货套期保值的概念和原理；
> - 熟悉套期保值的分类、套期保值比率的概念及其计算；
> - 了解期货投机的概念；
> - 掌握期货套利策略的概念及其分类；
> - 了解期货的定价原理和金融期货的定价公式。

第一节 期货投机的概念和作用

本节介绍期货投机的概念，分析期货投机在期货市场中的功能。

一、期货投机概述

（一）期货投机的概念

商品市场上的投机通常是指这样的交易行为：交易者对未来商品的市场价格或未来多种商品的市场价格关系的变化趋势有一个预测，根据这个预测，交易者设计出一系列的交易并加以实施，如果预测正确，这一系列的交易就会给交易者带来预期的收益；反之，交易者将不能获得预期的收益甚至会亏损。例如，交易者认为从三月到五月，小麦现货市场上的价格将从每吨 2100 元人民币以下上涨到每吨 2180 元人民币以上，根据这一预测，交易者设计了两个交易并加以实施，一是三月以每吨 2100 的价格买入小麦，二是五月以每吨 2180 的价格出售小麦；如果交易者的预测正确，上述的两个交易将给交易者带来预期的收入：每吨小麦 80 元人民币(不计交易成本及持有期间小麦的损耗)。

期货投机就是指期货市场上这样的交易行为：投机者对某些期货合约未来价格的变化趋势或多种期货合约价格关系未来的变化趋势有一个预测，根据这个预测，投机者设计出一系列期货交易并加以实施，如果预测正确，这一系列的期货交易就会给投机者带来预期的收益；反之，投机者将不能获得预期的收益甚至会亏损。

但较之一般商品市场的投机，期货市场上的投机性交易所占比重要大得多，无论从交易笔数还是从交易金额看都是如此。这主要源于期货市场实行的保证金制度。在期货市场，交易者买卖期货合约通常只需缴纳相当于期货合约总金额的 5%~18%的保证金，较之现货市场的全额交易，资金的作用可放大约 6~20 倍；同时由于实行保证金制度，在期货市场上可以卖空——卖者手中并不需要持有商品。其次，虽然从原理上讲，期货市场上的投机与一般商品市场上，尤其是现货市场上的投机并无大的区别，但在期货市场上投机时，投机者无须进行商品的储存、运输和交割验收等烦琐的程序，这使得在期货市场上进行投机较之在现货市场上进行投机在操作上要简单得多。

(二) 期货投机者的分类

可以用许多标准对期货投机者进行分类。比较重要的一个标准是按投机者所采用的获利原理对投机者进行分类。按此分类法，投机者可被分为两大类：单一品种投机者和套期图利者。

(1) 单一品种投机者。单一品种投机者采用的获利原理是：如果预期某期货合约的市场价格会上升，就先买入该期货合约，等到价格真的上升了，就平仓，从中获利；如果预期某期货合约的市场价格会下降，就先卖出该期货合约，等到价格真的下降了，就平仓，从中获利。每次投机交易都是针对一个期货品种进行。

预期期货合约价格会上升并据此进行投机的交易者叫作多头投机者，预期期货合约价格会下降并据此进行投机的交易者叫作空头投机者。

单一品种投机者按其平仓前持仓时间的长短，又大致分为

① 当日交易者(day trader)：通常只在交易时间内持仓，很少持仓过夜。在美国，大多数当日交易者是期货交易所的会员，他们获准在期货交易所的交易池内进行他们的交易。

② 抢帽子者(scalper)：抢帽子者利用期货市场微小的价格波动来赚取微小的价差，他们交易频繁，每次交易获利小、亏损也小，但他们的交易量很大，在投机性交易中占有很大的比重；同当日交易者一样，抢帽子者鲜有持仓过夜者；在美国，抢帽子者通常也是期货交易所的会员，他们获准在期货交易所的交易池内进行交易，但他们只为自己进行交易，不接受他人的委托。

③ 部位交易者(position trader)：他们开仓后，持仓时间可能是数天、数星期甚至数月；部位交易者可能是一般公众投资者，也可能是专家投资者。

(2) 套期图利者。套期图利者采用的获利原理是：他们发现或认为两个或多个有关联的期货合约的相对稳定的价格关系出现了异常变化，他们预期这种异常是暂时现象，未来这些期货

合约的价格关系将会回到相对稳定的正常水平,于是,他们现在安排一组期货交易,在一些合约上做多,在另一些合约上做空,等到那些期货合约的价格关系回到相对稳定的正常水平时,他们就平仓,从而获利(稍后会较详细介绍套期图利原理)。每次投机交易都是针对两个或多个期货合约。

二、期货投机的作用

期货市场要有效地发挥功能作用,投机者及其投机行为就是期货市场必不可少的组成部分;换句话说,期货投机的功能作用主要是使期货市场可以或有效地发挥功能作用。本教材在介绍期货交易者时,曾讨论过期货投机者的积极作用。下面我们来讨论期货投机的作用。

(一) 期货投机的积极作用

(1) 期货投机可以承担期货市场风险。期货市场提供了风险管理工具,使得企业和农产品生产者能够通过期货合约锁定将来的价格。这有助于降低他们在不确定的市场环境中面临的风险。通过期货合约,企业和农产品生产者可以在特定的时间点上以特定的价格买入或卖出一定数量的商品。这使得无论市场价格如何变化,他们都能够事先确定商品的价格。例如,假设一个农产品生产者担心将来商品价格下跌,他可以通过卖出期货合约锁定当前的价格,这样无论市场价格如何变动,他都能以固定的价格出售农产品。同样,企业也可以使用期货合约来锁定将来的购买价格。如果企业需要大量采购原材料,但担心将来价格上涨,可以通过买入期货合约来锁定当前的价格,以确保他们能够以固定的成本购买所需的原材料。

(2) 期货投机有助于提高市场流动性。投机者通过买入和卖出期货合约,增加了市场的交易量和活跃度,这使得市场更加稳定,有助于引入更多的买卖双方。所以,没有适度投机的期货市场不是成熟的期货市场。

(3) 期货投机还能为市场参与者提供价格发现的机制。投机者对市场信息进行分析和预测,通过买卖期货合约来表达他们的观点。这有助于市场中的价格形成,提供了更准确的价格信号。

(4) 期货投机可以提供投资机会。投机者可以通过正确的市场判断和交易策略获得盈利,从而吸引更多的资金进入期货市场,促进市场的发展和创新。

同时,由于大量期货投机者的存在,期货市场上的价格很难大幅偏离合理的价格水平——因为,任何较大幅度的偏离都会产生投机获利空间并立即引来投机交易行为,而这些投机交易行为就会使期货市场上的价格水平很快恢复到合理的水平。比如,当市场上认为合理的价格水平是2000元时,价格就很难大幅超过2000元——比方说在2100元水平上站稳,因为当市场价格是2100元而大家公认的水平是2000元时,期货投机者就会立即做空,这种投机交易行为将使价格很快向2000元回归;同样,价格也很难大幅低于2000元——比方说在1900元水平上站稳,因为当市场价格是1900元而大家公认的水平是2000元时,期货投机者就会立即做多,这种投机交易行为也使价格很快向2000元回归。

(二) 期货投机的消极作用

了解了期货投机的积极作用后,也要了解期货投机的消极作用。期货投机的消极作用简单地说就是期货投机过度就会使期货市场价格风险转移功能和价格发现功能不能发挥作用,从而从根本上限制期货市场对经济发展的积极作用、淡化期货市场存在的意义。具体来讲，期货投机的消极作用是：

(1) 过度投机将使期货市场的价格波动频率更快、幅度更大，使期货市场价格偏离商品内在价值的时间更多一些，使期货市场的价格偏离商品内在价值的幅度更大一些。在这种情况下，真正的套期保值者可能被要求不断追加保证金以免被强制平仓——这时套期保值的成本会很高；或者套期保值者被迫平仓终止套期保值操作退出期货市场。这样期货市场价格风险转移的功能就不可能发挥作用。

(2) 过度投机，尤其是投机者通过大量做多或做空，使期货市场价格长期居高不下或长期低迷不起，就会使市场价格长期严重偏离商品的内在价值，期货市场的价格发现功能就不可能正常发挥作用，期货市场的价格也就会失去对经济活动的指导作用。

需要指出的是，即使没有期货投机，期货市场上的价格也是波动的，这种波动源自于商品供需关系的变化(合约商品固有的价格风险)，期货投机可能使期货市场的价格波动扩大，也可能使期货市场的价格波动减少，但期货市场固有的风险不是因期货投机而产生的。同时，只要抑制了期货市场上的过度投机，期货投机行为就将有助于减小期货市场的价格风险。

第二节　期货套期图利

单一品种的期货投机，原理比较简单。当投机者预期某一期货合约的价格将要上升时，即买入该期货合约，等该期货合约的价格真的上升了，就平仓，从而获利；当投机者预期某一期货合约的价格将要下降时，即卖出该期货合约，等该期货合约的价格真的下降了，就平仓，从而获利。这一节内容将集中介绍期货套期图利原理。

现实中，期货套期图利有三种基本类型，即跨期套利、跨市场套利和跨商品套利。以下将用数学分析模型分别介绍这三类期货套期图利方式的投机原理。

一、跨期套利数学分析模型

跨期套利是针对同一期货交易所同一种合约商品不同交割期的两个期货合约的投机行为。比如，大连商品交易所的大豆六月交割的合约和大豆九月交割的合约，就是同一期货交易所同一合约商品(大豆)不同交割期(六月交割和九月交割)的两个期货合约。

(一) 基本假设

S_1：A 交割期合约每张合约现时期货市场价格；
S_2：A 交割期合约每张合约未来期货市场价格；
F_1：B 交割期合约每张合约现时期货市场价格；
F_2：B 交割期合约每张合约未来期货市场价格。

(二) 基本判断

甲：A 交割期合约和 B 交割期合约的价格差将会变小，即

$$S_1 - F_1 > S_2 - F_2$$

乙：A 交割期合约和 B 交割期合约的价格差将会变大，即

$$S_1 - F_1 < S_2 - F_2$$

(三) 投机操作

甲：在基本判断甲的情况下，现时卖出一张 A 交割期合约、买入一张 B 交割期合约；未来平掉所有合约。

乙：在基本判断乙的情况下，现时买入一张 A 交割期合约、卖出一张 B 交割期合约；未来平掉所有合约。

(四) 投机结果分析

(1) 在基本判断甲和投机操作甲的情况下，投机者在 A 交割期合约上的获利为

$$S_1 - S_2$$

投机者在 B 交割期合约上的获利为

$$F_2 - F_1$$

投机者总的获利为投机者在两个合约上的获利之和，即

$$(S_1 - S_2) + (F_2 - F_1) = (S_1 - F_1) - (S_2 - F_2) \tag{4-1}$$

根据基本判断，式(4-1)>0，也就是说在不计交易税费和交易佣金的情况下，上述投机操作将给投机者带来收益。

(2) 在基本判断乙和投机操作乙的情况下，投机者在 A 交割期合约上的获利为

$$S_2 - S_1$$

投机者在 B 交割期合约上的获利为

$$F_1 - F_2$$

投机者总的获利为投机者在两个合约上的获利之和，即

$$(S_2 - S_1) + (F_1 - F_2) = (S_2 - F_2) - (S_1 - F_1) \tag{4-2}$$

根据基本判断，式(4-2)>0，也就是说在不计交易税费和交易佣金的情况下，上述投机操作将给投机者带来收益。

【例4-1】一月，投机者观察CBOT五月交割的大豆期货合约和八月交割的大豆期货合约的市场价格，发现五月交割的大豆期货合约的价格为每蒲式耳7.25美元，八月交割的大豆期货合约的价格为每蒲式耳7.45美元，前者与后者的价差为-20美分。投机者认为，这个价差较之正常的价差从数字上讲显得太小，而且投机者认为找不到合理的理由来解释价差的减少。因此，投机者判断，这种价差的减少是暂时现象，价差不久会回到正常水平。于是，投机者现在(一月)就买入10张五月交割的大豆期货合约(每张合约数量是5000蒲式耳)，价格为每蒲式耳7.25美元，同时卖出10张八月交割的大豆期货合约，每蒲式耳7.45美元。到了四月，价差果然与预期的一

样回到了-10美分的正常水平，五月交割的大豆期货合约每蒲式耳价格为7.60美元，八月交割的大豆期货合约每蒲式耳价格为7.70美元，这时，投机者平掉所有仓位，即10张五月交割的大豆期货多头合约以每蒲式耳价格为7.60美元平仓，10张八月交割的大豆期货空头合约以每蒲式耳价格为7.70美元平仓。

将五月交割的期货合约定义为 A 交割期期货合约并将八月交割的期货合约定义为 B 交割期期货合约时，这里的情况就属于跨期套利数学分析模型中基本判断乙，按模型中"投机结果分析"的结论，每种合约上的交易量为一张时，投机者获利为

$$(S_2 - F_2) - (S_1 - F_1)$$
$$= (7.60 \times 5000 - 7.70 \times 5000) - (7.25 \times 5000 - 7.45 \times 5000)$$
$$= 500(美元)$$

现在每种合约上的交易量是 10 张，所以，投机者共获利 5000 美元。
直接计算也能得到相同的结论。
投机者在五月交割的合约上的获利为

$$(7.60 - 7.25) \times 5000 \times 10 = 17\,500(美元)$$

投机者在八月交割的合约上的获利为

$$(7.45 - 7.70) \times 5000 \times 10 = -12\,500(美元)$$

投机者获利之和为

$$5000(美元)$$

为便于读者记忆，指出如下事实。
在三种情况下，A 交割期期货合约与 B 交割期期货合约的价格差会扩大，它们是：

(1) A 交割期期货合约的价格与 B 交割期期货合约的价格同时上升，但 A 交割期期货合约价格的上升幅度大于 B 交割期期货合约价格的上升幅度；

(2) A 交割期期货合约的价格与 B 交割期期货合约的价格同时下降，但 A 交割期期货合约价格的下降幅度小于 B 交割期期货合约价格的下降幅度；

(3) A 交割期期货合约的价格上升，而 B 交割期期货合约的价格下降。

在 A 交割期期货合约与 B 交割期期货合约的价格差会扩大时，投机者的投机操作是：现时买入 A 交割期合约、卖出 B 交割期合约。如何记住这一点？读者只需要记住价格差会扩大的第三种情况即可：预期 A 交割期期货合约的价格上升，而 B 交割期期货合约的价格下降，现在当然是买入 A 交割期合约、卖出 B 交割期合约。对于 A 交割期期货合约与 B 交割期期货合约的价格差会减少的情况，可以用同样的方法讨论。

二、跨市场套利数学分析模型

跨市场套利是针对同一种商品同交割期但不同期货市场上的两个期货合约的投机行为。比如，同是玉米、同是六月交割，但一个是在上海期货交易所交易的合约，而另一个是在郑州期货交易所交易的合约。几乎可以用完全类似于跨期套利数学分析模型的建立方式建立跨市场套

利数学分析模型，建立方式如下(如果你确信自己理解了前面跨期套利数学分析模型的建立方式，就可以不读如下的内容)。

(一) 基本假设

S_1：同商品同交割期的合约在 A 期货交易所的现时价格；
S_2：同商品同交割期的合约在 A 期货交易所的未来价格；
F_1：同商品同交割期的合约在 B 期货交易所的现时价格；
F_2：同商品同交割期的合约在 B 期货交易所的未来价格。

(二) 基本判断

甲：A 交易所合约和 B 交易所合约的价格差将会变小，即
$$S_1 - F_1 > S_2 - F_2$$

乙：A 交易所合约和 B 交易所合约的价格差将会变大，即
$$S_1 - F_1 < S_2 - F_2$$

(三) 投机操作

甲：在基本判断甲的情况下，现时卖出一张 A 交易所合约、买入一张 B 交易所合约；未来平掉所有合约。

乙：在基本判断乙的情况下，现时买入一张 A 交易所合约、卖出一张 B 交易所合约；未来平掉所有合约。

(四) 投机结果分析

(1) 在基本判断甲和投机操作甲的情况下，投机者在 A 交易所合约上的获利为
$$S_1 - S_2$$

投机者在 B 交易所合约上的获利为
$$F_2 - F_1$$

投机者总的获利为投机者在两个合约上的获利之和，即
$$(S_1 - S_2) + (F_2 - F_1) = (S_1 - F_1) - (S_2 - F_2) \tag{4-3}$$

根据基本判断，式(4-3)>0，也就是说在不计交易税费和交易佣金的情况下，上述投机操作将给投机者带来收益。

(2) 在基本判断乙和投机操作乙的情况下，投机者在 A 交易所合约上的获利为
$$S_2 - S_1$$

投机者在 B 交易所合约上的获利为
$$F_1 - F_2$$

投机者总的获利为投机者在两个合约上的获利之和,即

$$(S_2 - S_1) + (F_1 - F_2) = (S_2 - F_2) - (S_1 - F_1) \tag{4-4}$$

根据基本判断,式(4-4)>0,也就是说在不计交易税费和交易佣金的情况下,上述投机操作将给投机者带来收益。

【例4-2】 三月,投机者观察CBOT九月交割的大豆期货合约和CME九月交割的大豆期货合约的市场价格,发现CBOT交割的大豆期货合约的价格为每蒲式耳7.35美元,CME交割的大豆期货合约的价格为每蒲式耳7.65美元,前者与后者的价差为-30美分,投机者认为,这个价差较之正常的价差从数字上显得太小,而且投机者认为找不到合理的理由来解释价差的减少。因此,投机者判断,这种价差的减少是暂时现象,价差不久会回到正常水平。于是,投机者现在(三月)就买入20张CBOT九月交割的大豆期货合约(每张合约数量是5000蒲式耳),价格为每蒲式耳7.35美元,同时卖出20张CME九月交割的大豆期货合约,每蒲式耳7.65美元。到了六月,价差果然与预期的一样回到了-15美分的正常水平,CBOT九月交割的大豆期货合约每蒲式耳价格为7.70美元,CME九月交割的大豆期货合约每蒲式耳价格为7.85美元,这时,投机者平掉所有仓位,即20张CBOT九月交割的大豆期货多头合约以每蒲式耳价格为7.70美元平仓,20张CME九月交割的大豆期货空头合约以每蒲式耳价格为7.85美元平仓。

将CBOT定义为A期货交易所并将CME定义为B期货交易所时,这里的情况就属于跨市场套利数学分析模型中的基本判断乙。按模型中"投机结果分析"的结论,每种合约上的交易量为一张时,投机者的获利为

$$(S_2 - F_2) - (S_1 - F_1)$$
$$= (7.70 \times 5000 - 7.85 \times 5000) - (7.35 \times 5000 - 7.65 \times 5000)$$
$$= 750(美元)$$

现在每种合约上的交易量是20张,所以,投机者共获利15 000美元。

直接计算也能得到相同的结论。

投机者在CBOT合约上的获利为

$$(7.70 - 7.35) \times 5000 \times 20 = 35\,000(美元)$$

投机者在CME合约上的获利为

$$(7.65 - 7.85) \times 5000 \times 20 = -20\,000(美元)$$

投机者获利之和为

$$15\,000(美元)$$

为便于读者记忆,指出如下事实。

在三种情况下,A交易所合约与B交易所合约的价格差会扩大,它们是:

(1) A交易所期货合约的价格与B交易所期货合约的价格同时上升,但A交易所期货合约价格的上升幅度大于B交易所期货合约价格的上升幅度;

(2) A 交易所期货合约的价格与 B 交易所期货合约的价格同时下降,但 A 交易所期货合约价格的下降幅度小于 B 交易所期货合约价格的下降幅度;

(3) A 交易所期货合约的价格上升,而 B 交易所期货合约的价格下降。

在 A 交易所期货合约与 B 交易所期货合约的价格差会扩大时,投机者的投机操作是:现时买入 A 交易所合约、卖出 B 交易所合约。如何记住这一点?读者只需要记住价格差会扩大的第三种情况即可:预期 A 交易所期货合约的价格上升,而 B 交易所期货合约的价格下降,现在当然是买入 A 交易所合约、卖出 B 交易所合约。对于 A 交易所期货合约与 B 交易所期货合约的价格差会减少的情况,可以用同样的方法讨论。

三、跨商品套利数学分析模型

跨商品套利是针对同一期货市场(同一期货交易所)、同一交割期但不同商品的两个期货合约的投机行为。比如,同是 CBOT、同是六月交割,但一个是大豆期货合约,而另一个是豆粕期货合约。几乎可以用完全类似于跨期套利数学分析模型的建立方式来建立跨商品套利数学分析模型,建立方式如下(如果你确信自己理解了跨期套利数学分析模型,你就可以不读如下的内容)。

(一) 基本假设

S_1:同一期货交易所、相同交割期,A 商品期货合约每张合约的现时价格;
S_2:同一期货交易所、相同交割期,A 商品期货合约每张合约的未来价格;
F_1:同一期货交易所、相同交割期,B 商品期货合约每张合约的现时价格;
F_2:同一期货交易所、相同交割期,B 商品期货合约每张合约的未来价格。

(二) 基本判断

甲:A 商品合约和 B 商品合约的价格差将会变小,即
$$S_1 - F_1 > S_2 - F_2$$

乙:A 商品合约和 B 商品合约的价格差将会变大,即
$$S_1 - F_1 < S_2 - F_2$$

(三) 投机操作

甲:在基本判断甲的情况下,现时卖出一张 A 商品合约、买入一张 B 商品合约;未来平掉所有合约。

乙:在基本判断乙的情况下,现时买入一张 A 商品合约、卖出一张 B 商品合约;未来平掉所有合约。

(四) 投机结果分析

(1) 在基本判断甲和投机操作甲的情况下,投机者在 A 商品合约上的获利为
$$S_1 - S_2$$

投机者在 B 商品合约上的获利为

$$F_2 - F_1$$

投机者总的获利为投机者在两个合约上的获利之和,即

$$(S_1 - S_2) + (F_2 - F_1) = (S_1 - F_1) - (S_2 - F_2) \tag{4-5}$$

根据基本判断,式(4-5)>0,也就是说在不计交易税费和交易佣金的情况下,上述投机操作将给投机者带来收益。

(2) 在基本判断乙和投机操作乙的情况下,投机者在 A 交割期合约上的获利为

$$S_2 - S_1$$

投机者在 B 交割期合约上的获利为

$$F_1 - F_2$$

投机者总的获利为投机者在两个合约上的获利之和,即为

$$(S_2 - S_1) + (F_1 - F_2) = (S_2 - F_2) - (S_1 - F_1) \tag{4-6}$$

根据基本判断,式(4-6)>0,也就是说在不计交易税费和交易佣金的情况下,上述投机操作将给投机者带来收益。

【例4-3】二月,投机者观察某期货交易所九月交割的大豆期货合约和九月豆粕期货合约的市场价格,发现大豆期货合约的价格为每吨2300元,豆粕期货合约的价格为每吨1500元,前者与后者的价差为800元,投机者认为,这个价差较之正常的价差从数字上讲显得太大,而且投机者认为找不到合理的理由来解释价差的扩大。因此,投机者判断,这种价差的扩大是暂时现象,价差不久会回到正常水平。于是,投机者现在(二月)就卖出10张九月交割的大豆期货合约(每张合约数量10吨),价格为每吨2300元,同时买入10张九月交割的豆粕期货合约,每吨1500元。到了六月,价差果然与预期的一样回到了每吨500元的正常水平。九月交割的大豆期货合约每吨价格为2400元,九月交割的豆粕期货合约每吨1900元,这时,投机者平掉所有仓位,即10张九月交割的大豆期货空头合约以每吨2400元平仓,10张九月交割的豆粕期货多头合约以每吨1900元平仓。

将大豆定义为 A 商品并将豆粕定义为 B 商品时,这里的情况就属跨商品套利数学分析模型中的基本判断甲。按模型中"投机结果分析"的结论,每种合约上的交易量为一张时,投机者的获利为

$$(S_1 - F_1) - (S_2 - F_2)$$
$$= (2300 \times 10 - 1500 \times 10) - (2400 \times 10 - 1900 \times 10)$$
$$= 3000(元)$$

现在每种合约上的交易量是 10 张,所以,投机者共获利 30 000 元。

直接计算也能得到相同的结论。

投机者在大豆合约上的获利为

$$(2300-2400)\times 10\times 10=-10\,000(元)$$

投机者在豆粕合约上的获利为

$$(1900-1500)\times 10\times 10=40\,000(元)$$

投机者获利之和为

$$30\,000(元)$$

为便于读者记忆，指出如下事实。

在三种情况下，A 商品期货合约与 B 商品期货合约的价格差会扩大，它们是：

(1) A 商品期货合约的价格与 B 商品期货合约的价格同时上升，但 A 商品期货合约价格的上升幅度大于 B 商品期货合约价格的上升幅度；

(2) A 商品期货合约的价格与 B 商品期货合约的价格同时下降，但 A 商品期货合约价格的下降幅度小于 B 商品期货合约价格的下降幅度；

(3) A 商品期货合约的价格上升，而 B 商品期货合约的价格下降。

在 A 商品期货合约与 B 商品期货合约的价格差会扩大时，投机者的投机操作是：现时买入 A 商品期货合约、卖出 B 商品期货合约。如何记住这一点？读者只需要记住价格差会扩大的第三种情况即可：预期 A 商品期货合约的价格上升，而 B 商品期货合约的价格会下降，现在当然是买入 A 商品期货合约、卖出 B 商品期货合约。对于 A 商品期货合约与 B 商品期货合约的价格差会减少的情况，可以用同样的方法讨论。

📖 案例分析4-1

贵金属价差交易

贵金属包括黄金、白银、铂金和钯金，通过市场上提供的各种工具(例如期货)为全球市场提供交易机会。各个贵金属市场不仅高度相关，而且存在独特的价格驱动因素，后者创造了许多有吸引力的价差交易机会。

金银比率指黄金价格与白银价格之比，按每金衡盎司的黄金价格除以白银价格计算。它表示一盎司黄金能值多少盎司白银。自2013年以来，该比率从55扩大到75，2016年3月达到83.5的高位。在2016年至2018年，金银比率的交易范围为65.5至83.5。

虽然黄金和白银均被视为贵金属，也可能齐涨共跌，但黄金被视为全球通货，往往在市场走向不明时期充当通胀对冲和避险资产。白银的工业应用更为广泛，工业最终用途消耗的白银占50%~60%，而黄金为10%。白银价格对经济周期比较敏感。在经济或地缘政治不明朗的时期，黄金的价格涨幅比白银大，金银比率扩宽。在经济复苏时期，由于工业需求上升，白银的价格涨幅更大，金银比率缩窄。金银比率可视为全球宏观经济健康状况的晴雨表。

3月1日，一位交易者认为短期内黄金价格将跑赢白银价格。该交易者决定做多金银比，具体操作是以1248.90美元/盎司买入一份4月黄金期货合约，同时以18.445美元/盎司卖出一份5月白银期货合约，保持两边交易的名义金额(分别为124 890美元和18 445美元)大致相当。因此，该交易者以67.71建立了金银比价差交易头寸。下表显示该交易者在金银比走向有利时(即稳定上升)的实际盈亏。3月30日，金银比率小幅上升了1%，他卖出一份4月黄金期货合约同时买入一份5月白银期货合约，对头寸进行平仓。于是，相关交易头寸如表4-1所示：

表4-1 相关交易头寸

4月黄金期货	名义金额	5月白银期货	名义金额	价差	
建仓价格	$1 248.9 买入	$124 890	$18.44 卖出	$92 225	67.71
平仓价格	$1 245.0 卖出	$124 500	$18.18 买入	$90 925	68.46
交易盈亏		-$390		-$1 300	
总盈亏			910 美元		

金银比(GC:SI)是人们经常讨论的贵金属市场问题。黄金和白银的价差是一个具有数百年历史的变量，致力于交易黄金和白银价差的投资者也不乏其人。有人甚至毕生专门研究黄金和白银的价格关系。每当金银比创造历史新高或者历史新低的时候，很多投资者喜欢进入市场试一试运气。世界上的价差交易不外乎三种。第一种是时间差，也就是期货的月差或者季度差甚至年差。第二种是同一产品在两个不同交易所的价格差别，比如说上海黄金和芝商所黄金的价差。第三种就是两种具有高度相关性产品的价格差。金银比(GC:SI)属于第三种：具有高度相关性的两种不同产品的价差。从下面芝商所QuikStrike期货期权风险管理平台中，可以看到黄金和白银的相关性高达77%(如图4-1所示)。如果仅仅从相关性来看金银比的话，金银比是可以交易的。

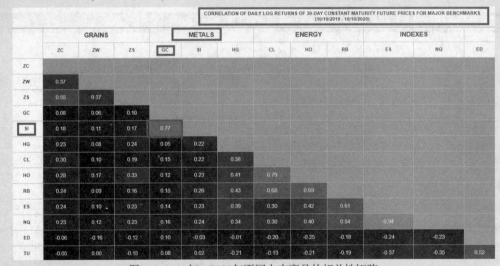

图4-1 2019年—2020年不同大宗商品的相关性矩阵

数据来源：芝加哥商品交易所

下面再来看看金银比价格变化的内在逻辑是什么。个人的看法是任何两个具有相关性的产品之间的价格变化，是由各自市场内部的流通性造成的。绝大部分时间二者价格变化的关系无道可循。从这一点上来说，交易金银比是一件非常具有挑战性的工作。

图4-2是过去100年来金银比价格变化图。从图中可以看到金银比的重大阻力点在90∶1左右。也就是说，黄金价格是白银价格的90倍。从图中可以看出自布雷顿森林体系结束后金银比不断创造新高，也就是说与白银相比，黄金吸引了更多的买家。再看图中的金银比的支持线，大概是在20左右。而金银比最后一次测试20的支持点是在20世纪70年代，当时白银市场出现价格危机，在南美洲发现了巨大的银矿，白银价格一落千丈。金银比迅速从20反弹。从此之后，再也没有看到金银比20这样的价格。金银比用了40年的时间，从20长到了今年的90，如果说金银比继续在90至20之间波动，那么直接用黄金和白银期货交易金银比将是一件非常具有挑战性的工作。在这种情况下，个人的看法是：从风险管理角度来看，选用黄金和白银期权来交易金银比所承受的风险可能要比直接用期货交易小得多。

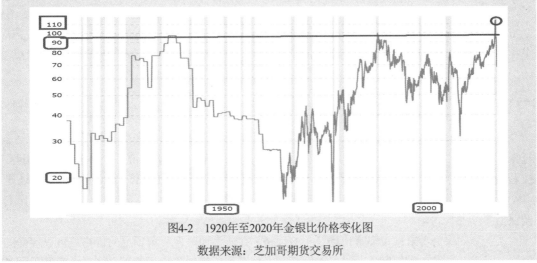

图4-2　1920年至2020年金银比价格变化图

数据来源：芝加哥期货交易所

第三节　期货套期保值的基本原理

期货套期保值是指把期货市场当作转移价格风险的场所，利用期货合约作为将来在现货市场上买卖商品的临时替代物，对其现在买进准备以后售出商品或对将来需要买进商品的价格进行保险的交易活动。期货套期保值可以分为多头套期保值和空头套期保值。

一、套期保值的基本概念

套期保值者通常是现货交易商。他们进行的是现货交易，即在现货市场上买或卖现货商品；他们参与期货交易的目的是回避未来现货市场上价格波动的风险。套期保值者面临的情况通常是：现时现货市场上的价格是可以接受的交易价格(如股票基金经理认为股票市场现在的价格水平是可以买入的价格水平；股票的承销商认为按现在股票市场的价格水平，他承销的股票可以卖出去——因而可以签订承销协议书；农民认为现在小麦的价格是有利可图的)，但现时因各种原因不愿意或不能进行现货交易(比如，股票基金经理要等两个月才能收到资金；承销商要三个月后才能实施股票销售行为；农民的小麦不能收割——还没有到收获季节)，同时又担心未来真要进行现货交易时,现货市场上的价格可能向不利于自己的方向变化。为避免未来现货市场上价格向不利于自己的方向变化而带来损失,他们选择的做法是:现时就在期货市场上买(或卖)期货合约,等到他们有可能又决定买(或卖)现货时,他们就平掉期货合约,退出期货市场,而在现货市场上买(或卖)现货商品。这样做,在一定条件下他们可以实现他们可以接受的现时现货市场上的价格。

可以这样来定义套期保值:因各种原因不愿意或不能现在就进行现货交易的现货交易者为回避未来现货市场价格波动的风险而先期在期货市场上买(或卖)期货合约,等到他们有可能又决定买(或卖)现货时,就平掉期货合约,退出期货市场,而在现货市场上买(或卖)现货商品。这样的交易行为就是期货套期保值。

一次典型的套期保值行为由三个基本交易行为组成:在期货市场的买或卖(开仓行为)、在期货市场的平仓、在现货市场的买或卖。在期货市场上的第一个交易行为是买还是卖取决于未来交易者在现货市场上是打算买还是卖,两者交易方向一致,通常情况下交易量也应大致相等。

二、套期保值的分类

上面讲过,在期货市场上的第一个交易行为是买还是卖取决于未来交易者在现货市场上是打算买还是卖,两者交易方向一致,交易量应成一定的比例——一般情况下交易量应大致相等。按套期保值者未来在现货市场上是进行买还是卖(或其在期货市场的第一个交易行为是买还是卖),套期保值分为买入套期保值和卖出套期保值。套期保值者也分为买入套期保值者和卖出套期保值者。

买入套期保值者未来在现货市场要买入现货,并认为现时现货市场上的价格是可以接受的价格,即认为未来在现货市场上的买入价格减去现时现货市场价格后的差,将小于或等于因未持有商品而节省的持有成本(仓储保管费用)。为防止现货市场上价格上升而带来损失,买入套期保值者先期在期货市场上买入期货合约。到他真正要买入现货时,他先平掉期货合约,再到现货市场买入现货。买入套期保值者的直接交易目的是固化成本(固定未来的买入价格),力图使未来现货商品实际购入后,综合支出在计算了持有成本后接近现时现货市场上的价格。

卖出套期保值者未来在现货市场要卖出现货,并认为现时现货市场上的价格是可以接受的价格,即认为未来在现货市场上的卖出价格减去现时现货市场价格后的差,将大于或等于因持有商品而支出的持有成本(仓储保管费用)。为防止现货市场上价格下降而带来损失,卖出套期保值者先期在期货市场上卖出期货合约。到他真正要卖出现货时,他先平掉期货合约,再到现货市场卖出现货。卖出套期保值者的直接交易目的是固化收入(固定未来的卖出价格),力图使未来现货商品实际卖出后,综合收入在计算了持有成本后接近现时现货市场上的价格。

三、套期保值结果的评价尺度及相关经济学假设

前面介绍套期保值分类时提到过,套期保值者参与期货合约交易的目的是使未来现货交易发生后,在计算了持有成本后其综合支出或综合收入尽可能接近现时现货市场上的价格。这里实际上给出了一个评价套期保值结果的尺度,严格地说这个尺度就是现时现货市场上的价格:当综合支出或综合收入等于现时现货市场上的价格时,保值刚好成功;当综合支出大于现时现

货市场上的价格或综合收入小于现时现货市场上的价格时，保值不成功；当综合支出小于现时现货市场上的价格或综合收入大于现时现货市场上的价格时，保值不仅成功而且有剩余利益。

这种以现时现货市场上的价格为评价保值成功与否的尺度的方法是目前广泛采用的方法。实际上可以采用其他的评价尺度，比如心理预期价格等。不过，本书其后的讨论仅以现时现货市场上的价格为评价尺度。如读者要采用其他评价尺度，应注意相关的分析及结论要做相应的调整。

以现时现货价格作为评价套期保值是否成功的尺度时，我们想知道的是：什么情况下套期保值者能成功保值？什么情况下套期保值者不能成功保值？从风险回避的角度看，什么情况下，将来综合收入(或综合支出)接近现时现货市场上的价格？什么情况下，将来综合收入(或综合支出)远离现时现货市场上的价格？

如果存在将来综合收入(或综合支出)远离现时现货市场上价格的可能，就说明有风险，或者说风险未能有效回避；如果将来综合收入(或综合支出)接近现时现货市场上的价格，就说明没有什么风险，或者说风险被有效地回避了。因此，问题是：什么情况下套期保值操作能有效地规避未来现货市场价格波动的风险？这种情况，叫作使套期保值成功的经济学假设。它应该是经济学上一个合理的假定的前提。

这个假设以后还将讨论，此处先指出如下事实。

如果套期保值的三次交易的数量均相等、不计交易成本(佣金税费、资金成本)、以现时现货价格作为评价套期保值是否成功的尺度，则套期保值刚好成功的前提是：

基差的变化刚好反映持有成本(现时基差减去持有成本等于未来基差)。

或者说：现时基差减去持有成本大致等于未来基差。

这里基差指同一时间期货市场特定期货合约的价格与特定地点的现货价格之差(需要指出的是，有些教科书、文献将基差定义为同一时间特定地点的现货价格与期货市场特定期货合约的价格之差。只要注意到这种定义上的差异，就不会影响我们的分析及相关分析结论的正确性)。

四、卖出套期保值分析模型

(一) 基本约定

以下的讨论都是针对同一商品、同一交割期的期货合约进行的，所谈论的价格均是指一张合约的期货价格或对应数量的现货商品的价格(即单位商品的价格)。

S_1：现时现货市场价格；

F_1：现时期货市场价格；

S_2：未来现货市场价格；

F_2：未来期货市场价格；

B：单位商品的持有成本。

严格来讲，S_2、F_2、B 都是时间的函数。

卖出套期保值者认为现时现货市场价格是可以接受的价格，但卖出套期保值者现时不愿或不能出售商品，他希望将来他卖出商品时，他的综合收入在计算了持有成本后能达到现时现货市场价格的水平。

(二) 基本操作

卖出套期保值者现时按现时期货市场价格 F_1 卖出商品期货合约；到未来某时愿意或有能力提供商品时，按当时期货市场的价格 F_2 平掉期货合约，并按当时现货市场上的价格 S_2 卖出商品。

(三) 保值结果分析

卖出套期保值者在期货市场的盈利为：F_1-F_2，正值为盈利，负值为亏损。

实际在现货市场上的卖出价格为：S_2。

卖出套期保值者综合收入为：在期货市场的盈利+实际在现货市场上的卖出价格，即

$$F_1-F_2+S_2$$

减去持有成本 B 后与现时现货市场价格 S_1 比较，有：

$(F_1-F_2+S_2)-B-S_1=0$ 时，表示综合收入恰好等于现时现货市场价格；

$(F_1-F_2+S_2)-B-S_1<0$ 时，表示综合收入小于现时现货市场价格；

$(F_1-F_2+S_2)-B-S_1>0$ 时，表示综合收入大于现时现货市场价格。

而 $(F_1-F_2+S_2)-S_1-B=(F_1-S_1)-(F_2-S_2)-B$

$\qquad\qquad\qquad\qquad$ = 现时基差-未来基差-B

因此，基差的减少量等于持有成本时，卖出套期保值者刚好保值成功；

基差的减少量小于持有成本时，对卖出套期保值者不利；

基差的减少量大于持有成本时，对卖出套期保值者有利。

【例4-4】四月，籼米现货市场上的价格为每吨2800元(10吨为28 000元)，农民认为这个价格是可以接受的价格——他希望他今年收割的籼米也能卖这个价格，但他今年七月才能收割籼米。为防止现货市场上的价格下降，农民于四月就在期货市场上卖出籼米期货合约。按其预期产量，他卖出了2张(每张10吨)九月交割的籼米期货合约，成交价格为每吨2900元(每张合约29 000元)。到了七月，籼米现货市场上的价格下降到每吨2600元，期货市场上九月交割的合约的价格是每吨2700元。农民收割了籼米后，按当时期货市场上的价格平掉两张期货空头合约，在现货市场按当时现货市场上的价格卖出现货。

无论是以每吨的价格计算还是以每张合约的数量 10 吨的价格计算，本例题中，基差没有变化(每吨籼米现时基差，也就是四月基差是 100 元，后来的基差，也就是七月的基差也是 100 元)，在不计持有成本、交易成本(佣金税费、资金成本)时，农民的综合收入是现时现货市场上的价格 56 000 元(两张共 20 吨，现时，也就是四月，现货市场的总价格为 56 000 元)。

事实上，农民在期货市场每张合约盈利为

$$F_1-F_2=29\,000-27\,000=2000(元)$$

两张合约盈利为

$$2000\times2=4000(元)$$

在七月现货市场上 20 吨籼米实际的卖出价格为

$$S_2\times2=26\,000\times2=52\,000(元)$$

农民综合收入为：在期货市场的盈利+实际在现货市场上的卖出价格，即

$$(F_1 - F_2) \times 2 + S_2 \times 2$$
$$= 4000 + 52\,000$$
$$= 56\,000(元)$$

按现时,也就是四月的现货市场上的价格,农民卖出 20 吨籼米所能获得的收入也是
$$2800 \times 20 = 56\,000(元)$$

即农民套期保值获得成功——他实现了现时现货价格(四月现货市场上的价格)。

当然,可以将这一结果与农民没有进行套期保值操作的结果进行比较。如果农民没有进行套期保值操作,那么七月他收获籼米后,他只能按当时的现货市场价格每吨 2600 元出售他的籼米,只能获得 52 000 元的收入。由于现货市场价格下降而少收入的 4000 元就无处弥补。而如果他进行了上述套期保值操作,那么,他在现货市场上由于现货市场价格下降而少收入的 4000 元,就可以由期货市场上由于价格下降而获得的盈利来弥补。可以用几乎同样的方式建立买入套期保值分析模型。

五、买入套期保值分析模型

(一) 基本约定

以下的讨论都是针对同一商品、同一交割期的期货合约进行的,所谈论的价格均是指一张合约的期货价格或对应数量的现货商品的价格(即单位商品的价格)。

S_1:现时现货市场价格;
F_1:现时期货市场价格;
S_2:未来现货市场价格;
F_2:未来期货市场价格;
B:单位商品的持有成本。

严格来讲,S_2、F_2、B 都是时间的函数。

买入套期保值者认为现时现货市场价格是可以接受的价格,但买入套期保值者现时不愿或不能买入商品,他希望将来他买入商品时,他的综合支出在计算了持有成本后接近现时现货市场价格的水平。

(二) 基本操作

买入套期保值者现时按现时期货市场价格 F_1 买入商品期货合约;到未来某时愿意或有能力买入商品时,按当时货市场的价格 F_2 平掉期货合约,并按当时现货市场上的价格 S_2 买入商品。

(三) 保值结果分析

买入套期保值者在期货市场的盈利为:$F_2 - F_1$,正值为盈利,负值为亏损。
实际在现货市场上的买入价格为:S_2。
买入套期保值者综合支出为:实际在现货市场上的买入价格-在期货市场的盈利,即
$$S_2 - (F_2 - F_1)$$

减去因未持有现货而节省的持有成本 B 后与现时现货市场价格 S_1 比较,有:

$S_2 - (F_2 - F_1) - B - S_1 = 0$ 时,表示综合支出恰好等于现时现货市场价格;

$S_2 - (F_2 - F_1) - B - S_1 < 0$ 时,表示综合支出小于现时现货市场价格;

$S_2 - (F_2 - F_1) - B - S_1 > 0$ 时,表示综合支出大于现时现货市场价格。

而 $S_2 - (F_2 - F_1) - S_1 - B = (F_1 - S_1) - (F_2 - S_2) - B$

$\qquad$ = 现时基差 − 未来基差 − B

因此,基差的减少量等于持有成本时,买入套期保值者刚好保值成功;

基差的减少量小于持有成本时,对买入套期保值者有利;

基差的减少量大于持有成本时,对买入套期保值者不利。

【例4-5】 10月18日,小麦现货市场上的价格为每吨2000元(10吨为20 000元),面粉加工商认为这个价格是可以接受的价格,他希望他以后买入小麦的综合支出在这个水平。但由于仓库容量有限,他要到次年1月18日才能再次购入小麦。为防止现货市场上的小麦价格上升,面粉加工商于10月18日在期货市场上买入小麦期货合约。按其预期需要,他买入了10张(每张10吨)次年3月交割的小麦期货合约,成交价格为每吨2300元(每张合约23 000元)。到了次年1月18日,小麦现货市场上的价格上升到每吨2200元,期货市场上次年3月交割的合约价格也上升到每吨2440元,面粉加工商按当时期货市场上的价格平掉10张期货空头合约,在现货市场按当时现货市场上的价格买入现货小麦。由于面粉加工商未在10月18日买小麦,而是在次年1月18日买,因而节省了3个月的仓储保管费用。小麦的仓储保管费用大约是每月每吨20元。

无论是以每吨的价格计算还是以每张合约的数量 10 吨的价格计算,本例题中,基差的减少量刚好等于期间的持有成本(以吨计算,每吨小麦现时基差,也就是10月基差是300元,后来的基差,也就是次年1月的基差是 240 元,基差减少 60 元;从10月18日到次年1月18日,每吨小麦的仓储保管费用也是每吨 60 元)。不计交易成本(佣金税费、资金成本),面粉加工商在次年1月18日在现货市场买入小麦的实际支出是 220 000 元(次年1月18日现货价,每吨2200元,共 100 吨),当日平掉期货仓位,所得为 14 000 元(每吨 140 元),所以次年 1 月 18 日其账面支出为 206 000 元。如果减去 3 个月的仓储保管费用 6000 元(每吨 60 元,100 吨共 6000 元),则其综合支出为 200 000 元,正是 10 月 18 日现货市场价(每吨 2000 元,100 吨共 200 000 元)。计算过程综合如下:

面粉加工商在现货市场上 100 吨小麦实际的买入价格为

$$S_2 \times 10 = 22\,000 \times 10 = 220\,000(元)$$

面粉加工商在期货市场 10 张合约共盈利

$$1400 \times 10 = 14\,000(元)$$

面粉加工商账面支出为

$$220\,000 - 14\,000 = 206\,000(元)$$

面粉加工商总共节省的仓储保管费用为

$$100 \times 60 = 6000(元)$$

面粉加工商的综合支出为

$$206\,000 - 6000 = 200\,000(元)$$

即面粉加工商期货套期保值获得成功——他实现了现时现货价格(10 月现货市场上的价格)。

当然,也可以将这一结果与面粉加工商没有进行套期保值操作的结果进行比较。如果面粉加工商没有进行套期保值操作,那么次年 1 月他只能按当时的现货市场价格每吨 2200 元买入小麦,总支出是 220 000 元。他同样节省了仓储保管费用 6000 元,所以在由于现货市场价格上升而多支出的 20 000 元中,有 6000 元反映的是仓储保管费用的节省,但另 14 000 元的损失就无处弥补了。而如果进行了上述套期保值操作,那么,这 14 000 元就可以由期货市场上由于价格上升而获得的盈利来弥补。

六、套期保值者在保值的同时可能失去的机会

(一) 卖出套期保值者在保值的同时可能失去增加收入的机会

在卖出套期保值数学分析模型的【例 4-4】中,假设现货和期货市场上的价格是下跌的。在这种前提下,如果农民不做套期保值,他将只能按七月现货市场的价格每吨 2600 元出售他的籼米,他将少收入 4000 元;而如果他做了套期保值,尽管到了七月他仍将只能按七月现货市场的价格每吨 2600 元在现货市场上出售他的籼米,且较四月现货市场上的价格他在现货市场上仍将少收入 4000 元,但由于做了套期保值,到七月他按当时期货市场上的价格平掉期货合约后,他在期货市场刚好能盈利 4000 元(不计交易成本)。

但如果假设现货和期货市场上的价格是上升的(基差不变,持有成本为 0),情况又如何呢?比如,到了七月,现货市场上的价格是每吨 2900 元,而期货市场上的价格是每吨 3000 元(基差没有变化)。

这时,如果农民不做套期保值,到了七月,他可以按当时现货市场上的价格每吨 2900 元卖出他的籼米,收入为 58 000 元(20×2900),比较四月现货市场上的价格每吨 2800 元,农民多收入 2000 元。

而这时,如果农民做了套期保值,尽管到了七月他仍可以按七月现货市场的价格每吨 2900 元在现货市场上出售他的籼米,且较四月现货市场上的价格他在现货市场上仍将多收入 2000 元;但由于做了套期保值,到七月他按当时期货市场上的价格平掉期货合约后,他在期货市场要亏损 2000 元(不计交易成本),四月在期货市场上的卖价为每吨 2900 元,到七月平仓时的卖价为每吨 3000 元,盈利为(2900-3000) × 20 = -2000,即亏损 2000 元。这样一来,农民的综合收入就只有 56 000 元。尽管这一综合收入等于农民按四月现货市场价格出售其籼米的收入,也是农民期望的收入,但较之不做套期保值,农民的收入还是少了 2000 元。

所以,结论非常简单:卖出套期保值者在保值的同时可能失去增加收入的机会。

(二) 买入套期保值者在保值的同时可能失去减少支出的机会

类似地,可以分析买入套期保值的情形。

在买入套期保值数学分析模型的【例 4-5】中,假设现货和期货市场上的价格是上升的。在这种前提下,如果面粉加工商不做套期保值,他将只能按 1 月 18 日现货市场的价格每吨 2200

元买入小麦,扣除仓储保管费用,较10月18日的现货市场价,他将多支出14 000元;而做了套期保值,尽管到了1月他仍将只能按1月18日现货市场的价格每吨2200元在现货市场上买入小麦,扣除仓储保管费用,较10月18日现货市场上的价格他在现货市场上仍将多支出14 000元,但由于做了套期保值,到1月他按当时期货市场上的价格平掉期货合约后,他在期货市场刚好能盈利14 000元(不计交易成本)。

但如果假设现货和期货市场上的价格是下降的(且基差的变化刚好反映仓储保管费用),情况又如何呢?比如,到了次年1月18日,现货市场的价格是每吨1900元,而期货市场上的价格是每吨2140元。

这时,如果面粉加工商不做套期保值,到了次年1月18日,他可以按当时现货市场上的价格每吨1900元买入他的小麦,支出为190 000元(100×1900),比较10月18日现货市场上的价格每吨2000元,面粉加工商少支出10 000元,加上节省的仓储保管费用6000元,共少支出16 000元。综合支出为184 000元。

而这时,如果面粉加工商做了套期保值,尽管到了次年1月18日他仍可以按1月现货市场的价格每吨1900元在现货市场上买入他的小麦,且较10月18日现货市场上的价格他在现货市场上仍将少支出10 000元,且仍将节省仓储保管费用6000元;但由于做了套期保值,到次年1月18日他按当时期货市场上的价格平掉期货合约后,他在期货市场要亏损16 000元(不计交易成本),次年10月18日在期货市场上的买价为每吨2300元,到次年1月平仓时的卖价为每吨2140元,盈利为(2140-2300)×100 = -16 000,即亏损16 000元。这样一来,面粉加工商的综合支出还是200 000元。尽管这一综合支出等于面粉加工商按10月18日现货市场价格买入小麦的支出,也是面粉加工商期望的支出,但较之不做套期保值,面粉加工商的支出还是多了16 000元。

所以,结论也非常简单:买入套期保值者在保值的同时可能失去减少支出的机会。

(三) 为什么要进行套期保值

套期保值者在保值的同时可能失去增加收入或减少支出的机会,也就是说做套期保值有可能有利(当未来现货市场的价格向不利于自己的方向变化时),也可能不利(当未来现货市场的价格向有利于自己的方向变化时);而不做套期保值时,也是有可能有利(当未来现货市场上的价格向有利于自己的方向变化时),也可能不利(当未来现货市场上的价格向不利于自己的方向变化时)。那么,套期保值的好处何在?(以下的一个自然段涉及风险理论的常识,读者没有这方面的常识时,可越过此自然段)

简单地说,在通常情况下,做套期保值和不做套期保值,交易者的综合收入或综合支出的数学期望值是相等的。但做套期保值时,如果基差的变化刚好反映仓储保管费用,交易者的综合收入或综合支出的方差就为零(这时称风险为零);而不做套期保值时,交易者的综合收入或综合支出的方差肯定大于零(这时称存在风险,方差越大风险越大)。当经济活动的结果的数学期望值一定时,人们总是选择方差较小的经济活动方案——这就是经济学上的理性经济人假设。在这里就是选择做套期保值。

例如,(为简单起见)我们假设,小麦现时现货市场的价格为每吨2000元,未来现货市场上的价格有50%的可能性上升到每吨2200元,也有50%的可能性下降到每吨1800元,仓储保管费用为0,且设基差不变。(以下的一个自然段涉及风险理论的常识,读者没有这方面的常识时,

可越过此自然段)

在这一假设下,如果做了套期保值,交易者(无论是卖出套期保值者还是买入套期保值者)能确保综合价格(综合收入或综合支出)是每吨 2000 元(这也是数学希望值);而如果不做套期保值,未来现货市场价格的数学期望值也是每吨 2000 元(2200×50%+1800×50%)。但做套期保值时,交易者(无论是卖出套期保值者还是买入套期保值者)综合价格(综合收入或综合支出)的方差是 0;而不做套期保值时,未来现货市场价格的均方差大于 0。前者没有风险。

为说明问题,我们进一步假设,如果农场主能确保以每吨 2000 元的价格卖出其小麦,农场主可以获得满意的利润 100 万元,如果农场主能以每吨 2200 元的价格卖出其小麦,则他的利润将增加 10 万元,但如果他只能以每吨 1800 元的价格卖出其小麦,则他的利润将是负 10 万元,即亏损 10 万元。农场主有两种选择。一是做套期保值,这时他能以每吨 2000 元的价格卖出其小麦,获利 100 万元;二是不做套期保值,这时他有 50%的可能性获利 110 万元(以每吨 2200 元的价格卖出其小麦),也有 50%的可能性亏损 10 万元(以每吨 1800 元的价格卖出其小麦)。能多获利 10 万元固然令人开心,但也不过是锦上添花;而一旦出现亏损 10 万元的情况,则后果可能严重得多——农场主极有可能因资金周转不灵而面临破产。

现实经济生活中,这样的例子比比皆是,可能获利多点或支出少点,但一旦出现获利少点或支出多点的情况,后果将不堪设想。

七、不直接交割期货的原因

到这里,读者心中一定有一个疑问:为什么风险回避者一定要进行三次交易、通过套期保值来回避风险,而不是直接进行期货交割?从理论上讲,农民在收获粮食前,先在期货市场上卖出期货,等到收获后,再按期货市场交割程序办理交割手续,也可回避未来现货市场价格变动的风险——远期合约交易就是这样做的。事实上,在期货市场上也有 1%~2%的合约是办理实物交割的。但绝大多数风险回避者是按套期保值交易原理在期货市场上开仓、平仓,退出期货市场后,再在现货市场上交易现货,以此来回避风险的。

他们这样做的原因大致有两个。

(一) 交割期与现货交易时间并不匹配

在期货市场上,每设一个交割期,就多出一个交易品种。对每一商品,期货市场只能设有限个交割期,即有限个期货交易品种,如许多农产品通常设交割期分别为三月、六月、九月、十二月的四个期货交易品种。

而风险回避者交易现货的时间未必就在交割期内。如农产品期货交割期分别为三月、六月、九月、十二月时,风险回避者交易农产品现货的时间可能是七月,也可能是十一月等。这时,风险回避者可利用九月、十二月、来年三月和来年六月交割的期货合约进行套期保值回避风险,但风险回避者不宜进行期货交割——时间不匹配。

当然,如果交割期与现货交易时间刚好匹配,风险回避者大可以考虑在期货市场上进行实物交割。

(二) 期货市场上实物交割的程序和手续较复杂、缺乏灵活性

期货市场上的实物交割程序和手续较之现货市场通常显得较为复杂，且缺乏灵活性。现货交易商对这些程序、手续及相关费用要么不是十分熟悉，要么觉得完成这些程序、办理这些手续太费劲。在这种情况下，他们也会选择在期货市场上平仓、退出期货市场，而将实物交易改在现货市场进行——现货交易商对现货市场的货物收发、资金收付是驾轻就熟的。事实上期货交易所设定的期交所仓库，很可能不对现货交易商的胃口。

当然，如果风险回避者认同期货市场上的实物交割程序、手续及相关费用，他们也可以考虑在期货市场上进行实物交割。

最后，要指出的是，在期货市场上虽然有1%~2%的合约最后履行了实物交割程序，但其中许多是出于无奈——平仓可能导致更大损失。

第四节 基差交易

套期保值刚好能成功的前提是：基差的变化刚好反映持有成本。可是现实中谁也不能保证基差的变化刚好反映持有成本。前面的讨论已经指出：基差的减少量大于持有成本时，对买入套期保值者不利，对卖出套期保值者有利；基差的减少量小于持有成本时，对买入套期保值者有利，对卖出套期保值者不利。问题是套期保值者并不知道基差的减少量是大于持有成本还是小于持有成本。所以，当历史数据表明与某期货合约有关的基差是变化无常的时候，便不能指望仅通过套期保值就能够回避未来现货市场价格变化的风险。针对基差变化无常的情况，人们发明了一种新的交易方式——基差交易。本节介绍基差交易原理，为简单起见，假设持有成本为0。

一、买方叫价的基差交易分析模型

(一) 买方叫价的基差交易分析模型

基差交易分为买方叫价的基差交易和卖方叫价的基差交易，先来介绍买方叫价的基差交易。同前面一样，通过数学模型来解释买方叫价的基差交易原理。

(1) 基本假设。以下的讨论都是针对同一商品、同一交割期的期货合约进行的，所谈论的价格均是指一张合约的期货价格或对应数量的现货商品的价格(即单位商品的价格)。

S_1：现时现货市场价格；

F_1：现时期货市场价格；

S_2：未来现货市场价格；

F_2：未来期货市场价格。

持有成本为0。

特别地，基差变化无常。

(2) 基本操作。卖出套期保值者现时按现时期货市场价格 F_1 卖出商品期货合约后，在他愿意或有能力提供现货商品前，与现货商品买入者约定：①现货商品买入者可在(且一定要在)未来一个约定的时间内的任意时刻按当时期货市场的价格 F_2 平掉卖出套期保值的期货合约，由此

产生的盈亏属卖出套期保值者；②期货平仓后，现货商品买入者以 F_2-c 的价格买入卖出套期保值者的现货商品，c 由双方事先协商确定(为简单起见，将 c 叫作基差交易常数)。

(3) 保值结果分析。卖出套期保值者在期货市场的盈亏为

$$F_1 - F_2$$

正值为盈利，负值为亏损。

实际在现货市场上卖给现货商品买入者的卖出价格为

$$F_2 - c$$

卖出套期保值者账面收入为：在期货市场的盈利+实际在现货市场上的卖出价格，即

$$(F_1 - F_2) + (F_2 - c) = F_1 - c$$

与现时现货市场价格 S_1 比较，有：

$$(F_1-c)-S_1 \begin{cases} =0时，表示账面收入恰好等于现时现货市场价格；\\ <0时，表示账面收入未能达到现时现货市场价格；\\ >0时，表示账面收入大于现时现货市场价格。 \end{cases}$$

不考虑持有成本，卖出套期保值者的综合收入为

$$(F_1 - c) - S_1$$

而

$$(F_1 - c) - S_1 = -c + (F_1 - S_1)$$
$$= 现时基差 - c$$

所以：c 等于现时基差时，卖出套期保值者刚好保值成功；

c 小于现时基差时，表示综合收入大于现时现货市场价格；

c 大于现时基差时，表示综合收入未能达到现时现货市场价格。

需要指出的是，一旦 c 确定了，卖出套期保值者的综合收入也就随之确定了(为 F_1-c)，综合收入既与未来现货市场上的价格 S_2 无关，也与未来期货市场上的价格 F_2 无关。也就是说，当卖出套期保值者与现货商品买入者商定了 c 时，卖出套期保值者已完成了风险转移。

当然，与现货商品买入者协商 c 时，约定的 c 越小对卖出套期保值者越有利；但即使约定的 c 大于现时基差、卖出套期保值者的综合收入未达到现时现货市场上的价格，他的综合收入还是事先确定了且达到了令他满意的水平(否则，卖出套期保值者不会接受约定的 c)。特别地，当 c 等于现时基差时，卖出套期保值者刚好保值成功。

【例4-6】四月籼米现货市场上的价格为每吨1800元(10吨为18 000元)，农民认为这个价格是可以接受的价格——他希望他今年收割的籼米也能卖这个价格，但他七月才能收割籼米。为防止现货市场上的价格下降，农民于四月就在期货市场上卖出籼米期货合约。按其预期产量，他卖出了2张(每张10吨)九月交割的籼米期货合约，成交价格为每吨1900元(每张合约19 000元)。但这时农民被告知基差(籼米期货市场上的每吨价格与籼米现货市场上的每吨价格差)是变化不定的。套期保值将不能保证他能回避未来现货市场价格变化的风险。于是，农民立即找籼米的现货购买者，经协商，他们约定：七月内的任何一天的任何期货市场的营业时间内，籼米的现货

购买者均可按当时期货市场的价格平掉农民的期货合约,期货市场上的盈亏属农民,且籼米的现货购买者也必须在七月内平掉农民的期货合约;平仓后,籼米的现货购买者按期货合约的平仓价(按每吨计)减100元(即是减现时的基差100元)作为现货交易价,从农民处购买籼米现货。

此处,$c=100$,等于现时基差。从上述数学模型中可知,农民的综合收入是现时现货市场上的价格36 000元(不计交易成本——佣金税费、资金成本)。共20吨,每吨现时现货市场上的价格是1800元,故总价格是36 000元。

事实上,设期货合约的平仓价为F_2,农民在期货市场每张合约盈利为

$$F_1 - F_2 = 19\,000 - F_2 (元)$$

两张合约盈利为

$$(19\,000 - F_2) \times 2 (元)$$

在现货市场上20吨籼米实际的卖出价格为

$$F_2 \times 2 - c \times 20 = F_2 \times 2 - 2000 (元)$$

农民综合收入为:在期货市场的盈利+实际在现货市场上的卖出价格,即

$$(19\,000 - F_2) \times 2 + F_2 \times 2 - 2000$$
$$= 38\,000 - 2000$$
$$= 36\,000 (元)$$

也就是说农民通过基差交易使其保值获得了成功——他实现了现时现货价格(四月现货市场上的价格)。

现在假设,到了七月,基差真的向不利于卖出套期保值者的方向变化,$(F_2-S_2)/10=200$。即基差由$(F_1-S_1)/10=100$变为200,数值变大了,按卖出套期保值数学分析模型的结论,基差的减少量为-100,小于期间的持有成本0,对卖出套期保值者不利。在这种情况下,如果农民做了如上基差交易,农民的综合收入将不受影响【在基差交易的情况下,农民的综合收入与S_2、F_2无关,也就与变化的基差$(S_2-F_2)/10$无关】。如果农民没有进行基差交易,而只进行了套期保值操作,那么七月他收获籼米后,他只能按当时期货市场的价格F_2平掉其期货合约,只能按当时的现货市场价格S_2出售他的籼米。按卖出套期保值数学分析模型的结论,农民的综合收入是(参考卖出套期保值数学分析模型)

$$(F_1 - F_2 + S_2) \times 2$$
$$= (F_1 + (S_2 - F_2)) \times 2$$
$$= (19\,000 - 2000) \times 2$$
$$= 34\,000 (元)$$

较之做了基差交易的情况下的综合收入少2000元,保值并不成功。

(二) 若干说明

(1) 为什么叫买方叫价的基差交易。

在以上的模型中,最终现货交易价格由c和期货合约的平仓价构成,c是卖出套期保值者

与现货买入者事先约定的数,所以,最终现货交易价格事实上只由期货合约的平仓价确定;而平仓时机和平仓价格是由现货商品的买入者最终选定的(按约定,现货商品的买入者可以在约定的时间内随时按期货市场的价格平掉卖出套期保值者的期货合约,由此产生的期货市场上的盈亏由卖出套期保值者承担,而与现货买入者无关),所以,这种基差交易叫买方叫价的基差交易。

(2) 现货商品的买者为什么要与套期保值者进行基差交易。

现货商品的买者与套期保值者进行基差交易通常有两个理由。一是,他们认为期货市场的价格会下降,而同期现货市场的价格未必会下降或未必有足够大的下降幅度(足够大是指:下降的绝对值大于或等于 c 的绝对值),在这种情况下,与套期保值者进行基差交易是有利可图的。二是,他们获得了一个叫价权利:他们可以在一段时间内选择期货市场价格较低的时机平掉套期保值者的期货合约,从而使自己的买入价格也相应降低。

卖出套期保值者进行基差交易时,在回避了基差变化可能带来的风险的同时,也失去了基差可能向有利于保值者方向变化而给卖出套期保值者带来额外收入的机会。从理论上看,卖出套期保值者进行基差交易,其综合收入是: F_1-c ;卖出套期保值者不进行基差交易而只做套期保值,其综合收入是

$$(F_1 - F_2) + S_2$$

后者与前者的差为

$$(S_2 - F_2) + c$$

或

$$c - (F_2 - S_2)$$

即:c-将来的基差。

如果将来的基差小于 c,就说明不做基差交易、只做套期保值的结果要好过做基差交易的结果。所以,做基差交易,虽然固化了收入,减少了基差可能变化而产生的风险或消除了风险(当 c 等于现时基差时),甚至带来额外收入(当 c 小于现时基差时),但只要将来的基差变得足够小(小于 c),不做基差交易、只做套期保值的结果就要好过做基差交易的结果。

现在回到上面的【例4-6】。在那里曾假设,到了七月,基差向不利于卖出套期保值者的方向变化。现在假设,基差向有利于卖出套期保值者的方向变化,如:$(F_2-S_2)/10=50$。即基差由 $(F_1-S_1)/10=100$ 变为50,数值变小了,按卖出套期保值数学分析模型的结论,基差的减少量50大于持有成本0,对卖出套期保值者有利。在这种情况下,如果农民做了如上基差交易,农民的综合收入将不会变化【在基差交易的情况下,农民的综合收入与 S_2、F_2 无关,也就与变化的基差$(F_2-S_2)/10$ 无关】。但如果农民没有进行基差交易,而是只进行了套期保值操作,那么七月他收获籼米后,他按当时期货市场的价格 F_2 平掉其期货合约,又按当时的现货市场价格 S_2 出售他的籼米。按卖出套期保值数学分析模型的结论,农民的综合收入是(参考卖出套期保值数学分析模型)

$$(F_1 - F_2 + S_2) \times 2$$
$$= (F_1 + (S_2 - F_2)) \times 2$$
$$= (19\,000 - 500) \times 2$$
$$= 37\,000(元)$$

较之做了基差交易的情况下的综合收入多 1000 元。不做基差交易收入反而要多一些。

二、卖方叫价的基差交易分析模型

(一) 卖方叫价的基差交易分析模型

(1) 基本假设。以下的讨论都是针对同一商品、同一交割期的期货合约进行的，所谈论的价格均是指一张合约的期货价格或对应数量的现货商品的价格(即单位商品的价格)。

S_1：现时现货市场价格；
F_1：现时期货市场价格；
S_2：未来现货市场价格；
F_2：未来期货市场价格。
持有成本为 0。
特别地，基差变化无常。

(2) 基本操作。买入套期保值者现时按现时期货市场价格 F_1 买入商品期货合约后，在他愿意或有能力买入现货商品前，与现货商品卖出者约定：①现货商品卖出者可在(且一定要在)未来一个约定的时间内的任意时刻按当时期货市场的价格 F_2 平掉买入套期保值的期货合约，由此产生的盈亏属买入套期保值者；②期货平仓后，现货商品卖出者以 F_2-c 的价格向买入套期保值者卖出他的现货商品，c 由双方事先协商确定。

(3) 保值结果分析。买入套期保值者在期货市场的盈亏为

$$F_2 - F_1$$

正值为盈利，负值为亏损。

实际从现货商品卖出者那里买入现货商品的价格为

$$F_2 - c$$

买入套期保值者综合支出为：实际在现货市场上的买入价格-在期货市场的盈利，即

$$(F_2 - c) - (F_2 - F_1) = F_1 - c$$

与现时现货市场价格 S_1 比较，有

$$(F_1 - c) - S_1 \begin{cases} = 0时，表示综合支出恰好等于现时现货市场价格； \\ < 0时，表示综合支出小于现时现货市场价格； \\ > 0时，表示综合支出大于现时现货市场价格。 \end{cases}$$

而
$$(F_1 - c) - S_1 = (F_1 - S_1) - c$$
$$= 现时基差 - c$$

所以：c 等于现时基差时，买入套期保值者刚好保值成功；
　　　c 小于现时基差时，表示综合支出大于现时现货市场价格；
　　　c 大于现时基差时，表示综合支出小于现时现货市场价格。

需要指出的是，一旦 c 确定了，买入套期保值者的综合支出也就随之确定了(为 F_1-c)，综

合支出既与未来现货市场上的价格 S_2 无关,也与未来期货市场上的价格 F_2 无关。也就是说,当买入套期保值者与现货商品卖出者商定了 c 时,买入套期保值者已完成了风险转移。

当然,与现货商品卖出者协商 c 时,约定的 c 越大对买入套期保值者越有利;但即使约定的 c 小于现时基差、买入套期保值者的综合支出大于现时现货市场上的价格,他的综合支出还是事先确定了且达到了令他满意的水平(否则,买入套期保值者不会接受约定的 c)。

特别地,当 c 等于现时基差时,买入套期保值者刚好保值成功。

【例4-7】10月小麦现货市场上的价格为每吨1000元(10吨为20 000元),面粉加工商认为这个价格是可以接受的价格——他希望他以后也能以这个价格买入小麦。但他要到次年1月才能再次购入小麦。为防止现货市场上的小麦价格上升,面粉加工商于10月就在期货市场上买入小麦期货合约。按其预期需要,他买入了10张(每张10吨)次年3月交割的小麦期货合约,成交价格为每吨2300元(每张合约23 000元)。但这时面粉加工商发现基差(小麦期货市场上的每吨价格与小麦现货市场的每吨价格差)是变化不定的,套期保值将不能保证他能回避未来现货市场价格变化的风险。于是,面粉加工商立即找小麦的现货供应者协商,他们约定:次年1月内的任何一天的任何期货交易市场的营业时间内,小麦的现货供应者均可按当时期货市场的价格平掉面粉加工商的期货合约,期货市场上的盈亏属面粉加工商,且小麦的现货供应者也必须在次年1月内平掉面粉加工商的期货合约;平仓后,小麦的现货供应者按期货合约的平仓价(按每吨计)减300元(即减去现时的基差300元)作为向面粉加工商供应现货小麦的价格。

此处,$c=300$,等于现时基差。从上述数学模型中可知,面粉加工商的综合支出是现时现货市场上的价格 200 000 元(不计交易成本、佣金税费、资金成本)。共 100 吨,每吨现时现货市场上的价格是 2000 元,故总价格是 200 000 元。

事实上,设期货合约的平仓价为 F_2,农民在期货市场每张合约盈利为
$$F_2-F_1= F_2-23\,000\,(元)$$
10 张合约盈利为
$$(F_2-23\,000)\times10(元)$$
在现货市场上 100 吨小麦实际的买入价格为
$$F_2\times10-c\times100= F_2\times10-30\,000(元)$$
面粉加工商综合支出为:实际在现货市场上的买入价格-在期货市场的盈利,即
$$(F_2\times10-30\,000)-(F_2-23\,000)\times10$$
$$=230\,000-30\,000$$
$$=200\,000(元)$$

也就是说面粉加工商通过基差交易使其保值获得了成功——他实现了现时现货价格(十月现货市场上的价格)。

现在假设,到了次年1月,基差真的向不利于买入套期保值者的方向变化,$(F_2-S_2)/10=100$。即基差由 $(F_1-S_1)/10=300$ 变为 100,数值变小了,按买入套期保值数学分析模型的结论,基差减少量 200 大于持有成本 0,对买入套期保值者不利。在这种情况下,如果面粉加工商做了如上基差交易,面粉加工商的综合支出将不受影响【在基差交易的情况下,面粉加工商的综合支出与 S_2、F_2 无关,也就与变化的基差 $(F_2-S_2)/10$ 无关】。如果面粉加工商没有进行基差交易,而只进行了套期保值操作,那么 1 月他只能按当时期货市场的价格 F_2 平掉其期货合约,再按当时的

现货市场价格 S_2 买入小麦。按买入套期保值数学分析模型的结论,面粉加工商的综合支出是(参考买入套期保值数学分析模型)

$$[S_2-(F_2-F_1)]\times 10$$
$$=[F_1+(S_2-F_2)]\times 10$$
$$=(23\,000-1000)\times 10$$
$$=220\,000(元)$$

较之做了基差交易的情况下的综合支出多了 20 000 元,保值并不成功。

(二) 若干说明

(1) 为什么叫卖方叫价的基差交易。

在以上的模型中,最终现货交易价格由 c 和期货合约的平仓价构成,c 是买入套期保值者与现货卖出者事先约定的数,所以,最终现货交易价格事实上只由期货合约的平仓价确定;而平仓时机和平仓价格是由现货商品的卖出者最终选定的(按约定,现货商品的卖出者可以在约定的时间内随时按期货市场的价格平掉买入套期保值者的期货合约,由此产生的期货市场上的盈亏由买入套期保值者承担,与现货卖出者无关),所以,这种基差交易叫卖方叫价的基差交易。

(2) 现货商品的卖者为什么要与套期保值者进行基差交易。

现货商品的卖者与套期保值者进行基差交易的理由同样是两个。一是,他们认为期货市场的价格会上升,而同期现货市场的价格未必会上升或未必有足够大的上升幅度(足够大是指:$F_2-c>S_2$),在这种情况下,与套期保值者进行基差交易是有利可图的。二是,他们获得了一个叫价权利:他们可以在一段时间内选择期货市场价格较高的时机平掉套期保值者的期货合约,从而使自己的卖出价格也相应上升。

(3) 买入套期保值者进行基差交易时,在回避了基差变化可能带来的风险的同时,也失去了基差可能向有利于保值者方向变化而给买入套期保值者减少支出的机会。从理论上看,买入套期保值者进行基差交易,其综合支出是

$$F_1-c$$

买入套期保值者不进行基差交易而只做套期保值,其综合支出是

$$S_2-(F_2-F_1)$$

后者与前者的差为

$$c-(F_2-S_2)$$

即 $c-$将来的基差。

如果将来的基差大于 c,就说明不做基差交易、只做套期保值的结果要好过做基差交易的结果。所以,做基差交易,虽然固化了收入,减少了基差可能变化而产生的风险或消除了风险(当 c 等于现时基差时),甚至带来额外收入(当 c 大于现时基差时),但只要将来的基差变得足够大(大于 c),不做基差交易、只做套期保值的结果就要好过做基差交易的结果。

现在回到上面的【例 4-7】。在那里曾假设,到了一月,基差向不利于买入套期保值者的方向变化。现在假设,基差向有利于买入套期保值者的方向变化,如:$(F_2-S_2)/10=400$。即基差由 $(F_1-S_1)/10=300$ 变为 400,数值变大了,按买入套期保值数学分析模型的结论,基差的减少量为

-100，小于持有成本，对买入套期保值者有利。在这种情况下，如果面粉加工商做了如上基差交易，面粉加工商的综合支出将不会变化【在基差交易的情况下，面粉加工商的综合支出与 S_2、F_2 无关，也就与变化的基差 $(F_2-S_2)/10$ 无关】。但如果面粉加工商没有进行基差交易，而只进行了套期保值操作，那么一月他按当时期货市场的价格 F_2 平掉其期货合约，又按当时的现货市场价格 S_2 买入小麦时，按买入套期保值数学分析模型的结论，面粉加工商的综合支出是(参考买入套期保值数学分析模型)

$$[S_2-(F_2-F_1)]\times 10$$
$$=[F_1+(S_2-F_2)]\times 10$$
$$=(23\,000-4000)\times 10$$
$$=190\,000(元)$$

较之做了基差交易的情况下的综合支出少了 10 000 元。不做基差交易支出反而要少一些。

📖 案例分析4-2

全球大豆期货市场的价格关系

巴西在过去二十年中逐步成长为大豆的主要出口国，因此，对巴西和美国的大豆有实际业务的企业需要学习如何正确管理其风险。此前，巴西大豆市场是依据CBOT大豆期货合约和巴拉那瓜港口大豆期货合约进行套期保值的。但在某些市场条件下，这两种方式均无法满足所有投资者对有效对冲风险的需求。比如南北半球之间的产量变化会影响CBOT大豆期货与巴西大豆价格之间的关系。巴拉那瓜纸合同市场主要是用于管理基础风险的工具，但受市场性质限制，可能阻挡了部分投资者参与交易。长时间以来，巴西大豆与CBOT大豆期货之间的相关性一直很高，但是这种关系可能会被周期性地打破，从而增加南美大豆的价格风险。尤其是贸易竞争格局大幅改变之后，两个市场更加独立，其价格相关性被打破的频率可能会越来越高。

如前文所述，由于没有管理巴西大豆价格的特定工具，大多数具有全球大豆敞口的企业都使用CBOT大豆期货合约进行套期保值。总体而言，CBOT大豆期货价格与巴西大豆价格同步波动，能够有效管理南美的风险。图4-3显示了从2010年到2020年巴拉那瓜港口巴西大豆出口价格与近月的CBOT大豆期货价格之间的关系，由于2020年3月后属于全球COVID-19疫情阶段，为排除全球COVID-19疫情的影响，之后的数据不再加以考虑。

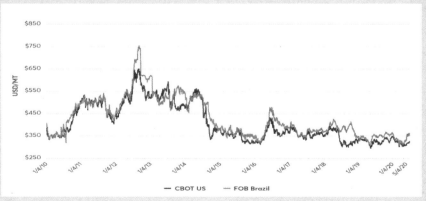

图4-3　巴西大豆出口价格(Brazil)与美国大豆期货价格(US)走势图

数据来源：芝加哥期货交易所

"一价定律"认为,在商品出口市场中,一定条件下(如市场没有贸易摩擦)不同市场的相同商品(比如大豆)价格,在长期看来是趋同的。这意味着,从长期来看,商品主要出口地区的价格之间通常存在稳定的关系,从而使交易者可以利用这些关系制定并执行决策。而当今的大豆出口市场有打破一价定律的趋势。巴西大豆离岸价与对应的美国CBOT大豆期货价格之间的价格关系逐渐变得不稳定。这种情况可能受多种因素影响,但由于中美地缘政治和贸易战的持久影响,这种关系变得格外不稳定,详情见表4-2。

表4-2 美国-巴西大豆价格年份相关性(R平方)

时间段	R平方(相关性)
2010—2011	0.95
2012—2013	0.57
2014—2015	0.87
2016—2017	0.79
2018—2020	0.35

上表显示了过去十年巴西大豆出口价格与近月CBOT大豆期货价格之间的相关性。从2018年左右,中美贸易争端之前开始,两者的相关性有下降趋势。这可能是因为基本的供求因素变化破坏了以前高度相关的关系。图4-4中两种价格的20天移动平均相关性也显示出两者的高相关性被打破。虽然两者的相关性大多数时候在向1靠拢,但短期的相关性下降也出现了多次。而这正是市场需要南美大豆的衍生品的时候。

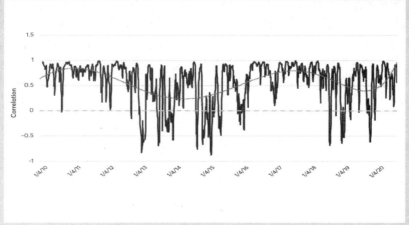

图4-4 巴西大豆离岸价与CBOT大豆期货20天移动平均相关性
数据来源:芝加哥期货交易所

美国和巴西大豆价格之间的关系似乎取决于哪个国家处于出口季。表4-3中每个国家各自出口季期间的CBOT大豆期货与巴西大豆离岸价的相关性表明,相对于9月至次年2月(美国出口季),3月至8月(巴西出口季)期间两者之间的价格相关性更强。巴西出口季期间相关性的增强,显示出了CBOT大豆期货对全球市场大豆的定价的准确性。但是,如上所述,数据还显示,与5年期和10年期的相关性相比,短时间内的季节相关性不那么牢固。

表4-3　美国-巴西大豆价格季节相关性(R平方)

	美国出口季(9月—次年2月)	巴西出口季(3月—8月)
10 年期	0.899	0.920
5 年期	0.368	0.683
3 年期	0.180	0.541

以同样的方法计算美国和巴西大豆出口季期间中国和巴西价格的三年期相关性,表4-4的结果表明,相对于美国出口季,中国的大豆到港价格与巴西出口季的离岸价格具有更强的相关性。这是由于中国进口商在3月至8月期间面临着巴西大豆的现货风险。中国是全球大豆最大的买家,在这段时间内,其大豆供应大部分来自巴西。

表4-4　美国-巴西大豆价格三年期相关性(R平方)

	美国出口季(9月—次年2月)	巴西出口季(3月—8月)
3 年期	0.289	0.4737

基差是现货价格与近月期货价格之间的差额。基差波动率能够用于评估基差风险,也就是现货价格和对冲头寸价格之间的相关性风险。较低的基差波动率表示现货价格与期货之间关系稳定,较高的基差波动率则相反。现货价格与期货之间的关系越不稳定,对冲策略中出现过多盈亏的可能性就越大,从而给对冲头寸增加了更多风险。

图4-5显示了两个现货市场的基差:巴拉那瓜港口大豆现货价格减去近月的CBOT大豆期货,美湾现货价格减去近月的CBOT大豆期货。从图中可以明显看出,相对于美湾地区,巴西基差的波动更大。

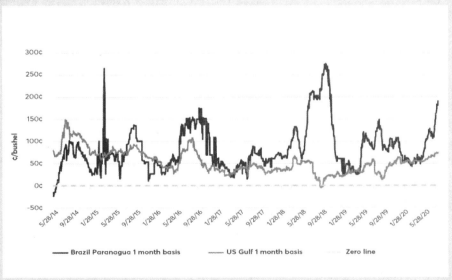

图4-5　国际大豆市场的基差变化图
数据来源:芝加哥期货交易所

表4-5的历史数据显示,巴西大豆离岸价的波动几乎是美湾离岸价的两倍。剔除贸易战时期的数据是为了说明,考虑了非基本面因素的干扰后,得出的结论依然相似,只是剔除后巴西大

豆离岸价的基差波动率相对较低。结合图4-5和表4-5中的信息，可以得出结论，美湾大豆离岸价和CBOT大豆期货价格之间的关系，比巴西大豆与后者之间的价格关系更稳定。巴西大豆基差的波动情况，说明了巴西大豆价格风险和信号需要用地区化工具来管理，这也能给投资者提供良好的交易机会。

表4-5 美国-巴西大豆离岸价

	全部日期	剔除贸易战后的时期
巴西离岸价	51¢	39¢
美湾离岸价	26¢	25¢

虽然南美大豆期货产品价格是跟随巴西桑托斯港口出口价格变动的，但它对南美其他重要大豆生产国的大豆价格也具有代表性。如图4-6所示，普氏桑托斯价格(Santos)与巴拉那瓜港口(Paranagua)的大豆价格高度相关，且其与阿根廷大豆价格(Argentina)也高度相关。从期货引入了普氏桑托斯价格之后开始计算，该价格与阿根廷现货大豆价格之间的相关性高达80%。作为对比，在上述时间内，美国(US)CBOT大豆期货价格和巴拉那瓜价格、阿根廷价格的相关性都低于10%。这表明南美大豆期货合约能更好地管理地区性价格风险。

图4-6 美国大豆(US)、阿根廷大豆(Argentina)、巴西大豆(Santos、Paranagua)离岸价

数据来源：芝加哥期货交易所

大连现货价格与美湾离岸/巴西离岸综合价格之间的长期关系表明，在不考虑贸易摩擦这样的非基本面因素，以及供应冲击和需求冲击的情况下，中国价格的基准是与其紧密相关的出口主要来源国的价格。在过去的十年中，中国大豆价格与经季节性调整的大豆出口价格之间的相关性接近82%。这种强相关性表明，中国全年的进口风险可以使用两种风险管理工具来对冲。中国进口商可以根据销售季节进行划分，在美国出口季使用基于美国价格的风险管理工具，而在巴西出口季使用基于巴西价格的风险管理工具。图4-7显示了中国在美国和巴西出口季时的价格关系，可以看出这种关系是长期稳定的。

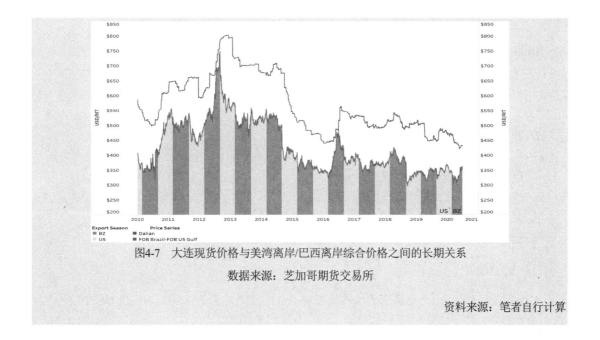

图4-7 大连现货价格与美湾离岸/巴西离岸综合价格之间的长期关系

数据来源：芝加哥期货交易所

资料来源：笔者自行计算

练习与思考

一、思考题

1. 什么是期货投机？
2. 期货投机者如何分类？
3. 期货单一品种投机者的获利原理什么？
4. 什么是空头投机者？什么是多头投机者？
5. 当日交易者、抢帽子者、部位交易者分别指期货市场上的哪些交易者？
6. 套期图利者的获利原理什么？
7. 期货投机者可能有哪些消极作用？
8. 期货市场上的过度投机如何将套期保值者逐出期货市场？
9. 什么是套期保值？
10. 一次套期保值行为由几个基本的交易行为构成？套期保值如何分类？
11. 当用现时现货市场上的价格作为评价保值成功与否的尺度时，则套期保值刚好成功的前提是什么？
12. 套期保值有可能有利，也可能不利；而不做套期保值时，也是有可能有利，也可能不利。那么，套期保值的好处何在？套期保值者为什么要进行套期保值？
13. 套期保值者为什么不直接进行期货交割，而要退出期货市场进行现货交易？
14. 期货交易者有无可能被迫进行实物交割？原因是什么？
15. 什么是买方叫价的基差交易？什么是卖方叫价的基差交易？
16. 什么是基差交易常数？

17. 设持有成本为 0。基差交易常数等于多少，卖出套期保值者的保值刚好成功？
18. 现货商品的买者为什么要与套期保值者进行基差交易？现货商品的卖者呢？

二、建立分析模型

1. 建立跨期套利数学分析模型。
2. 建立跨市场套利数学分析模型。
3. 建立跨商品套利数学分析模型。
4. 建立卖出套期保值分析模型。
5. 建立买入套期保值分析模型。
6. 设持有成本为 0，建立买方叫价的基差交易分析模型。
7. 设持有成本为 0，建立卖方叫价的基差交易分析模型。

三、计算题

1. 9月11日大豆现货市场上的价格为每吨2600元(10吨为26 000元)，豆制品加工商认为这个价格是可以接受的价格——他希望他以后买入大豆的综合支出在这个水平。但由于仓库容量有限，他要到11月11日才能再次购入大豆。为防止现货市场上的大豆价格上升，豆制品加工商于9月11日就在期货市场上买入大豆期货合约。按其预期需要，他买入了10张(每张10吨)当年12月交割的大豆期货合约，成交价格为每吨2800元(每张合约28 000元)。到了11月11日，大豆现货市场上的价格上升到每吨2750元，期货市场上12月交割的合约的价格也上升到每吨2900元，豆制品加工商按当时期货市场上的价格平掉10张期货多头合约，在现货市场按当时现货市场上的价格买入现货大豆。由于豆制品加工商未在9月11日买大豆，而是在11月11日买，因而节省了2个月的仓储保管费用。大豆的仓储保管费用大约是每月每吨30元。

计算豆制品加工商套期保值的结果。

2. 3月阴极铜现货市场上的价格为每吨28 000元，铜冶炼商认为这个价格是可以接受的价格——他希望他7月阴极铜也能卖这个价。为防止现货市场上的价格下降，铜冶炼商于3月就在期货市场上卖出阴极铜期货合约。按其预期产量，他卖出了100张(每张2吨)9月交割的阴极铜期货合约，成交价格为每吨29 000元(每张合约58 000元)。但这时铜冶炼商发现基差(阴极铜期货市场上的价格与阴极铜现货市场上的价格差)是变化不定的。套期保值将不能保证他能回避未来现货市场价格变化的风险。于是，铜冶炼商立即找阴极铜的现货购买者，经协商，他们约定：7月内的任何一天的任何期货市场的营业时间内，阴极铜的现货购买者均可按当时期货市场的价格平掉铜冶炼商的期货合约，期货市场上的盈亏属铜冶炼商，且阴极铜的现货购买者也必须在7月内平掉铜冶炼商的期货合约；平仓后，阴极铜的现货购买者按期货合约的平仓价(按每吨计)减1100元作为现货交易价，从铜冶炼商处购买阴极铜现货。

计算铜冶炼商此次基差交易的结果。

第五章

金融期货

金融期货是交易所按照一定规则反复交易的标准化金融商品合约。这种合约在成交时双方对规定品种、数量的金融商品协定交易的价格,在一个约定的未来时间按协定的价格进行实际交割,承担着在若干日后买进或卖出该金融商品的义务和责任。所谓金融期货,是指以金融工具作为标的物的期货合约。金融期货也是打通资本市场与实体经济的重要中介工具,也为期现货市场多元化、场内外市场互联互通和金融市场对外开放提供了重要基础设施。

> **本章要点:**
> - 理解金融期货套期保值的概念;
> - 熟悉金融期货套期保值、投机和套利交易的分类;
> - 掌握金融期货套期保值、投机和套利交易盈亏数额的计算;
> - 掌握金融期货套期保值比率确定的方法。

第一节 利率期货的产生与发展

利率期货产生于美国。在20世纪60年代中期以前,美国的利率水平受到各种法规的严格控制,一直十分稳定。但20世纪60年代中期后,情况发生了很大的变化,先是越南战争,然后是两次石油危机,美国国内物价水平全面上涨。为抑制通货膨胀,美国政府采取了紧缩的货币政策,将利率提得很高。但紧缩货币政策又导致经济衰退,迫使美国政府不得不降低利率以刺激经济增长。在这样的背景下,利率波动十分频繁。而金融机构、公司企业的资产负债中,有很大的一部分对利率十分敏感,它们迫切需要转移利率风险的途径。

1975年10月,CBOT推出了全球第一张现代意义上的利率期货合约——政府国民抵押协会证券期货合约。1976年1月,芝加哥商业交易所国际货币分部(IMM)推出了90天美国短期国库券期货合约。由于短期国库券市场是货币市场的核心,其收益率水平能敏感地反映货币市场的短期利率,所以,90天美国短期国库券期货合约实际上提供了一种重要的回避货币市场利率风险的工具。其后,利率期货市场得到了迅速发展。1977年8月,CBOT推出了美国长期国库券期货合约;1981年7月,IMM推出了90天存单合约。在整个20世纪80年代,美国、英国、日本推出了大量的利率期货合约。2013年9月6日，中国金融期货交易所(简称中金所)推出国债期货交易，其中有三大产品，分别是2年期国债期货TS、5年期国债期货TF、10年期国债期货T。

一、IMM90天国库券期货合约标准简介

交易单位：1 000 000美元面值的短期国库券。
报价方式：IMM指数。
最小变动价位：0.01个IMM指数点。
每日交易限价：0.60个IMM指数点。
合约月份：3、6、9、12。
最后交易日：交割日前一营业日。
交割等级：还剩90、91、92天的期限且面值为1 000 000美元的短期国库券。
交割日：交割月份中一年期国库券尚余13周期限的第一天。

二、IMM指数

短期利率期货的报价采用间接报价法，即IMM指数。下面是相关计算公式。

$$IMM指数 = 100 - 年贴现率 \times 100$$

$$年贴现率 = 年利息/本息和 = 1 - (本金/本息和)$$

如果债券的期限小于一年而为N个月时，设债券的买入价是P，到期本息和是A，则债券的年贴现率为

$$(1 - P/A) \times 12/N$$

IMM指数为

$$P_I = 100 - [(1 - P/A) \times 12/N] \times 100$$

【例5-1】如果债券的买入价是98，债券的期限为3个月，到期本息和是100，则债券的年贴现率为

$$(1 - P/A) \times 12/N = 2\% \times 12/3 = 8\%$$

$$IMM指数 = 100 - 年贴现率 \times 100 = 92$$

三、IMM指数与实际报价的关系

以IMM90天国库券期货合约买入方为例加以说明。如图5-1所示。

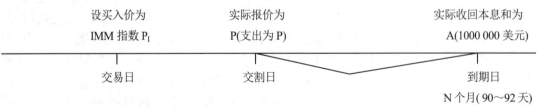

图5-1 IMM交易结构

当面值(到期日本息和)为 A 时,根据前述 IMM 指数公式,有

$$P_I = 100 - [(1 - P/A) \times 12/N] \times 100$$

实际报价 P 与 P_I 的关系可通过上式解出 P,即

$$P = A[1 - (1 - P_I/100) \times N/12]$$

如果按天计算,公式为

$$P = A[1 - (1 - P_I/100) \times D/365]$$

其中,D 是债券天数。

四、浮动盈亏的计算

当 IMM 指数由 P_{I1} 变到 P_{I2} 时,实际报价由 P_1 变到 P_2,有

$$\begin{aligned}P_2 - P_1 &= A[1 - (1 - P_{I2}/100) \times N/12] - A[1 - (1 - P_{I1}/100) \times N/12] \\ &= A \times N \times (P_{I2} - P_{I1})/(100 \times 12)\end{aligned}$$

或

$$P_2 - P_1 = A \times D \times (P_{I2} - P_{I1})/(100 \times 365)$$

当 P_{I1} 是买入价、P_{I2} 是卖出价(均为 IMM 指数形式)时,上式就是盈亏计算公式。

需要指出的是,债券期限按天计算时,一年按 365 天计算还是按 360 天计算,抑或按实际天数计算,交易所通常会明确规定。

【例5-2】IMM90天国库券期货合约的报价变动0.01个IMM指数点时,整张合约的报价变动多少?

解:按三个月计算,将 $(P_{I2} - P_{I1})=0.01$,$A=1\,000\,000$ 美元,$N=3$ 代入上述公式,有

$$\begin{aligned}P_2 - P_1 &= A \times N \times (P_{I2} - P_{I1})/(100 \times 12) \\ &= 1\,000\,000 \times 3 \times 0.01/(100 \times 12) \\ &= 25(\text{美元})\end{aligned}$$

【例5-3】IMM90天国库券期货合约的每日限价是0.60个IMM指数点,整张合约的每日限价是多少?

解:按三个月计算,将 $(P_{I2} - P_{I1})=0.60$,$A=1\,000\,000$ 美元,$N=3$ 代入上述公式,有

$$\begin{aligned}P_2 - P_1 &= A \times N \times (P_{I2} - P_{I1})/(100 \times 12) \\ &= 1\,000\,000 \times 3 \times 0.60/(100 \times 12) \\ &= 1\,500(\text{美元})\end{aligned}$$

【例5-4】客户当日买入某月交割的IMM90天国库券期货合约一张,价格为IMM指数90,当日未平仓,当日结算价为IMM指数89.70。求当日客户的浮动盈亏。

解：按三个月计算，将$(P_{f2} - P_{f1})=-0.30$，$A=1\,000\,000$ 美元，$N=3$ 代入上述公式，有

$$P_2 - P_1 = A \times N \times (P_{f2} - P_{f1}) / (100 \times 12)$$
$$= 1\,000\,000 \times 3 \times (-0.30) / (100 \times 12)$$
$$= -750(\text{美元})$$

所以当日浮动盈亏是：亏损 750 美元。

五、交割

短期利率期货的交割有现金交割和实物交割之分。

(一) 现金交割

短期债券期货合约中，期限较短的债券期货合约，比如 30 天短期债券期货合约，通常采用现金交割。采用现金交割时，期货交易所通常会规定一个相当于交割日现货市场价格的价格(比如规定交割月某现货市场的算术平均价格作为交割日现货市场的价格)，买方只需向卖方交付最后交易日利率期货的结算价与该价格的价差，即完成了交割(当最后交易日的结算价与该价格的价差为负时，实际上是买方收钱)。

(二) 实物交割

实物交割时，买方通常向卖方支付发票金额即可。发票金额是按最后交易日的结算价计算的价格。设最后交易日的结算价为P_{st}，则发票金额为P_{1st}。

$$P_{1st} = A \times [1 - (1 - P_{st}/100) \times D / 365] \times 合约张数$$

其中：D 是债券天数，A 是每张合约面值，P_{st} 是 IMM 指数。

根据无负债结算制度，买方在交割前的盈利为$(P_{1st} - P_0)$，P_0 为开仓价(实际价格形式)，P_{1st} 是最后交易日的结算价(实际价格形式)。现在，买方交付价为 P_{1st}，所以，买方实际支出为：$P_{1st} - (P_{1st} - P_0) = P_0$，即买方确实是按开仓价交割的。

六、短期利率期货的套期保值

以例题来介绍短期利率期货套期保值的应用。

【例5-5】 2022年6月份，公司计划在当年9月份将入账的100万美元入账后，买3个月期限的短期国债。3个月期限的短期国债6月份现货年利率为8%。为防止现货利率下降，公司于6月份买入100万美元面值的9月份交割的3个月期限短期国债期货合约，价格为92.04IMM指数。9月份，公司买进100万美元的3个月期限短期国债现货，同时平掉期货合约。此时，3个月期限的短期国债现货年利率为7%，期货平仓价为93.00IMM指数。计算保值结果。

解：在期货市场套期保值者的盈亏为

$$P_2 - P_1 = A \times N \times (P_{I2} - P_{I1}) / (100 \times 12)$$
$$= 1\,000\,000 \times 3 \times (93.00 - 92.04) / (100 \times 12)$$
$$= 2400(美元)$$

即在期货市场盈利 2400 美元。

在现货市场，由于利率下降，利息收入将减少

$$1\,000\,000 \times (8\% - 7\%) \times 3 / 12 = 2500(美元)$$

两相比较，总的收入仅减少 100 美元。应该说是一个不错的结果。

第二节 中长期利率期货

中长期利率期货合约的标的主要是中长期国债，也称为国债期货，期限在 1 年以上。国际市场较有代表性的期货品种有芝加哥商品交易所(CME)的 2 年期、5 年期、10 年期的美国中期国债(T-Notes)期货和美国长期国债(T-Bonds)期货(剩余到期期限从交割月份第一天起至少 15 年，但不超过 25 年)；伦敦国际金融期货交易所(LIFFE)的 2 年期德国国库券期货、10 年期德国政府债券期货和英国政府债券期货。我国国债期货在中国金融期货交易所上市交易，目前有 5 年期和 10 年期国债两个品种。

一、合约举例

以下是美国 CBOT 五年期国库券期货合约标准，如表 5-1 所示。

表5-1 五年期美国国库券期货合约

合约单位	到期日面值为 10 万美元的美国国库券
交割等级	债券原始期限不长于五年三个月、从交割月第一个营业日算起剩余期限不短于四年三个月的美国国库券。交割月最后交易日之后发行的五年美国国库券不能用于当月到期合约的交割。发票金额等于期货结算价乘以转换系数加已生利息。转换系数是用于交割的面值一美元的债券按名义年利率8%(半年付息一次——作者注)计算的价格
报价方式	点数和 1/32 点数(可以有半个 1/32 点数)。比如，报价为 84-16 等于 $84^{16}/_{32}$ 点、84-165 等于 $84^{16.5}/_{32}$ 点。合约单位分为 100 点
最小变动价位	半个 1/32 点。计算一张合约的价格时，四舍五入到美分
交割月份	3、6、9、12
最后交易日	交割月最后一个营业日前数第七个营业日
最后交割日	交割月最后一个营业日

附：美国 CBOT 五年期国库券期货合约英文文本，如表 5-2 所示。

表5-2　5-year U.S. Treasury Note Futures

Trading unit	One U.S. Treasury Note having a face value at maturity of $100 000 or multiple thereof
Deliverable grades	U.S. Treasury Note Futures having an original of not more than 5 years and 3 months and a remaining maturity of not less than 4 years and 3 months as of the first business day of the delivery month. The 5-year U.S. Treasury Note issued after the last trading day of the contract month will not be eligible for delivery into that month's contract. The invoice price equals the futures settlement price times a conversion factor plus accrued interest. The conversion factor is the price of the delivered note ($1 par value) to yield 8 percent
Price Quote	Points ($1000) and one half of 1/32 of a point.; for example, 84-16 equals $84\frac{16}{32}$, 84-165 equals $84\frac{16.5}{32}$
Tick Size	one half of 1/32 of a point ($15.625/contract) rounded up to the nearest cent/contract; par is on the basis of 100 point
Daily Price Limit	3 points ($3000/contract) above or below the previous day's settlement price (expandable to 4 1/2 points). Limits are lifted the second business day preceding the first day of the delivery month
Contract months	Mar, Jun, Sep, Dec
Delivery method	Federal Reserve book-entry wire-transfer system
Last trading day	seventh business day preceding the last business day of the delivery month
Last delivery day	last business day of the delivery month
Trading Hours	9:20 a.m.—2:00 p.m. Chicago time, Mon—Fri. Evening trading hours are 5:20—8:05 p.m. (CST) or 6:20—9:05 p.m.(CDST), Sun—Thu. GLOBEX trading hours are 10:30 p.m.—6:00 a.m., Sun-Thu. Trading in expiring contracts closes at noon on the last trading day
Ticker Symbol	FV

二、报价方式

美国 CBOT 五年期国库券期货合约通常采用间接报价法。合约面值通常定为 100 个基本点。以 32 进制点数报价。最小变动价位有四分之一个 1/32 点(1/128 点)、半个 1/32 点(1/64 点)、1/32 点等几种约定。

例如，报价为 84-1625 时，实际报价是【(合约面值/100)×$84\frac{16.25}{32}$】；报价为 84-165 时，实际报价是【(合约面值/100)×$84\frac{16.5}{32}$】；而报价为 84-16 时，实际报价是【(合约面值/100)×$84\frac{16}{32}$】。上述美国 CBOT 五年期国库券期货合约最小变动价位是半个 1/32 点(1/64 点)。而美国 CBOT 十年期国库券期货合约最小变动价位是 1/32 点。

点数报价与实际报价的关系是：

$$实际报价=合约面值\times 报价点数/100$$

三、理论债券和合资格债券

理论债券是人工设计的用于中长期利率期货合约交割的标准债券,这种债券现实中很少存在。在美国,理论债券通常设计为名义年利率为 8%、半年付息一次的附息票债券。中长期利率期货的标准交割物应该是理论债券,但理论债券现实中并不多见。由此产生了两个问题:哪些债券可用于交割中长期利率期货?怎么交割?这里先来讨论第一个问题。

可用于交割中长期利率期货合约的债券通常称为合资格债券。期货交易所在合约标准中通常会详细规定可用于交割该合约的合资格债券的条件。例如,上述美国 CBOT 五年期国库券期货合约合资格债券的条件是:债券原始期限不长于 5 年 3 个月、从交割月份第一个营业日算起债券剩余期限不少于 4 年 3 个月、债券不能是交割月份最后交易日之后发行的美国国库券。而 CBOT 十年期国库券期货合约合资格债券的条件是:从交割月份第一个营业日算起债券剩余期限不少于 $6\frac{1}{2}$ 年且不多于 10 年的美国国库券。

四、交割

先了解一下现货市场上中长期债券的净价交易制度,再来讨论中长期利率期货交割中的相关知识。

(一) 中长期债券的净价交易制度

(1) 附息票债券。中长期债券绝大多数为附息票债券,面值为 1 的债券(单位债券)指:每过一个时间单位(通常为半年)付息一次,到期时除付最后一次利息外,另付本金 1。其现金流如图 5-2 所示。

图5-2 附息票债券现金流

(2) 中长期债券的净价交易。在债券现货市场上,中长期债券多采用净价交易方式交易,市场上买卖价格不含已生利息。例如,面值 100 元的债券,每半年付息 3%,交易时,距前次付息已过 2 个月、距下次付息尚有 4 个月。这就是说债券的卖方在本次卖出前、上次付息后已持仓 2 个月,未获利息,这部分利息对本次交易而言为已生利息,应属债券卖方。设债券市场上的报价为每单位面值债券为 0.95,该报价为净价,不含已生利息。本次交易,债券买方应付净价为:0.95×100=95 元;买方还需另付已生利息:

$$R_1 \times A \times (1-t) = 3\% \times 100 \times 2/6 = 1$$

这里,R_1 是半年利息率,A 是债券总面值,$(1-t)$ 是付息期间卖方持有债券的时间比重(t 为买方在下次付息前将持有债券的时间的比重)。

所以，上述交易中，买方应付资金总额为：总净价+总应付利息=96。

净价交易制度保证债券持有人可以获得持券期间的债券利息收入，其持券风险为债券的净价风险(即本金风险)。

(二) 单位理论债券

单位理论债券(面值为1)的半年利息率为3%(或4%，这由交易所确定)。持有单位理论债券后的现金流如图5-3所示。

图5-3　持有单位理论债券后的现金流

或者反过来说，上述现金流就是一个单位的理论债券。这里实际给出了单位理论债券的含义：用3%作为贴现利率(若半年利息率为4%，就用4%作为贴现利率)，上述现金流的现值之和为1。即对任意自然数$n(\geq 1)$，有

$$\sum_{i=1}^{n} \frac{3\%}{(1.03)^{t+i-1}} + \frac{1}{(1.03)^{t+n-1}} = 1,$$

用数学归纳法或等比级数求和公式可以很容易证明上式。

(三) 单位合资格债券的现金流和折算系数

设一个单位的合资格债券自交割日起产生的现金流如图5-4所示。

图5-4　交割日起产生的现金流

其中：$0 < t \leq 1$；

R_k 是交割后单位债券的第 k 次付息率，$1 < k \leq n$；

R_1 是交割后单位债券的首次付息率，但需减去交割时支付的已生利息。

理论上，该债券的折算系数是：上述现金流以3%为贴现利率(如果理论债券的半年付息率为4%，则用4%作为贴现利率)贴现后的现值之和，即

$$CF = \sum_{i=1}^{n} \frac{R_k}{(1.03)^{t+i-1}} + \frac{1}{(1.03)^{t+n-1}}$$

现实中，所有合资格债券的折算系数都由交易所计算好，并不需要投资者计算。

(四) 发票金额

交割即为现货交易。交割时，先要根据指数形式的最后结算价(交割价)算出实际价格，算出交割总净价。设单位理论债券的最后实际价格为 P(注意这只是净价)，则用合资格债券交割时，一张合约的交割总净价为

$$A \times P \times CF$$

其中：CF 为该债券的折算系数。

再计算一张合约交割时应付的已生利息。已生利息为

$$A \times R_1^* \times (1-t)$$

其中：R_1^* 是交割后单位债券的首次付息率(未扣除已生利息)；

$1-t$ 为已生利息的生息时间。

交割时的发票金额为

$$总净价 + 总已生利息 = A \times P \times CF + A \times R_1^* \times (1-t)$$

五、最便宜债券

只要存在替代交割物，就有最便宜交割物问题。作为中长期利率期货的交割物——合资格债券，一般不是唯一的，也就是说存在最便宜债券问题。设期货市场最后交割价(实际价格形式)为 P(单位面值债券的净价)；应交割的面值为 A。又设第 j 个合资格债券的折算系数为 CF_j，该债券在现货市场单位面值债券净价为 P_j。若期货卖方从现货市场买入现货来交割期货(仅为简单起见)。则从现货市场购入上述债券时，购入总价为

$$总净价 + 已生利息 = A \times P_j + A \times R_{1j}^* \times (1-t_j)$$

其中：t_j 为买入债券后到买入后首次付息时间占 6 个月时间的比重；

R_{1j}^* 为买入债券后的首次付息率。

期货的卖方将上述买入的债券用来交割期货，其发票收入为

$$总净价 + 总已生利息 = A \times P \times CF_j + A \times R_{1j}^* \times (1-t_j)$$

一买一卖，卖方盈利为

$$A \times P \times CF_j - A \times P_j$$

如果市场有 N 种合资格债券，显然，期货卖方应选择使 $[A \times P \times CF_j - A \times P_j]$ 或 $[P \times CF_j - P_j]$ 最大者，或 $[P_j - P \times CF_j]$ 最小者来交割期货。

使 $[A \times P \times CF_j - A \times P_j]$ 或 $[P \times CF_j - P_j]$ 最大者，或 $[P_j - P \times CF_j]$ 最小者为最便宜债券。

【例5-6】 设有合资格债券 B_1、B_2、B_3，现货市场上的报价分别为：100.50、144.50、120.75；折算系数分别为：1.0832、1.5188、1.2615；最后交易日的结算价为：93-08。求最便宜债券。

解：债券现货市场价格与交割收入之差分别为

B_1 债券：100.50−(93.25×1.0382)=3.69

B_2 债券：144.50−(93.25×1.5188)=2.87

B_3 债券：120.75−(93.25×1.2615)=3.12

显然，最便宜债券是 B_2 债券。

六、中长期利率期货的套期保值

用例题来说明中长期利率期货套期保值的应用。

【例5-7】 3月至11月，公司将有近100万美元闲置。为此公司于3月份买入100万美元面值、息票利率为7.25%、20年后到期的国库券现货，价格为86-1。为防止长期国库券现货利率上升本金贬值，公司于3月份卖出100万美元面值的12月份交割的10年期中长期国债期货合约，对所持现货债券进行套期保值，卖出价格为92-7。11月份，公司以89-19的价格平掉期货合约，又按计划以当时现货市场上的价格83-9卖出所持债券，完成资金套现。计算套期保值的结果。

解：公司在现货市场的盈亏为

$$(83^9/_{32}-86^1/_{32})\times 1\,000\,000/100=-27\,500(美元)$$

即亏损 27 500 美元。

公司在期货市场的盈亏为

$$(92^7/_{32}-89^{19}/_{32})\times 1\,000\,000/100=26\,250(美元)$$

两相比较，公司亏损 1250 美元。但较之中长期国库券现货市场价格大幅下降的现实，套期保值可以说是十分成功的。值得注意的是，净价交易制度保证公司收入了持有债券期间的利息。

第三节 股票价格指数期货

在股票市场上，投资组合技术的应用基本上可以使投资者有效地回避股票市场的非系统性风险，但投资组合技术不能回避股票市场上的系统性风险；单只股票的期货交易能使投资者有效地回避该只股票的价格风险，但期货交易所很难针对成千上万只股票中的每一只股票开设期货合约的交易，持有多种股票的交易者也很难在所持有的每一股票上开展期货合约的交易。所以，股票市场上实际上需要某种金融工具，股票投资者可以通过它转移所持有的所有股票的系统性风险。20世纪70年代，西方国家受石油危机的影响，经济不稳定、经济政策不稳定、利率也剧烈波动，股票市场的系统性风险异常突出，对回避股票市场系统性风险的金融工具的需求也异常迫切。1982年2月24日，美国堪萨斯期货交易所推出了全球第一张股票价格指数期货合约——价值线综合指数期货合约。同年4月，芝加哥商业交易所推出了标准普尔500种股票价格指数期货合约；五月，纽约证券交易所推出了纽约证券交易所综合指数期货合约。其后，澳大利亚悉尼、英国伦敦、中国香港、新加坡等陆续推出了各种股票价格指数期货合约，股票价格指数期货合约迅速成为最主要的期货品种之一。

2010年1月8日,国务院原则上同意推出股指期货;同年2月5日,中国证监会发布了《关于建立股指期货投资者适当性制度的规定(试行)》,对于股指期货投资者适当性制度的制定实施、风险揭示及监督检查等方面做出规定;同年2月22日,交易所正式接受股指期货开户申请;同年4月8日,在上海举行股指期货启动仪式;同年4月16日,首批四个沪深300股票指数期货合约在中国金融期货交易所正式挂牌交易,股指期货终于登上了中国资本市场发展的舞台。

一、股票价格指数及其计算

股票价格指数是反映一组股票某一时点价格总水平相对于基期价格总水平变动幅度的指标。按股票组包含的股票数量,股票价格指数分为综合指数和非综合指数。综合指数是股票组包含一个股票市场所有上市股票的指数,所有其他不包含所有上市股票的指数是非综合指数,非综合指数常常被称作分类指数或成份指数。

股票价格指数的计算方法有两种,一种是加权平均法,一种是几何平均法。几何平均法使用较少。

(一) 加权平均法

加权平均法计算公式为

$$I = \frac{\text{现期市值}}{\text{基期市值}} \times \text{基期指数} = \frac{\sum_{i=1}^{n} P_i Q_i}{\sum_{i=1}^{n} P_{i0} Q_i} \times \text{基期指数}$$

其中:I 是股票价格指数;

n 是指数所包含的股票的总数量;

P_i 是第 i 种股票计算期的价格;

P_{i0} 是第 i 种股票基期的价格;

Q_i 是第 i 种股票计算期(或基期)的总股数,或总流通股数,或成交量,或1;

基期指数是人为确定的表示开始计算股票价格指数时该组股票的价格总水平。通常取值100、1000等。

Q_i 取什么值通常由指数发布单位确定。当所有的 Q_i 取值为1时,指数通常叫作算术平均指数。

(二) 几何平均法

几何平均法计算公式为

$$I = \frac{(P_1 P_2 ... P_n)^{1/n}}{(P_{10} P_{20} ... P_{n0})^{1/n}} \times \text{基期指数}$$

其中：I 是股票价格指数；
n 是指数所包含的股票的总数量；
P_i 是第 i 种股票计算期的价格；
P_{i0} 是第 i 种股票基期的价格；

基期指数是人为确定的表示开始计算股票价格指数时该组股票的价格总水平。指数发布机构在计算指数时，通常采用递推计算法，即在计算 $j+1$ 时刻的指数时，将 j 时刻的指数看作是基期指数，将 j 时刻的价格看作是基期的价格 P_{i0}，再按股票价格指数计算公式计算 $j+1$ 时刻的指数。如果 j 时刻出现某些股票除权，则 j 时刻的指数按除权前的价格、股数计算；计算 $j+1$ 时刻的指数时，只需将基期(j 时刻)的股价和计算指数时采用的股数 Q_i 换成除权后的股价和 Q_i、计算期的价格采用除权后 $j+1$ 时刻的股票价格即可。

二、股票价格指数期货合约举例

表 5-3 是香港恒生指数期货合约主要条款。

表5-3　香港恒生指数期货合约主要条款

合约单位	恒生指数期货成交价乘以 50 港元
报价方式	指数点
最小变动价位	一个指数点
每日波幅限制	±300 个指数点。但交割月及交割月前一月的最后一个交易日限制取消
交易时间	10:00a.m.—12:30p.m.，2:30p.m.—3:45p.m.，香港时间
交易月份	当月、当月的下一月、除此以外的最近期的两个季月
最后交易日	交割月倒数第二个营业日
结算日	交割月倒数第一个营业日
最后结算价	最后交易日每五分钟恒生指数报价的平均值取整
交割方法	现金
最低保证金	30 000 港元(可调整)

其中合约单位中的 50 港元常称作指数乘数，它是股票价格指数期货合约特有的概念。股票价格指数期货合约都采用现金交割。交割时，用某种现货市场上的股票价格指数取代最后交易日的结算价，所有未平仓合约按此价格结算即可，恒生指数期货采用的最后结算价是最后交易日股票市场每五分钟恒生指数报价的平均值取整。

【例5-8】某先生持有香港恒生指数期货多头合约15张，在该合约的最后交易日未平仓。最后交易日恒生指数期货的结算价是11 500点，但前一交易日恒生指数期货的结算价是11 400点。当日香港股票市场每五分钟恒生指数报价的平均值是11 495.1点。请计算该先生最后交易日的盈亏。

解：最后交易日香港股票市场每五分钟恒生指数报价的平均值是 11 495.1 点，取整为 11 495 点。以此作为当日的最后结算价。则该先生当日的盈亏为

$$(11\ 495-11\ 400)\times50\times15=71\ 250(港元)$$

世界上比较重要的股票价格指数期货合约有：芝加哥商业交易所交易的标准普尔500种股票价格指数期货合约、芝加哥期权交易所交易的纽约证券交易所综合指数期货合约、堪萨斯期货交易所交易的价值线指数期货合约、芝加哥期货交易所交易的主要市场指数期货合约等。以下是各个期货合约简介。

(1) 标准普尔500股票指数期货合约见表5-4。

表5-4　标准普尔500股票指数期货合约

交易所名称	芝加哥商业交易所
股票指数的计算	以纽约证券交易所上市的500家公司股票为组成股票，采用股票市值为权数，加权平均计算
合约单位	500×该指数(美元)。乘数为每点500美元
最小变动价位	0.05个指数点(每张合约25美元)
合约月份	3、6、9、12
最后交易日	交割月份的第三个星期四
保证金	每份合约5 000美元

(2) 纽约证券交易所综合指数期货合约见表5-5。

表5-5　纽约证券交易所综合指数期货合约

交易所名称	纽约期货交易所
股票指数的计算	以纽约证券交易所上市的1 500多家公司股票为组成股票，采用股票市值为权数，加权平均计算
合约单位	500×该指数(美元)。指数乘数为每点500美元
最小变动价位	0.05个指数点(每张合约25美元)
合约月份	3、6、9、12
最后交易日	交割月份的第三个星期五
保证金	每份合约5000美元

(3) 价值线指数期货合约见表5-6。

表5-6　价值线指数期货合约

交易所名称	堪萨斯期货交易所
股票指数的计算	以纽约证券交易所、美国证券交易所及其他地方性交易所上市的1 700家公司股票为组成股票，采用几何平均法计算
合约单位	500×该指数(美元)。指数乘数为每点500美元
最小变动价位	0.05个指数点(每张合约25美元)
合约月份	3、6、9、12
最后交易日	交割月份的最后一个营业日
保证金	每份合约2 500美元

(4) 主要市场指数期货合约见表5-7。

表5-7 主要市场指数期货合约

交易所名称	芝加哥期货交易所
股票指数的计算	以20家最具代表性的公司股票为组成股票,采用算术平均法计算
合约单位	100×该指数(美元)。指数乘数为每点100美元
最小变动价位	0.125个指数点(每张合约12.5美元)
合约月份	最近三个月及3、6、9、12月
最后交易日	交割月份的第三个星期五
保证金	每份合约2 500美元

(5) 中国金融期货交易所推出的股票价格指数期货合约见表5-8。

表5-8 中国股票价格指数期货合约

交易所名称	中国金融期货交易所
股票指数的计算	沪深300指数
合约单位	100×该指数。指数乘数为每点300元
最小变动价位	0.2点
合约月份	最近三个月及3、6、9、12月
最后交易日	合约到期月份的第三个星期五,遇国家法定假日顺延
保证金	合约价值的8%

三、买卖一张股票价格指数的实质

就加权平均股票价格指数而言,买卖一张股票价格指数相当于买卖价格指数所包含的所有股票的一个组合,再看如下的变形。

$$I \times A = \frac{\sum_{i=1}^{n} P_i Q_i}{\sum_{i=1}^{n} P_{i0} Q_i} \times 基期指数 \times A$$

$$= \sum_{i=1}^{n} P_i Q_i \times \left(\sum_{i=1}^{n} P_{i0} Q_i \right)^{-1} \times 基期指数 \times A$$

$$= \sum_{i=1}^{n} P_i \times \left(Q_i \times \frac{基期指数 \times A}{\sum_{j=1}^{n} P_{j0} Q_j} \right)$$

$$= \sum_{i=1}^{n} P_i \times \left(Q_i^{'} \right)$$

其中

$$Q_i' = \left(Q_i \times \frac{\text{基期指数} \times A}{\sum_{j=1}^{n} P_{j0} Q_j} \right)$$

从最后的公式看，买卖一张股票价格指数相当于用价格 P_1 买卖数量为 Q_1 的第一种股票，用价格 P_2 买卖数量为 Q_2 的第二种股票，用价格 P_3 买卖数量为 Q_3 的第三种股票，……，用价格 P_n 买卖数量为 Q_n 的第 n 种股票。

四、用股票价格指数期货进行套期保值

在投资者用股票价格指数期货对目标股票组进行套期保值时，目标股票组并不一定等同于股票价格指数所包含的股票组，通常的情况是，目标股票组的规模要小一些；同时，即使目标股票组等同于股票价格指数所包含的股票组，目标股票组中各股票所占比重也很难等同于股票价格指数所包含的股票组中各股票所占比重。因此，面对一个确定的股票组，应买卖多少股票价格指数期货合约才能对其进行保值是必须解决的问题。

股票市场上的每一只股票都有一个 β 系数，它是根据该股票价格的历史数据和股票价格指数的历史数据计算出来的，其一般含义是：当股票价格指数变动 1%时，该股票的价格预期变动的百分比。按定义，若该股票的 β 系数大于1，则表示该股票的波动会大于股票价格指数的波动；若该股票的 β 系数小于1，则表示该股票的波动会小于股票价格指数的波动。若某股票的 β 系数为1.2，则表示当股票价格指数变动 1%时，该股票的价格会变动 1.2%，因此，若保值的对象是 100 万元市值的该股票，则为保值所买卖的股票价格指数期货合约的市值应为 120 万元。如果指数期货合约的报价为 12 000 点，指数乘数为 50，则套期保值者应买卖的指数期货合约的数量是 2 张合约。一般计算公式是：

$$Q = \frac{\text{股票市值} \times \beta}{\text{每张期货合约的价格}} = \frac{P \times \beta}{\text{股指期货报价} \times \text{指数乘数}}$$

其中：Q 是保值数量(合约张数)；

P 是股票的市值；

β 是股票的 β 系数。

设投资者的保值对象是一组股票 A_1、A_2、A_3、...、A_n，市值分别为 P_1、P_2、P_3、...、P_n，β 系数分别是 β_1、β_2、β_3、...、β_n。

按单只股票的保值数量计算公式，对第 i 只股票进行套期保值，应买卖的期货合约数为

$$Q_i = \frac{P_i \times \beta_i}{\text{股指期货报价} \times \text{指数乘数}}$$

如果对该组股票进行套期保值，应买卖的期货合约总数为

$$Q = \sum Q_i$$
$$= \frac{\sum P_i \beta_i}{\text{每张合约的价格}}$$
$$= \frac{\sum P_i \times \sum P_i \beta_i}{\text{每张合约的价格} \times \sum P_i}$$
$$= \frac{P_P \times \beta_P}{\text{每张合约的价格}}$$

其中

$$\beta_P = \frac{\sum P_i \beta_i}{\sum P_i}$$

是该组股票的 β 系数；

$$P_P = \sum P_i$$

是该组股票的市值总和。

【例5-9】一组股票现时的市值分别是 $6 000 000、$8 000 000、$6 000 000，对应的 β 系数分别是0.8、1.3、1.2，指数期货合约的报价是16 000点，指数乘数是$50/点。如果要对该组股票进行套期保值，则买卖的股票价格指数期货合约的数量应为多少？

解：

$$Q = \frac{600万 \times 0.8 + 800万 \times 1.3 + 600万 \times 1.2}{16\,000 \times 50} = 28张$$

第四节　外汇期货

外汇期货交易是指在约定的日期，按照已经确定的汇率，用美元买卖一定数量的另一种货币。外汇期货买卖与合约现货外汇买卖有共同点亦有不同点。合约现货外汇的买卖是通过银行或外汇交易公司来进行的，而外汇期货的买卖是在专门的期货市场进行的。目前，全世界的期货交易所主要有：芝加哥商品交易所、纽约商业交易所、悉尼期货交易所、新加坡交易所、伦敦金属交易所。期货市场至少要包括两个部分：一个是交易市场；另一个是清算中心。期货的买方或卖方在交易所成交后，清算中心就成为其交易对方，直至期货合同实际交割为止。外汇期货交易和合约外汇交易既有一定的联系，在具体运作方式也有一定的区别。

一、外汇概述

(一) 外汇

外汇是相对本国货币而言的、能自由地兑换成其他货币、在国际经济往来中被各国普遍地

接受和使用的外国货币或以外国货币表示的能用来清算国际收支差额的资产。显然，不是所有外国货币都能成为外汇。只有具备自由兑换性和普遍接受性的外国货币及其所表示的资产(各种支付凭证和信用凭证)才是外汇。

(二) 汇率

汇率是外汇的价格。比如 1 美元=8.29 元人民币，就是汇率，是美元的价格。当然，也可以用另外一种方法表示美元的价格，比如 1 元人民币=0.1206 美元。这正如有些商品的报价，可以说 1 公斤白菜 0.5 元，也可以说 1 元 2 公斤白菜。从人民币的角度讲(在使用人民币的中国境内)，1 美元=8.29 人民币，是直接报价——固定外国货币的单位数量，以本国货币表示外国货币的价格。世界上大多数国家采用直接报价法，我国目前也是采用直接报价法。在直接报价法下，本国货币标价数的提高，就表示外汇汇率的上涨，本国货币的贬值。

还是从人民币的角度讲，1 元人民币=0.1206 美元，就是间接报价——固定本国货币的单位数量，用一单位本国货币能换多少外国货币来表示外国货币的价格。美国和英国采用的是间接报价法。比如在伦敦(英国货币使用区)，外汇市场美元的报价就是(比如)1 英镑=1.6508 美元，而不是 1 美元等于多少英镑。在间接报价法下，外国货币标价数的提高就表示外汇汇率的下跌，本国货币的升值。

二、外汇期货的产生与发展

20 世纪 70 年代初，以美元为中心的布雷顿森林体系已岌岌可危，国际上汇率剧烈波动，国际经济活动面临很大的汇率风险[(1973 年 3 月，以美元为中心的布雷顿森林体系崩溃；同年 8 月，"黄金非货币化"(货币与黄金脱钩)。自此以后，浮动汇率取代了固定汇率)]。国际经济活动参与者(国际贸易商、国际借贷者等)都有减少或回避汇率风险的要求，而传统上用来回避汇率风险的工具(远期外汇交易)，由于其分散的市场机制，只有那些与国际大银行有良好关系的客户才可能通过国际大银行进行远期外汇的买卖，一般客户根本进入不了外汇市场。也就是说传统的远期外汇交易方式已不能满足国际经济活动参与者回避或减少外汇汇率风险的需求。在这种情况下，1972 年 5 月 16 日，美国芝加哥商业交易所(CME)成立了国际货币市场分部(IMM)，推出了包括英镑、加拿大元、西德马克、日元、瑞士法郎、意大利里拉、墨西哥比索在内的七种外汇期货合约的交易。

外汇期货虽然产生于 20 世纪 70 年代，但真正发展起来，则是 20 世纪 80 年代的事。进入 20 世纪 80 年代后，国际经济往来十分活跃，国际贸易、国际借贷、国际投资、国际融资等迅猛发展，各国政府、银行、企业和居民积累了大量的外汇资产和负债。但 20 世纪 80 年代又是西方各国货币汇率变动最为剧烈的时期。频繁剧烈的汇率变动，使进出口商、跨国公司、商业银行等外汇债权或债务者面临巨大的汇率风险，他们自然会寻找有效的回避或减少外汇汇率风险的工具。在此情况下，外汇期货交易迅速发展起来——经营外汇期货的交易所增加、外汇期货的交易量也大幅增加。

外汇期货在美国的成功起了示范效应。1982 年 9 月，伦敦国际金融期货交易所开始交易外汇期货。1984 年，新加坡国际货币交易所开始经营外汇期货交易。与此同时，外汇期货的品种也得到了扩大。目前，交易量较大的外汇期货合约是由芝加哥商业交易所国际货币分部(IMM)、新加坡国际货币交易所和伦敦国际金融期货交易所推出的，交易量最大的期货交易所是芝加哥商业交易所国际货币分部(IMM)，其外汇期货合约交易量占全球外汇期货合约交易量的90%。

三、外汇期货合约

不同的期货交易所推出的外汇期货合约在内容上并无太大的区别。先来简要介绍 IMM 早期的外汇期货合约，见表5-9。

表5-9 IMM早期外汇期货合约条款

	澳元	英镑	加元	欧元	日元
合约单位	10 万澳元	6.25 万英镑	10 万加元	12.5 万欧元	1250 万日元
报价方式	美元/澳元	美元/英镑	美元/加元	美元/欧元	美元/日元
最小变动价位	0.0001	0.0002	0.0001	0.0001	0.000 001
每张合约最小变动值	10.0 美元	12.5 美元	10.0 美元	12.5 美元	12.5 美元
涨跌限制*	150 点	400 点	150 点	150 点	150 点
交割月份	3 月、6 月、9 月、12 月					
交易时间	(芝加哥时间)上午 7:00—下午 2:00				
保证金(美元) I/M**	1200/900	2800/2000	900/700	2100/1700	2100/1700
最后交易日	交割日前第二个营业日(当日上午 9:16 收盘)				
交割日	交割月第三个星期三				
交割地	清算所指定的货币发行国银行				

注：*一个点等于一个最小变动价位；
**I 表示初始保证金，M 表示维持保证金。

简单地说，早期外汇期货均是美元报价的。如欧元期货，当看到的外汇期货报价为 0.4298 时，这表示实际报价是 1 欧元=0.4298 美元。关于保证金，各个期货交易所有不同的规定；同一期货交易所在不同的时期也有不同的规定；同一期货交易所对不同的外汇也有不同的规定。一般情形是：当外汇汇率变动幅度较大时，保证金相对于合约金额的比例就大一些，反之，比例就小一些；某外汇汇率变动的幅度较其他外汇大一些，保证金相对于合约金额的比例就大一些，反之，比例就小一些。比如，在 IMM1986 年英镑期货合约的初始保证金和维持保证金分别是每张合约1500 美元和1000 美元，但 1989 年则分别增加到2000 美元和2500 美元。

IMM 早期有 7 种外汇的期货合约，后来根据市场的需求，有些外汇的期货交易终止了，有些外汇则推出了新的期货合约。21 世纪欧元正式启动后，原有的与德国马克、法国法郎有关的期货，在全球所有期货交易所都合并为与欧元相关的期货，但瑞士、英国、瑞典因尚未加入欧元区，所以，各个期货交易所与瑞士法郎、英镑、瑞典克朗有关的外汇期货继续保留。2002年，IMM 用美元报价的外汇期货有：澳大利亚元、欧元、巴西雷亚尔、日元、墨西哥比索、加拿大元、新西兰元、挪威克朗、南非兰特、瑞士法郎、瑞典克朗、俄罗斯卢布等。

在 IMM，还有一大类外汇期货不是用美元报价的，可以称为交叉货币期货。2002 年在 IMM 交易的交叉货币期货有：欧元期货，用英镑、日元、澳大利亚元、巴西雷亚尔、罗马尼亚列伊、加拿大元、瑞士法郎、瑞典克朗等报价；用澳大利亚元报价的瑞士法郎、新西兰元、日元等；用巴西货币报价的瑞士克朗、日元等；用瑞士法郎报价的日元；用加拿大元报价的日元，等等。

四、外汇期货套期保值的应用

应用外汇期货合约进行套期保值，最典型的领域是国际贸易和国际借贷。先来看一个国际贸易中的买入套期保值的例子，然后再看一个国际借贷中卖出套期保值的例子——由此介绍外汇期货套期保值的应用。

(一) 买入套期保值

【例5-10】 美国进口商2022年10月6日与某英国公司签订了进口价值250 000英镑的货物进口合同。合同规定美国进口商一个月后用英镑付款。为回避英镑汇率在此期间上升的风险(英镑汇率上升，付同样数量的英镑要用更多的美元)，美国进口商于10月6日买入4张12月交割、每张合约6.5万英镑的英镑期货合约，价格是1.5540。11月6日，英镑对美元的现货汇率从一个月前的1英镑1.5450美元上升到1英镑1.5750美元，同日，12月交割的英镑的期货市场价格为1.5830。美国进口商于11月6日，平掉英镑的期货合约(价格是1.5830)，从现货市场买入250 000英镑。分析套期保值的结果。

解：
在期货市场美国进口商盈利为

$$(1.5830 - 1.5540) \times 6.5 \times 4 = 0.754(万美元)$$
$$= 7540(美元)$$

在现货市场英镑实际买入价格较 10 月 6 日多出

$$(1.5750 - 1.5450) \times 25 = 0.75(万美元)$$
$$= 7500(美元)$$

如果没有进行套期保值，美国进口商 11 月 6 日买入 250 000 英镑将较 10 月 6 日多支付 7500 美元；由于进行了套期保值，他实际还有 40 美元的盈利。

(二) 卖出套期保值

【例5-11】 德国某公司3月11日与美国某公司签订了延迟付款协议：德国公司应付美国公司的货款，将于一个月后以欧元支付，总额为250 000欧元。为回避欧元汇率在此期间下降的风险(欧元汇率下降，得到同样数量的欧元兑换成的美元数要少)，美国公司于3月11日卖出2张6月交割、每张合约12.5万欧元的欧元期货合约，价格是0.9780。4月11日，欧元对美元的现货汇率从一个月前的1欧元0.9756美元下降到1欧元0.9657美元，同日，6月交割的欧元的期货市场价格为0.9674。美国公司于4月11日，平掉欧元期货合约(价格是0.9674)，并将德国公司所付的25万欧元在现货市场卖出。分析套期保值的结果。

解：

在期货市场美国公司盈利为

$$(0.9780 - 0.9674) \times 12.5 \times 2 = 0.2650(万美元)$$
$$= 2650(美元)$$

4月11日在现货市场250 000欧元实际能卖出的价格较3月11日要少

$$(0.9756 - 0.9657) \times 25 = 0.2475(万美元)$$
$$= 2475(美元)$$

如果没有进行欧元的卖出套期保值，美国公司4月11日25万欧元兑换的美元数较3月11日少2475美元；由于进行了套期保值，他实际上不仅未损失，还多得175美元。

第五节 天气期货

天气期货市场是新兴天气风险管理市场的重要组成部分，也是天气风险管理市场成熟的标志。天气期货合约的设计采用了股票价格指数期货合约的设计原理。其思路不仅可应用于气温，还可以应用在降雨量、太空有害辐射等对人民生活、工商企业经营活动有重大影响的领域。

天气衍生品的产生，是多种因素作用的结果。但最主要的原因显然是，灾难性天气带来的损失太大。据估算，在美国约9万亿美元的产值中，约有20%受天气影响。正因为这样，美国在灾难保险上的花费数额巨大，且一直在增加。这也使得天气的非灾难风险管理市场迅速成为重要的金融领域。而天气衍生品的大发展，则起源于1997—1998年间的厄尔尼诺冬季(El Nino)。那是历史上最强烈的厄尔尼诺现象之一，受到了美国媒体和民众的广泛关注。许多公司因这个温暖的冬季而遭受巨额损失，受害较大的有农产品业、动力和煤气业。这些损失，除了一部分属灾难性损失可以由传统保险业提供风险回避工具外，大量的非灾难性损失则无法由传统的保险业或其他传统金融业获得风险回避工具。这些公司当然希望有金融工具可供其回避天气的非灾难性风险。于是，美国在1997年开始了天气衍生品的交易。最初在柜台交易市场(OTC)交易，且发展迅速。但在柜台交易市场，受制于信用因素的制约(柜台交易市场很难满足国际证券衍生品协会主互换协议的要求)，进一步发展受到了限制。1999年12月22日，美国芝加哥商业交易所(CME)为增加其市场规模和转移柜台交易市场(OTC)天气合同交易中的信用风险，在GLOBEX系统上开展了天气衍生品的交易。最初有四个城市的天气期货，2000年1月20日，增加到10个城市。2002年1—10月，取暖指数期货成交1182手，而一年前，同期成交量为25手；2002年1—10月份制冷指数成交1831手，而前一年同期，该合约成交量为0。值得一提的是，2002年1—10月取暖指数期货成交的1182手中，有680手是10月成交的。

一、天气期货合约条款

在 CME 交易的天气期货合约有取暖指数期货合约和制冷指数期货合约。先介绍取暖指数期货合约主要条款，然后，再介绍制冷指数期货合约主要条款，而相关的新知识在其后介绍。表5-10 为取暖指数期货合约主要条款。

表5-10　取暖指数期货合约简介

合约单位	100 美元×取暖指数
报价方式	取暖指数点数
最小变动价位	一个取暖指数(100 美元/每张合约)
每日波幅限制	从 2000 年 4 月 28 日起，在 CME 前一营业日"最后交易价"的基础上±50 个指数点(±5000 美元/每张合约)
交割月份	10 月份、11 月份、12 月份、1 月份、2 月份、3 月份、4 月份
交割方式	现金交割(最后结算价为实际指数)
交易时间	3:45 p.m.—3:15 p.m.，星期一—星期四
气温地点	Atlanta、Chicago、Cincinati、New York、Dallas、Des Moines、Las Vegas、Philadelphia、Partland、Tucson

制冷指数期货合约从条款上看，类似取暖指数期货合约。不同之处有：合约单位是 100 美元×制冷指数，交割月份是 4 月份、5 月份、6 月份、7 月份、8 月份、9 月份、10 月份。表5-11 为制冷指数期货合约主要条款：

表5-11　制冷指数期货合约简介

合约单位	100 美元×制冷指数
报价方式	制冷指数点数
最小变动价位	一个制冷指数(100 美元/每张合约)
每日波幅限制	从 2000 年 4 月 28 日起，在 CME 前一营业日"最后交易价"的基础上±50 个指数点(±5000 美元/每张合约)
交割月份	4 月份、5 月份、6 月份、7 月份、8 月份、9 月份、10 月份
交割方式	现金交割(最后结算价为实际指数)
交易时间	3:45 p.m.—3:15 p.m.，星期一—星期四
气温地点	Atlanta、Chicago、Cincinati、New York、Dallas、Des Moines、Las Vegas、Philadelphia、Partland、Tucson

由于每一地点都有 7 个取暖指数期货合约和 7 个制冷指数期货合约，所以在CME现时(2002年)共有 140 个天气期货合约在交易。

二、取暖指数和制冷指数

要计算取暖指数和制冷指数，先要计算每日取暖度(HDD，全称为 heating degree day, degree

day 在气象学上直译为度天，属计量单位)和每日制冷度(CDD，全称为 cooling degree day)。每日取暖度和每日制冷度定义如下：

每日取暖度(HDD)：Max{(65 华氏度-当日平均华氏气温),0}。

每日制冷度(CDD)：Max{(当日平均华氏气温-65 华氏度),0}。

当日平均华氏气温数由地球卫星公司(Earth Satellite Corporation)提供。该公司是世界上处于领导地位的、为农业和能源市场提供附加天气服务的公司。

知道了每日取暖度和每日制冷度，就可以计算取暖指数和制冷指数。公式是：

某月取暖指数=当月每日取暖度之和。

某月制冷指数=当月每日制冷度之和。

如果某月共有 30 天，该月平均气温是华氏 60 度，则该月取暖指数为 150。

显然，取暖指数越小，该月气温越高；反之，该月气温越低。类似地，制冷指数越大，该月的气温越高；反之，该月气温越低。

三、应用取暖指数期货和制冷指数期货进行套期保值

设五月份某能源公司担心下个冬季天气会持续高温，公司特别关注 12 月份、次年 1 月份、次年 2 月份的气温。在天气期货市场，现在(五月份)12 月份、次年 1 月份、次年 2 月份取暖指数价格分别是 250、400、300 点。这几乎是历史正常水平。但根据历史资料，如果这三个月的取暖指数比正常水平分别下降 X_1、X_2、X_3 点，公司的损失分别是 10 000 X_1、15 000X_2、13 000X_3。为回避冬季可能的反常高气温带来的损失，公司现在(五月份)就分别卖出次年 12 月份、次年 1 月份、次年 2 月份交割的取暖指数期货各 100、150、130 张合约。价格就是 250、400、300 点。

现在假设次年 12 月份、次年 1 月份、次年 2 月份取暖指数实际下降 X_1、X_2、X_3 点，那么公司在期货市场将获利 $X_1 \times 100 \times 100 + X_2 \times 100 \times 150 + X_3 \times 100 \times 130$，这正好是公司因反常高气温而在经营上的损失。

为了进一步理解如何应用天气期货合约进行套期保值，下面介绍一下美国芝加哥商业交易所(CME)天气期货 11 月 11 日的结算情况，如表 5-12、表 5-13 所示。

表5-12　HDD指数期货结算价

	11月	12月	1月(次年)	2月(次年)	3月(次年)	4月(次年)	10月(次年)
Atlanta	378	600	635	475	335	140	118
Chicago	750	1095	1215	985	855	513	385
Cincinati	650	920	1005	805	700	370	315
New York	304	550	595	410	300	95	78
Dallas	810	1165	1285	1010	830	460	385
Des Moines	295	555	520	340	193	95	55
Las Vegas	520	785	910	785	670	360	223
Philadelphia	540	815	910	775	650	650	240
Partland	510	725	720	570	525	525	325
Tucson	155	400	370	250	153	153	35

表5-13 CDD指数期货结算价

	4月	5月	6月	7月	8月	9月	10月
Atlanta	--	--	--	--	--	--	--
Chicago	520	45	175	295	238	83	10
Cincinati	371	63	223	328	298	118	15
New York	91	290	498	648	650	403	147
Dallas	462	55	200	330	280	100	14
Des Moines	84	370	615	808	808	510	168
Las Vegas	372	65	248	403	373	165	22
Philadelphia	334	70	270	415	373	163	21
Partland	377	23	48	143	145	68	1
Tucson	74	368	605	695	660	530	220

数据来源：根据 http://www.cme.com/每日结算价整理。

第六节　碳排放权期货

党的二十大报告紧紧围绕推动绿色发展，促进人与自然和谐共生，对新时代新征程生态文明建设作出了重大决策部署，提出重点任务举措。我们要深入学习贯彻习近平生态文明思想，统筹产业结构调整、污染治理、生态保护、应对气候变化，协同推进降碳、减污、扩绿、增长，努力建设人与自然和谐共生的美丽中国。碳排放交易，是指运用市场经济来促进环境保护的重要机制，允许企业在碳排放交易规定的排放总量不突破的前提下，可以用这些减少的碳排放量，使用或交易企业内部以及国内外的能源。《京都议定书》第17主题规定，碳排放交易是一个可交易的配额制度，以议定书附件B所列的减排和限排承诺计算的配额为基础。在推动碳排放交易方面，欧盟走在世界前列，已经制定了在欧盟地区适用的气体排放交易方案，通过对特定领域的万套装置的温室气体排放量进行认定，允许减排补贴进入市场，从而实现减少温室气体排放的目标。

一、碳排放权期货的产生

国际"碳交易之父"，是理查德·桑德尔(Richard Sandor)博士。1990年，在桑德尔的推动下，美国国会通过"清洁空气法案修正案"，开始对二氧化硫排放配额的"cap and trade"，即总量控制(cap)和配额交易(trade)。2003年，桑德尔博士融资1500万英镑，创建了芝加哥气候交易所(Chicago Climate Exchange, CCX)。桑德尔博士成立这个交易所，是希望为二氧化碳配额提供交易平台。2004年，桑德尔博士又融资1500万英镑，创建了欧洲气候交易所(European Climate Exchange, ECX)，为欧洲企业提供了一个碳交易平台。2005年前后，随着联合国气候变化公约《京都议定书》生效，加入该公约的欧盟开始面临强制性的减排目标。如今，欧洲气候交易所已成为全球最大的碳交易所，日成交量最高达5300万吨，交易额达10亿美元。

碳排放权期货是以碳排放权为基础对象的标准化期货合约，交易的标的资产是碳排放指标配额。在应对全球气候问题的当下，碳排放权由于其稀缺性而形成一定的市场价格，具有一定的财产属性，因此在碳约束时代，逐渐成为企业继现金资产、实物资产和无形资产后又一新型资产类型——碳资产。其特点一是以碳排放权为标的资产，创造了一种物权。特点二是外部成本内生化：以经济手段鼓励企业自主减排，已经有国家取得了巨大成功。

强制减排交易：国家或地区政府通过立法的方式明确温室气体排放总量，并确定纳入减排规划的各排放单位年度排放量后发放排放配额。为了避免超额排放带来的经济及行政处罚，排放配额不足的企业可选择向拥有多余配额的企业购买配额。这种为了达到法律强制减排要求而产生的交易就是强制减排交易。

自愿减排交易：基于企业社会责任、品牌形象、资产筹划管理等考虑，市场主体自愿进行的排放配额或自愿减排量交易，是自愿减排交易。

我国碳排放权期货的发展：国家发展改革委发布了《国家发展改革委办公厅关于开展碳排放权交易试点工作的通知》，批准北京、天津、上海、重庆、深圳、广东、湖北七个省市地区自 2013 年起开展碳排放交易试点工作。我国已在七省市陆续启动碳排放权交易试点，并对配额分配、基准线、交易平台等关键环节进行了深入研究。国家发改委颁布了《全国碳排放权交易市场建设方案(发电行业)》，这一方案的出台，标志着全国碳排放体系正式启动。中国人民银行、银保监会、证监会和外汇局发布了《关于金融支持粤港澳大湾区建设的意见》，该文件提出，研究设立广州期货交易所。此前，广州期货交易所就已经被定位为"以碳排放为首个品种"的创新型期货交易所。自此，距离碳排放权期货在中国金融市场的正式上市又迈出了一大步。中共中央办公厅、国务院办公厅发布《关于深化生态保护补偿制度改革的意见》，提出了自愿减排量抵销、碳排放权期货交易等未来的发展方向。

2021 年 7 月 16 日，全国统一的碳交易市场正式启动。作为全球唯一的发展中国家碳市场，中国统一碳市场整体运行平稳，价格波动合理，高比例完成履约，首批纳入发电行业重点排放单位共 2162 家，年覆盖二氧化碳排放量约 45 亿吨，成为全球覆盖排放量规模最大的碳市场。中国国家碳市场第一个履约期顺利收官。然而，我国碳市场相较于已发展近 20 年的欧盟碳市场，仍存在参与主体单一、交易方式局限于现货、流动性不足、碳价较低等问题，例如我国碳市场尽管配额规模 45 亿吨，欧盟碳交易市场不到 20 亿吨，但欧盟碳交易的换手率却是我国的 100 倍之多。在流动性、价格、交易量等方面，我国与欧盟碳市场相比仍有较大差距。针对以上问题，研究国际先进碳交易所的运作机制和发展经验，将为我国碳交易所发展提供指导与借鉴。

二、碳排放期货合约

美国洲际交易所(Intercontinental Exchange, ICE)于 2010 年收购了成立于 2004 年的欧洲气候交易所。作为 CCX 在欧洲设立的一个全资子公司，ECX 由 CCX 与伦敦国际原油交易所(IPE)合作，通过 IPE 的电子交易平台挂牌交易二氧化碳期货合约，为温室效应气体排放交易建立的首个欧洲市场，是欧洲排放交易机制中的重要组成部分。

ICE 采用会员制，交易产品除多种碳配额的拍卖外，上市的现货品种有欧盟碳排放配额(EUA)、英国碳排放配额(UKA)、加州碳排放配额(CCA)和美国区域温室气体减排行动配额(RGGIA)等，衍生品主要是配额和碳信用期货合约、期货期权合约及远期合约，根据所满足标准、项目种类、到期时间的不同，设计了 31 种碳抵消期货产品。其中 EUA 期货合约在 2005 年 4 月开始交易，是最早上市的产品，2006 年 10 月其对应的期货期权合约开始交易，2008 年碳信用期货合约和期货期权合约开始交易，产品种类逐渐丰富，结构更加合理。

ICE 目前掌握着世界上 60%的碳排放权、90%的欧洲碳排放权，2020 年成交额占到了全球交易所的 88%。ICE 最初的产品包括现货、远期和期货，后来逐渐增加了互换和期权等交易产品。ICE 是目前世界上最大的碳排放权交易所，也是碳交易最为活跃、交易品种最丰富的交易所。表 5-14 为 ICE EUA 期货合约主要条款。

表5-14 欧盟——ICE EUA期货

交割方式	实物交割
标的资产	1 个份额：1000 个碳排放配额(EUA)，根据 ICE 欧洲期货条例的定义，每个 EUA 相当于排放 1 吨二氧化碳气体的权利
最小交易单位	1 个份额
报价	0.01 欧元/公吨，即 10 欧元/份额
最小价格波动	0.01 欧元/公吨
最大价格波动	无限制
到期日	合同月的最后一个星期一；如果最后一个星期一为非营业日，或在最后一星期一之后的 4 天内有非营业日，则最后一交易日为交割月倒数第二个星期一
交易系统	交易将在 ICE 期货欧洲电子平台上进行
结算价格	在流动性低时，将每日收盘期间(英国当地时 16:50:00—16:59:59)的报价加权平均
结算	将 EUA 从卖方账户转移到联盟注册处的买方账户。交割发生在最后一个交易日后 3 天

2022 年 4 月 12 日，中国证监会发布《碳金融产品》行业标准。从产品谱系上看，碳金融产品也主要是主流金融产品在碳市场的映射，可以分为交易工具、融资工具和支持工具三大类。

(1) 碳市场交易工具：除碳资产类的碳现货外，碳交易工具还包括碳远期、碳期货、碳掉期、碳期权，以及碳资产证券化和指数化的碳交易产品。交易工具的丰富，盘活了碳现货和期货市场，推动了碳金融市场流动性的活跃，也有利于投资者对冲价格波动风险，实现套期保值。

(2) 碳市场融资工具：碳市场的融资工具可以为碳资产创造估值和变现的途径，帮助企业拓宽融资渠道。包括碳质押、碳回购、碳托管。

(3) 碳市场支持工具及相关服务可以为各方了解碳市场趋势提供风向标，同时为管理碳资产提供风险管理工具和市场增信手段，目前有碳指数和碳保险这两类工具。

人民币碳配额远期(CNY Emission Allowance Forward，以下简称 CEAF)是以国家或地区碳排放交易主管机构发放的碳排放配额为标的、以人民币进行计价和交易、在约定的未来某一日期清算和结算的远期协议。表 5-15 为 CEAF 协议要素。

表5-15 CEAF协议要素

产品种类	人民币碳配额远期
协议名称	上海碳配额远期协议
协议简称	SHEAF

(续表)

协议规模	100 吨/个
报价单位	元人民币/吨
最低价格波幅	0.01 元/吨
协议数量	为交易单位的整数倍，交易单位为"个"
协议期限	当月起，未来1年的2月、5月、8月、11月月度协议
成交数据接收时间	工作日：10:30 至 15:00(北京时间，下同) 注：工作日指周一至周五(国家法定节假日除外)
最后交易日	到期月倒数第五个工作日
最终结算日	最后交易日后第一个工作日
每日结算价格	上海清算所发布的远期价格
最终结算价格	最后5个交易日日终结算价格的算术平均值，精确至小数点后2位
交割方式	实物交割/现金交割
交割品种	可用于到期月度协议所在碳配额清缴周期清缴的碳配额

三、中国碳排放权交易市场特征

(一) 中国碳排放权交易市场优势

(1) 履约率高，促进碳排放总量下降。经过试点省市碳排放交易的十年探索，全国及试点省市碳排放权交易政策减排成效显著，重点排放单位履约率高，有效促进了温室气体减排，推动了省域低碳城市建设和碳普惠平台搭建。

(2) 推动产业结构调整，期初免费配额客观上抑制了"碳泄漏"行为。在碳达峰、碳中和目标的双重驱动下，高载能产业因高能耗需承担更多碳排放成本，应向低能耗、高附加值优化升级。由于中国碳排放权交易市场的发展仍处于平稳起步阶段，借鉴欧盟碳交易体系的先进经验，期初的免费配额能够降低企业碳排放成本，实现碳交易的平稳过渡，客观上起到抑制区域间和国家间"碳泄漏"行为的作用。因此，企业的期初免费配额方案仍将持续一段时间，但随着碳交易市场的逐渐成熟，未来将降低免费配额比例直至停止免费配额发放。

(3) 通过CCER机制助推欠发达地区发展和乡村振兴。碳源大多位于经济发达地区，而碳汇多位于生态良好的欠发达地区。经济发达地区的企业通过水电、光伏和森林碳汇等方式从欠发达地区获得中国核证自愿减排量(CCER)，助推欠发达地区发展和乡村振兴。

(4) 加速煤电机组运营绩效分化，推动社会低碳化发展。引入碳排放权交易市场后，碳排放的外部成本显化，转化为排放主体的内部成本。高能效机组通过出售剩余碳排放配额以降低综合供电成本，低能效机组需额外增加碳排放履约成本。

(二) 中国碳排放权交易市场劣势

(1) 交易市场流动性不足，惜售现象严重，市场活跃度低。全国碳排放权交易市场主要是电力行业，交易主体为大型央企和国企等火电企业，集中履约的直接碳配额现货交易导致市场流动性不足，市场活跃度不高。

(2) CCER 机制建设缓慢，MRV 制度和履约规则落实不到位。碳排放权抵消机制是丰富碳市场交易品种、拓宽碳市场履约渠道的重要途径。目前，中国核证自愿减排量(CCER)机制建设不够完善，新项目审批时间长制约了抵消机制的有效发挥。

(3) 商业银行参与有限，碳金融政策激励不足。国内商业银行早在 2009 年就开始探索发展碳金融业务，早期以参与清洁发展机制(CDM)项目为主，2012 年银行与试点交易所建立合作，提供碳交易资金结算清算及存管服务。一些试点省市开发了碳基金、碳债券、碳远期等碳金融产品，但整体规模较小，地区发展不均衡，可持续性有待提高。

(三)"双碳"目标下我国低碳经济转型

我国是世界能源消费最多的国家，基于此，要增加能源储备，增强能源进口的多样性，保证能源安全。同时，也要开发新技术、采用新产品，提高能源利用率。通过这些手段来稳定能源价格，进而保证碳排放权交易价格的稳定。其次，要调整能源结构，大力发展清洁能源，促进碳排放交易市场的发展。在"双碳"目标的引领下，我国要加速能源转型，积极开发新能源，发展清洁能源。要加大对太阳能、风能和核能等新能源的投资力度，积极倡导绿色的生产生活方式，保证清洁能源平稳替代传统能源。通过能源结构的调整促进碳排放交易市场的健康发展。

我国应以国内市场为基础，不断完善碳交易体制机制，适度扩大碳交易的种类和规模，丰富并发展多种碳交易方式，加快碳交易基础设施建设，健全企业碳排放权报告和信息披露机制，探索建立碳税机制，进一步完善碳排放市场体系的建设。打破市场壁垒，建立统一的交易平台，加快全国统一碳排放交易市场的步伐。同时，通过建立健全法律法规和规范性文件来保障全国统一碳交易市场的有效实施和运行。

建设全国统一碳排放权交易市场是以习近平同志为核心的党中央作出的重要决策，是利用市场机制控制和减少温室气体排放、推动经济发展方式绿色低碳转型的一项重要制度创新，也是加强生态文明建设、落实国际减排承诺的重要政策工具。在加快生态文明体制建设和改革的背景下，探究碳排放权交易定价的影响因素，有利于我国碳交易定价机制的完善，为加快建立全国碳排放权交易市场建设提供理论参考。

> 📖 **扩展阅读**
>
> #### 元宇宙绿色交易所(MetaVerse Green Exchange, MVGX)
>
> 元宇宙绿色交易所(MVGX)于2018年在新加坡成立，是由新加坡金融管理局(Monetary Authority of Singapore, MAS)授权并监管、建立在云端架构和区块链基础上且使用纳斯达克(Nasdaq)引擎的第一家面向元宇宙时代的合规持牌绿色数字资产交易所。MVGX交易的产品主要包括两大类别：资产支撑通证(Asset Backed Token, ABT)和碳中和通证(Carbon Neutrality Token, CNT)。
>
> MVGX为全球的发行者、机构投资者及合格投资者提供综合性的资本市场配套服务，包括一级市场发行、二级市场交易、交割和清算以及资产支持通证(Asset Backed Tokens，或者数字化的ABS)的托管。MVGX自主研发并申请了专利的、具有碳足迹标签功能且受区块链技术保护的账簿，使MVGX成为全球第一个实现发行者和投资者均披露碳足迹的交易所。
>
> MVGX还开发了两个受专利保护的技术体系：非同质化数字孪生技术(Non-Fungible

Digital Twin, NFDT) 和碳中和通证(Carbon Neutrality Token, CNT)。其中，CNT是一个能让多方受益的机制，支持跨国公司(Multi National Company, MNC) 向发展中国家购买碳信用额。这一机制可以帮助发展中国家完成其国家自主贡献，而非只是让那些大型跨国企业帮助其总部所在国完成其国家自主贡献。

2022年4月，MVGX与绿地金创科技集团形成战略合作伙伴关系，以满足投资者对受监管和许可平台上的跨境数字碳信用交易日益增长的需求。MVGX将与绿地金创旗下贵州省绿金低碳交易中心(GGFEX)合作，协助贵州省绿金低碳交易中心(GGFEX)建立中国最先进的碳资产数字化交易平台和注册平台——特别是针对房地产和绿色基础设施行业的中国核证自愿减排量(CCER)项目。这将通过 MVGX 的碳中和通证产品(CNT)来完成，借助碳中和通证产品(CNT)，贵州省绿金低碳交易中心(GGFEX)将能够创建一个安全的碳注册系统，为该地区的其他 VER 市场设定基准，并探索与"一带一路"合作伙伴通过CNT进行跨境碳合作。

资料来源：新加坡元宇宙绿色交易所 https://www.mvgx.com。

【例5-12】某市企业 A 和 B，其中，A 企业从事数字货币运营管理业务，每年二氧化碳排放量为 1000 吨，B 企业从事绿色农业业务，每年可以吸收二氧化碳 200 吨。2020 年该市下了新的环境要求，要求 A 企业减少 200 吨二氧化碳排放，否则对 A 企业处以 2 万元的罚款。

问题：
(1) 如果引入碳排放交易，市场价格为 14 元/吨，B 企业的碳交易获利为？
(2) 如果不存在碳排放权交易，在政府眼中的社会总费用是多少？
(3) 请列出可以覆盖总社会费用的碳交易价格。

解：
(1) 200×14=2800 元
(2) 20 000 元
(3) 碳交易价格应该为 20 000/200=100 元/吨

练习与思考

一、思考题

1. 利率期货一般分为哪两大类？
2. 什么是 IMM 指数？计算公式是什么？
3. 什么是已生利息？
4. 什么是最便宜债券？
5. 中长期利率期货的点数报价与实际价格的换算公式是什么？
6. 什么是理论债券？什么是合资格债券？
7. 什么是折算系数？

8. 股票价格指数期货是怎样产生的？
9. 什么是股票价格指数？
10. 计算股票价格指数的方法有哪些？
11. 股票价格指数的加权平均指数的计算公式是怎样的？
12. 什么是基期指数？
13. 什么是 β 系数？其一般含义是什么？
14. 用股票价格指数期货进行套期保值时，如何计算应买卖的期货合约数量？
15. 如何计算一组股票的 β 系数？
16. 什么是外汇？什么是外汇期货？
17. 什么是汇率？汇率的基本表示方法有哪两种？
18. 外汇期货是怎样产生的？为什么发展起来却是 20 世纪 80 年代的事？
19. 外汇期货交易量最大的是哪家期货交易所？
20. 在 IMM 除了用美元报价的外汇期货外，有无不用美元报价的外汇期货？
21. 国际贸易中如果贸易双方约定付出口国的货币，贸易的哪一方有回避外汇汇率风险的要求？
22. 国际借贷中如果双方约定还借入方国家的货币，借贷的哪一方有回避外汇汇率风险的要求？
23. 取暖指数是刻画冬天的天气还是夏天天气的指数？
24. 能否对降雨量进行期货交易？怎样设计合约？
25. 天气期货交割时的最后结算价如何定？
26. 天气期货合约的交易如果用电脑自动撮合成交，是否要做特别处理？
27. 碳排放权期货为什么会产生？它的主要功能是什么？
28. 碳排放权价格与其他金融衍生品价格的关系是什么？

二、计算题

1. IMM90 天国库券期货合约的每日限价是 0.90 个 IMM 指数点，整张合约的每日限价是多少？

2. 客户当日卖出某月交割的 IMM90 天国库券期货合约 2 张，价格为 IMM 指数 92.01，当日未平仓，当日结算价为 IMM 指数 89.40。求当日客户的浮动盈亏。

3. 7 月份，公司计划在当年 10 月份将入账的 200 万美元入账后，买 3 个月期限的短期国债。3 个月期限的短期国债 7 月份现货年利率为 7%。为防止现货利率下降，公司于 7 月份买入 200 万美元面值的 12 月份交割的 3 个月期限的短期国债期货合约，价格为 92.82IMM 指数。10 月份，公司买进 200 万美元的 3 个月期限短期国债现货，同时平掉期货合约。此时，3 个月期限的短期国债现货年利率为 6%，期货平仓价为 93.78IMM 指数。计算保值结果。

4. 设有合资格债券 B_1、B_2、B_3，现货市场上的报价分别为：102.10、139.80、122.25；折算系数分别为：1.1832、1.488 12、1.2885；最后交易日的结算价为：93-06。求最便宜债券。

5. 某客户 5 月 15 日开市前,结算账户余额如下:

资金	合约			
	明年三月交割的30天US国库券		九月份交割的大豆	
	多 头(手)	空 头(手)	多 头(手)	空 头(手)
US$4 000 000	20			100

5 月 15 日,该客户进行了如下交易:

——明年三月交割的 30 天 US 国库券增仓 20 张,成交价是每张 92.10IMM 指数;

——大豆空头平仓 10 张,平仓价是每张 US$2122 元;

5 月 14 日,明年三月交割的 30 天 US 国库券结算价为每张 92.31IMM 指数,大豆结算价为每张 US$2111 元;

5 月 15 日,明年三月交割的 30 天 US 国库券结算价为每张 92.13IMM 指数,大豆结算价为每张 US$2107。

佣金税费合计买卖单边收成交金额的 0.1%。

维持保证金为按当日结算价计算的未平仓合约金额的 6%。

初始保证金为按当日结算价计算的未平仓合约金额的 8%。

请对当日该客户的交易进行结算。

6. 某客户 5 月 15 日开市前,结算账户余额如下:

资金	合约			
	明年三月交割的5年期US国库券		九月份交割的大豆	
	多 头(手)	空 头(手)	多 头(手)	空 头(手)
US$2 000 000	10			100

5 月 15 日,该客户进行了如下交易:

——明年三月交割的 5 年期 US 国库券平仓 10 张,成交价是 92-7;

——大豆空头平仓 10 张,平仓价是每张 US$2122 元;

5 月 14 日,明年三月交割的 5 年期 US 国库券结算价为 92-24,大豆结算价为每张 US$2111 元;

5 月 15 日,明年三月交割的 5 年期 US 国库券结算价为 92-28,大豆结算价为每张 US$2107。

佣金税费合计买卖单边收成交金额的 0.1%。

维持保证金为按当日结算价计算的未平仓合约金额的 6%。

初始保证金为按当日结算价计算的未平仓合约金额的 8%。

请对当日该客户的交易进行结算。

7. 日本进口商 1 月 6 日与美国公司签订了进口价值 12 500 000 日元的货物进口合同。合同规定日本进口商两个月后用日元付款。为回避日元汇率在此期间下降的风险(日元汇率下降,得到同样数量的日元兑换所得的美元要少),美国公司于 1 月 6 日卖出 1 张 3 月交割、每张合约 12 500 000 日元的日元期货合约,价格是 0.008 943 美元。3 月 6 日,日元对美元的现货汇率从两个月前的 1 美元 112.54 日元下降到 1 美元 115.57 日元,同日,3 月交割的日元的期货市场价格为 0.008 667 美元。美国公司 3 月 6 日,平掉日元的期货合约(价格是 0.008 667 美元),在现货市场卖出收到的 12 500 000 日元。

分析套期保值的结果。

8. 法国某公司 8 月 11 日从美国某公司借了一笔资金,并约定法国公司三个月后连本带利还美国公司 100 万美元。法国公司为回避欧元汇率在此期间下降的风险(欧元汇率下降,买同样数量的美元所用欧元要多),公司于 8 月 11 日卖出 12 月交割、每张合约 12.5 万欧元的欧元期货合约,价格是 0.9680 美元。11 月 11 日,欧元对美元的现货汇率从一个月前的 1 欧元 0.9654 美元下降到 1 欧元 0.9553 美元,同日,12 月交割的欧元的期货市场价格为 0.9571 美元。法国公司于 11 月 11 日,平掉欧元期货合约(价格是 0.9571 美元),在现货市场买入 100 万美元。请:

(1) 计算法国公司 8 月 11 日应卖出多少张 2 月份交割的欧元期货合约(四舍五入)?
(2) 分析套期保值的结果。

9. 某客户 8 月 15 日开市前,结算账户余额如下:

资金	日元9月交割的合约多头(张)
$20 000 00	7

8 月 15 日,该客户进行了如下交易:

日元期货 9 月交割的合约多头增仓 5 张,成交价是每张 0.009 125 美元。

8 月 14 日,日元期货 9 月交割的合约结算价为 0.009 118 美元;8 月 15 日,日元期货 9 月交割的合约结算价为 0.009 134 美元。

佣金税费合计买卖单边收成交金额的 0.1%。

维持保证金为每张合约 1700 美元。

初始保证金为每张合约 2100 美元。

请对当日该客户的交易进行结算。

 读书笔记

第六章

期 权 市 场

截至 2022 年年末，我国期货、期权品种共有 110 个，包括 72 个期货品种和 38 个期权品种。期货市场不断完善品种体系，2022 年新上市 16 个期货、期权品种。作为国内首个新能源金属品种、绿色低碳品种，工业硅的上市对于提升市场主体风险管理能力和助力我国低碳经济发展具有积极意义。随着风险管理工具的不断丰富，我国期权市场全面贯彻落实党的二十大精神，坚持以服务实体经济和国家战略为宗旨，坚决防范市场风险，为实体经济高质量发展贡献积极力量。

> **本章要点：**
> - 了解中国期权市场的基本情况；
> - 了解期权市场是如何在人类经济活动发展过程中产生和发展的；
> - 掌握期权的基本概念、功能及特点；
> - 了解期权交易及其优势和劣势。

第一节　期权市场的产生与发展

本节介绍期权市场的产生与发展，重点是期权市场产生的历史过程。

一、期权市场的发展简史

据考证，历史上最早的期权交易萌芽于公元前 1200 年，当时古希腊和古腓尼基国的交易者为了应付交易上的突然和意外的运输要求，要向大船东交付一笔保证金，以便于在必要的时候有权利从大船东手里得到额外的舱位，确保按时交货。这种做法已经蕴含了期权交易的基本思想，并沿袭下来。

17 世纪 30 年代，即荷兰郁金香狂热时期，期权交易在郁金香交易中流行开来。郁金香中间商授予种植者以约定价格向该中间商出售郁金香的权利。为此，拥有此权利的种植者付一笔费用给中间商。同时，郁金香中间商支付给种植者一定的费用，以获取在郁金香价格上涨时按约定价格购买郁金香球茎的权利。交易的各方都认为他们可将自己愿意承担的风险调整到一个合适的水平,而期权对于种植者降低他们在价格波动上的风险特别有用。

但郁金香球茎市场是一个完全没有管理的市场,缺乏履约的保障机制。1637 年冬天,当郁金香球茎市场崩溃之时,大量的看跌期权的出售者遭到了重创。由于损失方不愿意也没能力支付,且由于没有处理这种情势的先例可循,当局敦请海牙地方议会制定一套恢复国民信用的办法,建议加强期权合约的监管和履约保障。这项建议并未被采纳,法院拒绝执行,从而期权出售者也不必履约了。由此,整个期权市场在欧洲变得声名狼藉。但是具有讽刺意味的是,过后几年,荷兰人仍在使用期权,西印度公司的股票期权仍在阿姆斯特丹交易着。

19 世纪 20 年代,现代期权市场体系开始出现,基于股票的看涨和看跌期权开始在伦敦交易所进行交易。到了 19 世纪 60 年代,美国出现了商品和股票的期权场外交易市场。早期的场内及场外交易市场由于缺乏规范和约束,存在着大量的贪污腐化和合同不执行等问题。

20 世纪初期,一个中介公司群体悄然崛起,它自称为看涨和看跌期权经纪商及交易商联合会,并创建了期权市场。如果有人想买期权,联合会会员就能够找到愿意发售期权的卖方。如果会员公司无法觅得合适的卖家,它将自己担任发售期权的角色。所以,会员公司既可以是经纪人,又可以是交易商。虽然这种场外交易期权市场称得上行之有效,但它依然没有摆脱个别缺陷的困扰。首先,它无法提供给期权买方在到期日之前出售期权合约的机会,期权的设计初衷就是一直持有到到期日,到那时才能决定是执行期权还是任其过期作废。因此,期权合约的流动性极小。其次,期权发售方的经营绩效仅仅有经纪人或交易商公司保证,一旦遇上期权发售人或经纪人或交易商联合会会员公司破产倒闭的情况,期权买方就会遭受损失。第三,交易成本相对比较昂贵,部分原因归结于前两个问题的存在。

到 1973 年,期权市场发生了历史性的变化。芝加哥期货交易所(CBOT),这所世界上最古老、最大的交易所组织了一个以股票为标的物的期权交易所——芝加哥期权交易所(Chicago Board Options Exchange, CBOE),这堪称期权发展史上具有划时代意义的事件。这个期权交易所的正式成立,标志着以股票期权交易为代表的真正意义上的期权交易开始进入了完全统一化、标准化及管理规范化的全面发展新阶段。合约的标准化使得原来买(卖)期权的交易者可以在到期日前对冲平仓,大大增加了市场的流动性。更为重要的是,芝加哥期权交易所增设了一个结算所,保证买卖双方合约的履行。这样交易者无须担心卖方的信用风险,因此吸引了大量的期权经纪商及投资者。在芝加哥期权交易所成立之初,仅有看涨期权,其原因是当时只做股票交易,它的运作也是服务于股票交易的。因为股票当时只能单向交易,即先买后卖,所以也只有看涨期权。到 1977 年 6 月 1 日,才又加做看跌期权。

期权交易在美国的迅猛发展,使之成为世界上最大的期权交易中心。美国期权交易所的崛起与成功,带动了世界期权交易的形成与发展。继芝加哥交易所以后,几家股票交易所(包括美国股票交易所、费城股票交易所、太平洋股票交易所、纽约股票交易所)和几乎所有的商品期货交易所都开设了期权交易。1976 年 2 月,澳大利亚悉尼股票交易所开始推出期权交易合约。1978 年阿姆斯特丹期权交易所开业以后,迅速与蒙特利尔、芝加哥、悉尼等地的期权交易所、证券交易所建立了 24 小时连续运转的交易体制,并且统一了合约规格,发展了期权结算中心;同时,欧洲各地也相继开展了证券期权交易。布鲁塞尔、苏黎世、巴塞尔、日内瓦、伦敦国际金融期货期权交易所(LIFFE)都相继推出了股票、债券、货币期权交易。而美国芝加哥期货交易所、芝加哥商业交易所、纽约商业交易所则积极地把期权交易引入到农产品、能源期货等领域。公众对期权的兴趣,使得期权迅猛发展。

随着世界经济及世界期货市场的发展,美国、英国、日本、加拿大、法国、新加坡、荷兰、德国、瑞士、澳大利亚、芬兰等都建立了期权交易所或期权交易市场。期权交易也从最初的股票扩展到目前包括大宗商品、金融证券、外汇、黄金、白银在内的近100个品种。可以这么说,几乎任何形式的资产和负债都有期权交易存在。受公众青睐期权的激励,期权交易以惊人的态势发展壮大起来,直到1987年股市受到重创才停止。近年来,金融期权发展迅速,期权的交易量也大幅增长,并成为衍生品市场中交易量最大的品种之一。

2019年起,国内期权市场快速发展,权益类增添了上交所300ETF期权、深交所300ETF期权和中金所的300股指期权,商品类期权陆续有玉米、棉花、黄金等十多个品种上市。2022年7月29日,证监会宣布批准大商所自2022年8月8日起开展黄大豆1号、黄大豆2号及豆油期权交易。同时,大商所正式发布黄大豆1号、黄大豆2号和豆油期权合约及上市交易有关事项的通知。2021年中国郑州商品交易所期权市场成交金额665.54亿元,占全国期权市场成交金额的13.01%;大连商品交易所期权市场成交金额1091.42亿元,占全国期权市场成交金额的21.34%;上海期货交易所期权市场成交金额765.59亿元,占全国期权市场成交金额的14.97%;中国金融期货交易所期权市场成交金额2486.16亿元,占全国期权市场成交金额的48.62%;上海国际能源交易中心期权市场成交金额105.21亿元,占全国期权市场成交金额的2.06%。

二、期权交易发展中的重大事件

期权从其原始形态的产生到19世纪末,都属于场外交易。在18世纪,英国明确以法律形式视其为非法。此段时期内期权发展缓慢。到了20世纪,特别是近30年来,由于一些具有较重大意义事件的相继发生以及金融界人士和政府所做的开拓性的努力,期权及其交易在商品期权,特别是金融期权上得到了迅猛的发展,成为人们津津乐道的一种控制风险及投机的金融工具。因此,有必要对一些重要事件进行简要的回顾。

(一) 金融立法及监管

20世纪30年代的经济危机后,金融立法及监管的强化遏制了期权的滥用。

在此之前,期权卖方的信用非常脆弱,荷兰郁金香球茎期权交易的最终崩溃正是卖方诚信不足的表现。20世纪20年代,由于管制的松懈及证券市场的迅速发展,特别是股票交易市场交易量的激增,使得期权交易作为一种控制风险和以小博大的投机工具而盛行于西方各国。特别是美国,以纽约股票交易所为中心,期权交易迅速发展,随之期权交易中的欺诈、操纵、违约等事件也层出不穷,成为当时金融危机的因素之一,使中小期权投资者损失巨大。危机过后,欧美各国相继制定或修改了本国的证券法等一系列金融法律,设立了强有力的监管机构及行业自律组织,这一切都为期权交易创造了一个公开、公平和公正的从业环境,如要求期权出售者保证适当的交易保证金等,直接加强了期权合约的信用体系。经过不断的完善,期权交易市场至今没有出现较大的动荡,原因之一在于经过20世纪30年代的危机,人们特别是金融人士,对加强金融市场包括期权市场的金融监管以保证其高效的市场经济效率达成了共识,在立法及执法的实践中做了不懈的努力。

(二) 芝加哥期权交易所的开业

1973年4月26日芝加哥期权交易所的开业在期权发展史上具有跨时代意义。其重要性主要体现在以下四个方面。

(1) 首次将场外期权交易引入场内。在这之前期权交易都属于场外交易，有时也称为传统期权。引入后，其作用立竿见影，场外期权交易量逐渐下降，场内期权交易量急剧膨胀。

(2) 将期权合约由非标准化转向标准化和规范化。不论是履约价格还是到期日，标准化的结果使得期权交易变得非常方便快捷。

(3) 增强了期权合约的互换性。这是合约标准化的结果，使得交易者在合约到期前可以随时对冲自己所持有的期权头寸，促进了期权市场的形成和发展。

(4) 交易费用变得相对低廉。这一方面刺激了规避风险及投机交易的增加，另一方面使得统一的有组织的二级市场更加活跃。

(三) 期权定价理论的突破与发展

在20世纪70年代以前，期权交易中权利金的确定都是买卖双方直接或通过经纪人间接凭经验估计协商确定的，而不是通过大量的公开竞价确定的，因而反映不出一个统一的期权价格。1973年芝加哥期权交易所开业的同时，芝加哥大学的Black、Scholes开发出一套期权定价模型，其计算结果非常近似于实际市价。之后，Robert Merton对这一模型又进行了改良。目前，该模型已经成为世界期权交易定价的主要理论，极大地便利了期权定价及交易。1997年，这三位教授也因此获得了诺贝尔经济学奖。到现在，该模型的应用范围越来越大，并且更多的修正模型也发展起来。期权定价模型的发展与完善，使期权价格的形成更加科学，进一步降低了交易成本，减少了利差，从而使期权交易量进一步扩大，期权市场更加活跃。

(四) 期权期货的出现及其快速进展

1982年下半年，美国金融市场把期权和期货结合在一起，设计出了一种崭新的交易方式——期货合约的期权交易，即期货期权交易，它是结合期货和期权二者之长的交易方式。它既可以帮助投资人利用期货交易以小博大的杠杆作用，又可以使投资人享有期权交易风险可以限制的特点。另外，它还扩大了投资人选择交易的范围，为投资者提供了有利的投资机会。现在，期货期权已成为了期权市场的主要交易品种。各种期权产品的开发都关系着其期货合约的发展。目前在发达国家的期货交易所一般都同时进行着相应期货的期权交易。

📖 **专栏**

我国期权思想的起源

宋神宗即位时，财政年收入约5000万两，年支出也是约5000万两。司马光等人提出节流，神宗没有采纳，而是支持王安石的变法主张。神宗熙宁二年(1069年)任王安石为参知政事，次年拜相，积极推行新法。王安石曾在鄞(yín)县任地方官时推行过变法，实践效果不错，因此非常自信，对司马光等人反对新法的意见都嗤之以鼻。1069年9月，争议最大的青苗法正式颁布。所谓青苗法就是每年2—5月，旧粮吃完新粮还没有成熟的这段时间，很多农民生活陷入困顿，不得已只能找富户借贷，利率高达100%，甚至200%，王安石成立管办机构给这些农户借贷，新粮收获后归还，利率20%，本金其实是国库里的旧粮，这样既可以解决农民的吃饭问题又能为国家增收，听起来很理想，实际却失败了。

"诸路以见存常平、广惠仓的一千五百万石钱各为本，如是粮谷，即与转运司兑换成现钱，以现钱贷给广大乡村民户，有剩余也可以贷给城市坊郭户。民户贷请时，须五户或十户结为一保，由上三等户作保，每年正月三十日以前贷请夏料，五月三十日以前贷请秋料，夏料和秋料分别于五月和十月随二税偿还，各收息二分。"

青苗法本质上是个人与国家的期权交易行为。个人可以选择是否向国家申请贷款，如果申请了贷款，其收益为秋收收入×(1-20%)，国家的收入为秋收收入×20%。值得一提的是，青苗法也类似于现在的普惠金融政策，选择权来源于个人，而不是国家强制性的。这个选择权非常重要，这类似于个人是利率期权的多头，国家是空头，个人觉得利率合适(市场利率大于20%)的时候向国家借钱，不合适的时候(市场利率小于20%)就不借。然而，非对等主体之间的交易是不具备自由意志的，特别是个人面对公权力的条件下。于是，各种强制贷款频出，导致了青苗法的失败。因此，请大家一定要理解市场经济必须是拥有自由意识的两个交易主体的交易行为，才能达到帕累托效率。即使青苗法制度设计得再好，如果不是两个交易主体的自愿行为，其最终效果也不尽如人意。这也是自由意志是社会主义市场经济的重要基石的原因。

资料来源：傅允生. 制度变迁与经济发展：王安石青苗法与免役法再评价[J]. 中国经济史研究. 2004.

第二节　期权的基本概念及功能

本节介绍期权的基本概念、特点、分类与功能，重点是期权的基本概念。

一、期权的基本概念

(一) 期权的概念与特点

前面介绍了期货合约的相关知识。在期货交易中，都要求交易双方在议定的合约价格和条件下完成交易。交易双方在他们接受了合约后都享有一定的权利，同时也必须履行相应的义务，即权利与义务是对称的。但是，如果一个市场参与者只想等待，以静观在未来某一时间买入或卖出某一资产是否有利时，他该怎么办呢？换句话说，市场参与者想得到在条件适宜时买入或卖出的权利，而不想承担相应的义务，而且要由该参与者自己决定是否行使这种权利。赋予这种权利的合约构成了期权的基础。

期权(option)，是指某一标的物的买卖权或选择权，它是交易双方签订的一种合约，它赋予购买者在某一特定的时期内按照某一特定的价格买进或卖出某一特定商品或合约的权利。这种权利是期权买进者拥有的一种权利，而非一种义务。

期权的概念是站在买方的角度考虑的，以后的很多概念将继续站在买方的角度定义，如看涨和看跌期权，实值、虚值和平值期权，权利的放弃等。

由期权的定义可以看出，期权合约的权利与义务具有非对称性。正是这一非对称性使得期权具有了自己的特点。其特点主要有：

(1) 买方要想获得权利必须向卖方支付一定的费用，即权利金。

(2) 期权买方取得的权利是在未来的。或在某一特定时间(欧式期权)，或在未来一段时间内(美式期权)。

(3) 期权买方在未来买卖的标的物是特定的。

(4) 期权买方在未来买卖的标的物的价格是事先规定好的(履约价格)。

(5) 期权买方可以买进标的物(看涨期权履约)，也可以卖出标的物(看跌期权履约)。

(6) 期权买方取得的是买卖的权利，而不负有必须买进或卖出的义务。买方有执行的权利，也有不执行的权利，自己可以灵活选择。

(二) 期权买方(option buyer or holder)

期权买方是指买进期权合约的一方，是支付一定的权利金而持有期权者。期权的买方也称为期权持有者。这里的买方是指买进期权合约的一方，而不一定是买进标的物的一方。买进期权为期权的多头(long)。买方拥有权利并为此支付权利金；仅承担有限的风险，却获得了巨大的获利能力。

(三) 期权卖方(option seller or writer、contractor)

期权卖方是指卖出期权合约的一方，从期权买方收取权利金，同时，在买方执行权利时相应地承担履约的义务。期权卖方也称期权出售者。卖出期权为期权的空头(short)。

在期权交易中买卖双方的权利义务是不对等的，而在期货交易中买卖双方的权利义务是对等的，都有必须履约的义务。在期权交易中，买方被赋予的只是买进或卖出的权利，而不赋予必须买进或卖出的义务，而卖方只有履约的义务没有不履约的权利，如果买方提出履约则卖方必须履约。对于以期货为标的物的期权来说，买方履约时，卖方的头寸会转为期货的头寸。

(四) 权利金(premium)

权利金即期权的价格，是期权买方为获得权利必须向卖方支付的费用。对卖方来说，它是卖出期权的报酬。实际上，权利金是期权交易中买卖双方竞价的价格。

权利金的重要意义在于，期权的买方可以把可能会遭受的损失控制在权利金金额的限度内；对于卖方来说，卖出一份期权立即可以获得一笔权利金收入，而并不需要马上进行标的物的交割，这是非常有利可图的。但它同时使卖方面临一定的市场风险，即无论标的物的价格如何变动，卖方都必须做好履行期权合约的准备。当然，卖方可以在被要求履约前将期权平仓。

权利金的高低取决于期权到期时间和所选择的履约价格等，且权利金是由买卖双方竞价产生的，因此权利金的定价在期权交易中是非常重要的。

(五) 履约价格(exercise price or striking price)

履约价格又称敲定价格、执行价格、行权价格，是期权执行时标的物交割所依据的价格。履约价格通常由交易所按一定标准以渐增的形式给出，它也是投资者在进行期权交易时必须选择的。履约价格在期权合约中载明。比如芝加哥期货交易所小麦期权合约规定：前两个月为5美分/蒲式耳；其他月份为10美分/蒲式耳。对于前两个月来说，其履约价格间距为5美分/蒲式耳，其他月份为10美分/蒲式耳。比如240美分/蒲式耳、250美分/蒲式耳、260美分/蒲式耳等都是履约价格，间距为10美分/蒲式耳。

履约价格的间距设计合理与否，决定期权交易活跃与否。间距过大则不利于策略的选择，权利金的成本也可能较高。比如，目前小麦期货价格为 790 元/吨，假若小麦履约价格间距为 60 元/吨，670 元/吨、730 元/吨、850 元/吨为履约价格，则买入履约价格为 730 元/吨的看涨期权权利金出价太高、买入 850 元/吨的看涨期权可能一定时间内根本无利可图，那么只有选择 790 元/吨的履约价格，这样就影响了各种策略对实值、平值和虚值的选择；如果间距过小，对于远期月份和期货不活跃的市场，履约价格的选择会过于分散，不利于成交市场的活跃。

(1) 履约价格的数量。每种期权有多少种履约价格，取决于该种期权标的物价格的波动幅度和合约时间长度。在合约挂盘时，交易所一般会先给出几个履约价格，然后根据价格波动适时增加。比如芝加哥期货交易所小麦期权合约规定：在交易开始时，公布 1 个平值期权、5 个实值期权、5 个虚值期权。

履约价格随着标的物价格的增加会不断增加，如果价格波动区间很大，就可能衍生出很多的履约价格。标的物价格波动越大，履约价格个数越多；合约运行时间越长，履约价格越多；合约月份越近，履约价格越多；价格波动越小，履约价格越少。价格波动很大的标的物，其期权的履约价格可能会多达 20 多种甚至更多。

(2) 履约价格的选择。交易所给出的履约价格有很多，投资者选择的一般原则是，在标的物价格附近选择或选择活跃的履约价格。当然，也可以选择深实值、实值、平值、虚值或深虚值，这要根据对后市的判断和交易策略来定。比如，你选择履约价格为 280 的看涨期权，然后再对权利金出价，比如 10 美分，如果不能成交而你又想成交，只可以提高权利金比如 12 美分等。

(3) 履约价格的作用。履约价格与标的物价格的差决定了期权的内在价值，同时履约价格是期权履约后转换为标的物的价格也就是期权履约后标的物的最终买卖价格。

二、期权的分类

在实际的期权交易中，交易者们从不同的角度对期权进行了各种分类。

(一) 看涨期权(call option)与看跌期权(put option)

期权从买方的权利来划分，可分为看涨期权(图 6-1)和看跌期权(图 6-2)。这两种期权是交易者在进行期权交易时所必须选择的。

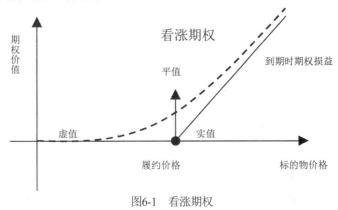

图6-1　看涨期权

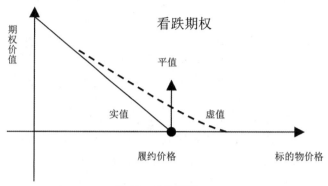

图6-2 看跌期权

看涨期权，是在到期日或到期日之前按照履约价格买进标的物(商品、股票、债券、指数或期货合约多头等)的权利。它又称为买权、买入期权、认购期权、延买期权、买方期权等，有的干脆称为涨权。看涨期权的定义是站在期权买方的角度出发的，其权利是对买方而言的。它是一种买的权利，买方只有在判断后市看涨时才会买进看涨期权。

【例6-1】假若目前是3月份，一投资者现在买进了一份5月份到期、履约价格为1180元/吨的小麦看涨期权合约，该合约就赋予期权的持有者以1180元/吨的价格购买小麦的权利，而不管今后市价如何上涨。如果价格下跌，则对其不利，他可以放弃期权，重新以更低的价格在市场上买进，或将期权平仓。

看跌期权，是在到期日或到期日之前按照履约价格卖出标的物(商品、股票、债券、指数或期货合约空头等)的权利。它又称为卖权、卖出期权、认沽期权、延卖期权、卖方期权等，有的干脆称为跌权。它是一种卖的权利，买方只有在判断后市看跌时才会买进看跌期权。

【例6-2】假若目前是3月份，一投资者现在买进了一份5月份到期、履约价格为1180元/吨的小麦看跌期权合约，该合约就赋予期权的持有者以1180元/吨的价格卖出小麦的权利，而不管今后市价如何下跌。如果价格上涨，则对其不利，他可以放弃期权，重新以更高的价格在市场上卖出，或将期权平仓。

(二) 欧式期权(European option)与美式期权(American option)

按履约时间划分，可分为欧式期权和美式期权。欧式期权和美式期权是交易所在合约设计时就已经规定的，不是投资者可以自由选择的，主要是告诉投资者何时可以履约。

欧式期权，是指期权合约的买方在合约到期日才能按履约价格决定其是否执行权利的期权。美式期权，是指期权合约的买方在合约的有效期内的任何一个交易日均可按履约价格决定是否执行权利的期权。

芝加哥期货交易所小麦期权合约规定：期权的买方可以在到期日之前的任意营业日执行权利，但须在芝加哥时间下午 6:00 之前向芝加哥清算公司提出。

【例6-3】芝加哥期货交易所农产品9月期权合约的到期日为8月24日，在此之前的任何时间均可执行权利。比如，在8月20日提前履约的有：小麦看涨期权209张，玉米看涨期权2272张、看跌期权7张，大豆看涨期权582张、看跌期权18张。

由于美式期权比欧式期权更灵活,因此也往往有更高的权利金。

(三) 实值期权(in-the-money)、平值期权(at-the-money)与虚值期权(out-of-the-money)

期权按履约价格与标的物的市价的关系划分,可分为实值期权、平值期权和虚值期权。交易者在交易时,结合履约价格与标的物的价格关系来考虑选择实值、平值或是虚值的期权,如表6-1所示。以下的概念都是站在买方的角度考虑的。

表6-1 实值期权、平值期权与虚值期权

	看涨期权	看跌期权
实值期权(ITM)	履约价格<标的物价格	履约价格>标的物价格
平值期权(ATM)	履约价格=标的物价格	履约价格=标的物价格
虚值期权(OTM)	履约价格>标的物价格	履约价格<标的物价格

(1) 实值期权:立即履约就能获利的期权。这里仅指履约价格与标的物价格的关系。对于看涨期权,是指标的物任一时点的市场价格比履约价格高的情况;对于看跌期权,是指标的物的任一时点的市场价格比履约价格低的情况。当市场的价格与履约价格相差相当大时,就称为深实值期权。

【例6-4】目前的期货价格是1200元/吨,履约价格为1180元/吨、以期货为标的物的看涨期权为实值期权;履约价格为1220元/吨的看跌期权是实值期权。

既然立即履约就能获利,那是不是买实值期权就很划算呢?不一定。【例6-4】中的实值部分(1200-1180=1220-1200=20元)一定会包含在权利金里面,由买方支付,这是买方的成本,相对来说比较高。既然成本高,买方为什么还要买进呢,这是期权权利金出价的学问。权利金是期权交易的关键。

(2) 平值期权:标的物的市场价格与履约价格相等或近似的期权。平值期权如果立即执行,将没有任何实质性价值。但是它却是交易最为活跃的一种类型,最具投机性。

【例6-5】目前的期货价格是1200元/吨,履约价格为1200元/吨的看涨期权和看跌期权均为平值期权。

(3) 虚值期权:立即履约会亏损的期权。对于看涨期权,是指标的物任一时点的市场价格比履约价格低的情况;对于看跌期权,是指标的物的任一时点的市场价格比履约价格高的情况。当市场的价格与履约价格相差相当大时,就称为深虚值期权。

【例6-6】目前的期货价格是1200元/吨,履约价格为1220元/吨、以期货为标的物的看涨期权为虚值期权;履约价格为1180元/吨的看跌期权是虚值期权。

既然立即履约就会亏损,那是不是没有人会买虚值期权呢?不是。【例6-6】中的虚值部分(1200-1180=1220-1200=20元)一定会在权利金出价时得以考虑,因为在经过一段时间后,它可能变为平值期权,进而变为实值期权,最终执行它时才会获利,所以其权利金会比平值和实值的都要低,从而对买方来说,其买进成本相对较低,低到多少才合适?这又是期权定价的问题。

对买进深虚值期权进行以下分析。此时,在看涨期权情况下,履约价格远远高于市场价格;

在看跌期权情况下，履约价格远远低于市场价格。这两种情况下，权利金是极低的，但如果价格波动性不大，则盈利的可能性极小。另一方面深虚值期权的卖出者必须知道，卖出此期权只能获得微小的权利金。同时，一旦价格大幅波动，卖出者却有承受巨大亏损的可能性。

一般情况下，买方只有在预测价格会大幅度波动时，才会使用深虚值期权(少出权利金)；卖方只有在预测价格只会小幅波动时，才会使用深虚值期权(轻松收取权利金，尽管少)。

【例6-7】 目前的期货价格是1260元/吨，履约价格为1250元/吨、以期货为标的物的看涨期权为实值期权；履约价格为1270元/吨的看跌期权是实值期权。

假若经过一段时间，期货价格跌为1250元/吨，则履约价格为1250元/吨的看涨期权变为平值期权；如果再跌到1240元/吨，则为虚值期权。而此时，履约价格为1270元/吨的看跌期权一直为实值期权。

假若期权价格上涨到1270元/吨，则履约价格为1270元/吨的看跌期权为平值期权；如果再上涨到1280元/吨，则该看跌期权变为虚值期权。而此时，履约价格为1250元/吨的看涨期权一直为实值期权。

(四) 现货期权与期货期权

按期权合约的标的物不同，可分为现货期权和期货期权。现货期权、期货期权是期权合约的标的物。

对于现货期权，采用实物交割，只需按履约价格交付合约商品即可。现货期权包括商品期权和股票期权、指数期权、利率期权、外汇期权等金融期权。

对于期货期权，履约的意义则是将期权合约转为期货合约；对于指数期权，像指数期货一样采用的是现金交割方式，期货期权主要包括商品期货期权、指数期货期权、利率期货期权、外汇期货期权。目前，金融期权是国际衍生产品的主流和趋势。

三、期权的功能

期权交易无论采取哪种具体方式，都存在买方和卖方。对期权的买方来说，期权交易最大的特点是风险有限，收益不确定，即期权的购买者最高损失限定在预先支付的期权权利金范围内；而对期权卖出者而言，其目的主要是以承担风险去获取一定的收益补偿，比如收取权利金。

(一) 期权的保值功能

风险是由价格的不确定性变动所引起的。所谓价格的不确定性变动，是指在未来某一时间，价格既可能发生有利的变化，也可能发生不利的变化。如果价格发生有利的变化，人们将获得意外的收益，反之，将会遭受损失。因此，所谓风险较大，是指人们获得意外收入的可能性与遭受意外损失的可能性都较大。这种风险，称之为"对称性风险"。当标的物面临着风险时，可以在期权市场上支付一定的期权费购买一种期权进行套期保值。这实际上是将"对称性风险"转化为"非对称性风险"。也就是说，在利用期权进行套期保值时，若价格发生有利的变化，则套期保值者可以通过执行期权来避免损失；若价格发生不利的变化，套期保值者又可以通过放弃期权来保护利益。因此，人们通过期权交易，既可避免价格的不利变动所造成的损失，又可在相当程度上保住价格的有利变化所带来的收益。由此可以看出，对期权购买方而言，购买某种商品或合约的期权，实际上可以看作是对商品或合约价格波动的保险业务。

(二) 期权的投机功能

一般而言，交易客户只有在与其相关的期货价格仅出现小幅度波动或略有下降的情况下才会卖出看涨期权；只有在与其相关的期货价格会保持平稳或略有上升的情况下才会卖出看跌期权。卖出看涨期权和看跌期权的目的都只有一个，就是赚取期权权利金。对于看涨期权的卖方来说，他们最惧怕出现这样的情况：相关期货价格上涨至足以使期权买方履约的水平，或者说相关期货价格的上涨，吞没掉所得到的权利金。对于看跌期权同理。

(三) 期权的价格发现功能

同期货一样，期权也具有价格发现功能。原因在于期权价格具有以下的特点。

(1) 期权交易的透明度高。期权市场遵从公开、公平、公正的原则，交易指令在高度组织化的期权交易所撮合成交。交易所内自由报价、公开竞争，避免了一对一交易中容易产生的欺诈和垄断。

(2) 期权交易的市场流动性强。期权交易的参与者众多，这些套期保值者和投机者通过经纪人聚集在一起竞争，市场流动性大大增强，从而有助于价格的形成。

(3) 期权交易的信息质量高。期权价格的形成过程是收集信息、输入信息、产生价格的连续过程，信息的质量决定了价格的真实性。期权交易的参与者大都有丰富的经营知识、广泛的信息渠道，以及一套科学的分析、预测方法，他们把各自的经验、方法和信息带到市场上来，这样形成的价格反映了大多数人的预测，具有权威性，能够比较真实地代表供求的变动趋势。

(4) 期权价格的公开性。期权交易所的价格报告制度，规定在交易所中达成的每一笔新交易的价格，都要向会员及其场内经纪人及时报告并公布于众。通过发达的传播媒介，交易者能够及时地了解市场的交易情况和价格变化，及时对价格的走势做出判断，并进一步调整自己的交易行为。这种价格预期的不断调整，使得期权价格更加真实地反映了市场供求状况。

(5) 期权价格的预期性和连续性。一方面，期权合约包含的远期成本和远期因素必然可以通过期权价格反映出来，期权价格能够反映出众多的买方和卖方对于未来价格的预期。另一方面，期权价格是不断地反映供求关系及其变化趋势的一种价格信号，期权合约的转手买卖相当频繁，这样连续形成的价格能够连续不断地反映市场的供求及其变化(实际上提供了标的物资产的价格波动性信息)。

第三节　标准化的期权合约

标准期权是一种金融合约，这一合约赋予其持有人在既定的时点以既定的价格出售或买入标的资产的权利。

在期权交易中，期权合约的内容与相关期货合约的内容相似(重点讲述期货期权)，主要包括交易单位、最小变动价位、履约价格间距、每日价格波动范围、合约月份、交易时间、最后交易日、到期日等。

(一) 期权合约的标的

期权合约的标的各式各样，以交易对象划分，可以分为现货期权和期货期权。现货期权在买方执行权利后，便进行现金和标的物的交换。现货期权以股票、债券等证券为标的物的较多，现在事实上不可能进行实物交换的股指期权交易也十分活跃。

另一方面，以期货为标的物的期权是从期货交易派生出来的。通过执行权利，看涨期权的买方成为期货的买方(看涨期权的卖方成为期货的卖方)；看跌期权的买方成为期货的卖方(看跌期权的卖方成为期货的买方)。在欧美，谷物、原油、有色金属、黄金等非金融商品期货的期权交易非常活跃。在日本，美国大豆、砂糖、黄金等商品期权及东京证券交易所的债券期权都是期货期权。

(二) 期权合约的标准化

在交易所上市的期权，除了执行期限(美式期权由交易者自由选择)、履约价格(由交易者自由选择)、权利金金额(竞价产生)外，其他所有的条目都是规定好的，称之为标准化。市场参与者按照交易所制定的合约进行期权交易。

(三) 交易单位

交易单位即交易的最小单位，一个买卖单位称之为一张或一手。期权交易单位与期货合约的相同。例如，芝加哥期货交易所的小麦期权合约为一张5000美分/蒲式耳。

(四) 最小变动价位

最小变动价位是买卖双方在出价时，权利金变动的最低单位。期权合约的最小变动价位一般小于相关期货合约的最小变动价位，大多为期货合约的一半。如芝加哥期货交易所的小麦期权合约为1/8美分/蒲式耳。

(五) 合约月份

合约月份是期权合约的交易月份，这与期货合约相同。比如芝加哥期货交易所的小麦期权合约为3、5、7、9、12月，与对应的期货合约相同。

(六) 履约价格间距

一般近期月份合约的间距较小，远期月份的间距较大。低区域履约价格的合约的间距较小，高区域的履约价格的合约的间距较大。如芝加哥期货交易所的小股票期权合约：履约价格在5～25之间为2.5个点；25～200之间为5个点；200之上为10个点。

(七) 每日价格波动范围

每日价格波动范围也叫涨跌停板。大多数交易所限定了商品期货合约价格在某一天中的波动范围。必须强调的是，并非所有的期权合约都有日波幅限制，并且：

(1) 如果有波幅限制，它们可能在到期日或交割之前的某个时间被取消。
(2) 如果没有波幅限制，在某些情况下交易所可以设置浮动范围。客户必须完全了解期货和期权的有关规则。

每日价格最大波动限制与相关期货合约相同：期货有限制，期权有限制；期货没有限制，期权也没有限制。

(八) 最后交易日

最后交易日即能够进行期权交易的最后日期，各月份的期权交易在此日终了。如芝加哥期货交易所小麦期权合约为距相关小麦期货合约第一通知日至少5个营业日之前的最后一个星期五。

(九) 到期日

到期日是指能够执行权利的最后日期，如芝加哥期货交易所小麦期权合约为最后交易日之后的第一个星期六上午10点(芝加哥时间)。超过这一天，期权合约自动作废，买方的权利也随之作废。

期权的到期日通常是规定在相关期货合约月份前一个月的某一天。例如，一份7月份到期的期权合约，实际到期日则是6月份的某一天，但仍称作是7月期权，因此在7月交易所内就不会再有7月期权的合约买卖，这是为了让期权的卖方在买方要求履约而使双方各自建立期货部位时，还有一定时间能在期货市场进行反向的期货合约对冲，避免双方出现无法进行实物交割的情况。

近些年，一些交易所推出了连续期权(serial options)，即不同到期日的期权具有相同的标的合约，当期货合约没有与期权同样的到期月份时，期权的标的合约就是期权到期后的最近期期货合约。比如芝加哥期货交易所小麦期权合约月份为7、9、12月及次年3、5月；当前一月份不是一个标准期权合约时，则增加一个月(连续)期权。该月期权合约履约时期权头寸会转移到最近的期货合约上，比如，8月期权履约时，头寸进入9月的期货合约部位。

(十) 权利执行日期

权利执行日期是买方执行权利的日期。如伦敦金属交易所欧式期权的权利执行日期为每月第一个星期三(期权宣布日)的伦敦时间上午11点以前。而东京工业品交易所，美式黄金期权的权利执行日期为从交易开始日至最终交易日的时间。

表6-2、表6-3和表6-4分别展示了郑州商品交易所硬冬白小麦期货期权合约，堪萨斯硬冬红小麦期货期权和香港恒生指数期权合约的简介。

表6-2 郑州商品交易所硬冬白小麦期货期权合约

交易单位	一手10吨的硬冬白小麦期货合约
报价单位	元(人民币)/吨
最小变动价位	1元/吨
每日价格最大波动限制	与硬冬白小麦期货合约相同，不超过上一交易日硬冬白小麦期货合约结算价±3%
执行价格	在硬冬白小麦期权交易开始时，将以20元/吨的整倍数列出以下执行价格：最接近相关硬冬白小麦期货合约前一天结算价的执行价格(位于两个执行价格之间的，取其中较大的一个)，以及高于此执行价格的3个连续的执行价格和低于此执行价格的3个连续的执行价格
执行价格间距	20元/吨

(续表)

合约月份	1、3、5、7、9、11 月
交易时间	与硬冬白麦期货合约相同
最后交易日	合约月份前一个月第 5 个交易日
合约到期日	同最后交易日
交易手续费	1 元/手(含风险准备金)
交易代码	买权(CW)；卖权(PW)
上市交易所	郑州商品交易所

表6-3 堪萨斯硬冬红小麦期货期权合约

Underlying Asset	One KCBT hard red winter wheat futures contract
Price Quotation	Dollars, cents and 1/8-cents per bushel
Minimum price Fluctuation	1/8 cent ($6.25 per contract)
Maximum Daily Price Fluctuation:	Same as underlying futures
Listing of Strikes	New strikes are listed to maintain 30 above and 30 below the at-the-money strike in increments of 10 cents
Strike Price Intervals	Integral multiples of 10 cents per bushel
Delivery Months	Serial
Trading Hours	9:30 a.m. to 1:25 p.m., Central time
Last Trading Day	The Friday at least two (2) business days before first notice day for wheat futures
Exercise	Any time prior to expiration by giving notice to the KCBT Clearing Corp. by 4:00 p.m., Central time, on any trading day up to and including the last trading day
Automatic Exercise	Yes
Ticker Symbol/ Quotation Symbol	Calls: HC.　Puts: HP
Speculative Position Limits	Combined with wheat futures for a net long or net short futures- equivalent maximum of: Spot Month*　　　Single Month　　　All Months 600 contracts　　　5 000 contracts　　6 500 contracts
The Marke	Kansas City Board of Trade

表6-4 香港恒生指数期权简介

Contract Multiplier	HKD 50 per index point
Contract Months	Short-dated Options Spot Month, the next two calendar months, the next three calendar quarter months Long-dated Options The next five months of June and December
Trading Hours	09:45—12:30 and 14:30—16:15 HKT
Trading Hours on Expiry Day	09:45—12:30 and 14:30—16:00 HKT

(续表)

Option Premium	Quoted in whole Index points	
Contracted Value	Option Premium x HKD 50	
Strike Price	index point	Intervals
	Short-dated Options	
	At or above 2 000 but below 8 000	100
	At or above 8 000	200
	Long-dated Options	
	At or above 8 000 but below 12 000	400
	At or above 12 000 but below 15 000	600
	At or above 15 000 but below 19 000	800
	At or above 19 000	1,000
Exercise Style	European Style options which may only be exercised on Expiry Day	
Official Settlement Price	Average of quotations of the Hang Seng Index taken at five minute intervals during the Expiry Day	
Minimum Fluctuation	1 index point	

第四节 期权交易

期权交易是一种权利的交易。在期货期权交易中，期权买方在支付了一笔费用(权利金)之后，获得了期权合约赋予的、在合约规定时间按事先确定的价格(执行价格)向期权卖方买进或卖出一定数量期货合约的权利。

一、期权交易指令

期权合约包括很多条款，投资者在下单时须将每一项条款看清楚。这些条款包括：①开仓交易或平仓交易；②买进或卖出；③履约价格；④合约月份；⑤标的物；⑥看涨期权或看跌期权；⑦合约数；⑧权利金；⑨指令方式。

当某位客户发出一项指令，买入或卖出一份期权合约，经纪公司接受指令，并将其传送到交易所大厅内，由出市代表执行该指令。当然，亦可通过远程交易系统直接将指令下达到交易所的主机撮合系统。

一项指令一般需包括以下内容：①市价或现价(权利金)；②买入或卖出(开仓或平仓)；③数量；④合约到期月份；⑤履约价格；⑥标的物(如小麦期货、大豆期货、股票、股票指数等)；⑦期权种类(看涨期权或看跌期权)；⑧有保护或无保护(如果交易所有此规定)。

【例6-8】客户甲第一次进行小麦期权交易，但他认为小麦价格将上涨，则发出了如下指令：以市价买入(开仓) 10张3月份到期履约价格为1200元/吨的小麦看涨期权。

投资者发出指令时,最关键的是对履约价格的选择和权利金的出价。履约价格的选择要看投资者对后市的判断,以及对实值、平值和虚值期权的运用;权利金的出价,对投资者的损益至关重要。在国外期权发展中,总结出了许多模型计算公式,将在后面对其加以介绍。

二、撮合与成交

期权交易与期货交易一样,按照价格优先、时间优先的原则,由计算机进行撮合"成交"。同品种、同履约价格、同一到期月份,期权买方所出权利金高者、时间早者优先成交,期权卖方愿意接受的权利金低者、时间早者优先成交。

【例6-9】客户甲发出指令:
以市价买入(开仓)10手3月份到期履约价格为1200元/吨的小麦看涨期权。
客户乙发出指令:
以20元的权利金卖出10手3月份到期履约价格为1200元/吨的小麦看涨期权。
那么甲、乙的指令通过计算机就会成交。
如果甲出价20元,而乙出价24元,则两者不会成交;如果甲先出价24元(买方所出权利金高,时间早者),乙后出价20元,则二者会以24元的价格成交;如果乙先出价20元(卖方愿意接受的权利金低者,时间早者),甲后出价24元,则两者会按20元的价格成交。
当然交易所也可能规定买卖报价要与前一成交价比较,正如我国的期货交易所的期货交易撮合交易原则一样。

三、对冲平仓

(一) 对冲平仓的办法

期权的对冲平仓与期货一样,都是将先前买进(卖出)的合约卖出(买进),只不过期权的报价是权利金。

【例6-10】客户甲以20元/吨的权利金买入10手3月份到期的履约价格为1200元/吨的小麦看涨期权。
如果小麦期货价格上涨,那么权利金也上涨,比如上涨到30元/吨,那么客户甲发出如下指令:
以30元/吨卖出(平仓)10手3月份到期履约价格为1200元/吨的小麦看涨期权。
对于看涨期权的买方来说,要通过对冲了结其在手的交易部位,唯一的办法是再卖出一张同样内容的看涨期权合约。反过来说,如果该买方买进的是一张看跌期权合约,为对冲其在手的交易部位,就必须卖出一张同样内容的看跌期权合约才能予以平仓,以了结其所做的期权交易。对于期权的卖方来说,也是如此。假如某期权的卖方想对冲其在手的空头期权交易部位,那么,他必须以同样的履约价格和到期日买进一张内容相同的期权合约。

【例6-11】2020年3月5日某投资者卖出芝加哥期货交易所小麦9月份履约价格为850元/吨的

看跌期权,权利金为33元/吨。到3月13日,该期权的权利金上涨到40元/吨,该投资者预计权利金价格仍会上涨,则于当日将期权平仓,平仓价为40元/吨,则亏损7元/吨(40-33=7)。

【例6-12】同样,3月5日某投资者买进芝加哥期货交易所小麦9月份履约价格为850元/吨的看跌期权,权利金为73元/吨。到3月13日,该期权的权利金下跌到61元/吨,该投资者预计权利金价格仍会下跌,则于当日将期权平仓,平仓价为61元/吨,则亏损12元/吨(73-61=12)。1张合约(136吨)亏损1632元,如果做10 000张,则亏空1632万元。

(二) 对冲盈亏原则

期权的对冲盈亏原则与期货一样,也是卖价减去买价(不管是看涨期权还是看跌期权),正为赢,负为亏。(这里没有考虑交易手续费和佣金。)

进行期权交易,大多数投资者选择对冲交易,而非利用执行权利的方式来获取利润或限制损失。将先前所买进的期权合约予以了结,并不涉及标的期货合约的取得问题,也没有期货合约的保证金问题。买方若执行期权权利,便会取得标的期货合约的多头或空头部位,同时要交付期货保证金,也会承担相当大的价格风险。对于卖方,可以在履约前将卖出的期权平仓,这样就可以避免履约。当然,能够平仓与否还要看市场的活跃程度。

四、交易成本

期权交易的成本除了权利金和保证金,还包括:交易所收取的手续费、经纪公司所收取的佣金、税金、风险基金等。佣金可以由经纪公司确定一个具体的收费标准,也可以由每笔委托的买卖合约数、单价、总成交金额而定。

影响期权佣金费用高低的因素包括:交易量、期权合约、距到期日前剩余时间、权利金成本等。大部分佣金都是由交易所和经纪公司决定的,许多机构投资者(特别是做市商)因交易量大,因此可得到较低的佣金标准。

到期而没有履约的期权,一般不收取佣金。

五、期权交易风险

(一) 价格变动风险

(1) 卖出看涨期权而没有相应的标的物多头,一旦标的物的市场价格高于期权的履约价格,它将损失市场价格与履约价格之差高于权利金的部分;反之,卖出看跌期权则相反。

(2) 卖出看涨期权而拥有标的物多头,将承受的风险是其标的物头寸由于价格下降而产生的损失减去应收到的权利金;反之,卖出看跌期权则相反。

(3) 卖出看涨期权而拥有标的物多头,收取了权利金,但是期权卖出者放弃了潜在的由于相应的标的物价格上涨高于履约价格的盈利(期权被执行或到期);反之,卖出看跌期权则相反。

(二) 对冲风险

交易机制的设计是为买卖者提供了一个买卖期权且有竞争性和连续性的市场。虽然每个交易所的交易系统都是为了让期权交易具有流动性而设计的,但投资者必须认识到,没有任何规则可以保证在任何时间、地点的条件下,某一特定的期权合约可以进行对冲。

(三) 保证金风险

为了实现其潜在的利润,期权买方需要执行其权利,也将面临与期货相关的所有风险(相应的期货合约保证金的要求、价格变动)。

(四) 权利执行风险

如果期权对应的是实物商品,则还需要支付所有的成本和承受拥有实物的全部风险。在期权过期或卖出期权者收到买进者执行期权的通知书之前,期权卖出者不能解除其责任。由于期货市场的涨跌停板或缺乏流动性等原因,客户有可能执行期权权利,但却无法对冲其期货头寸。

第五节　期权交易的优势与劣势

在本节,将介绍期权交易的优势和劣势。其优势和劣势是相对其他的衍生工具交易而言的。所以,我们首先对期权交易与期货交易进行一番比较。

一、期权交易与期货交易的比较

期权交易与期货交易之间既有区别,又有联系。

(一) 期货交易与期权交易的联系

(1) 从交易特点来看,两者均是以买卖远期标准化合约为特征的交易。

(2) 从时间上看,先有期货市场,而后才有期权交易的产生。期货市场的发展为期权市场的产生和发展奠定了基础,期货市场的发展成熟和规则完备为期权市场的产生发展创造了条件。反过来,期权交易的产生和发展为投机套利者、套期保值者防范价格风险提供了更多可供选择的工具,进一步丰富了期货市场的交易内容。

(3) 在价格关系上,期货市场价格对期权交易的履约价格及权利金的确定均有影响。一般来说,期权交易的履约价格是以期货合约所确定的远期买卖同类商品的交割价为基础的,而两者价格的差额又是确定权利金的重要依据。

(4) 从交易机制上看,期货交易可以买空卖空,交易者不一定进行实物交割,期权交易同样可以买空卖空。

(5) 从交易方式看,两者均可以对冲平仓。期权买方不一定要实际执行权利,只要有利,也可以把权利转让出去。卖方也不一定非履约不可,可在期权买入者尚未执行权利前,通过买入相同期权的方法来解除他原先承担的责任。

(6) 从履约部位来看,标的物为期货合约的期权,履约时买卖双方会得到相应的期货部位。

(二) 期货交易与期权交易的区别

(1) 买卖双方的权利义务不同。期货交易是对称性的风险收益机制，期货合约的双方都赋予了相应的权利和义务，即带有强制性。如果想免除到期时履行期货合约的义务，必须在合约交割期到来之前进行对冲，而且双方的权利义务只能在交割期到来时才能执行。期权交易是非对称性的风险收益机制，期权合约赋予买方在合约有效期内买进或卖出的权利。当买方认为市场价格对自己有利时，就执行其权利，要求卖方履行合约；当买方认为市场价格对自己不利时，他可以放弃自己的权利，而不需要征求期权卖方的意见，其损失不过是买进期权时支付的权利金。可见，期权合约对买方是非强迫性的，买方有执行的权利也有放弃的权利；而对期权卖方具有强迫性。对美式期权，买方可以在期权有效期内任何一个交易日要求履约，而对欧式期权只能在到期日才能要求履约。

(2) 交易内容不同。期货交易是在未来支付一定数量和等级的实物商品或有价证券；而期权交易的是权利，即在未来某一段时间内按照规定的价格买卖某种标的物的权利。

(3) 交割价格不同。期货交割价格在到期前是一个变量，这个价格由市场上所有参与者对该合约标的物到期日价格的预期形成，交易各方关注的焦点就在这个交易价格上；而期权到期交割的价格是执行价格。

(4) 交割方式不同。期货交易的商品或资产，除非在未到期前卖掉期货合约，否则到期必须交割；而期权交易在到期日可以不交割，致使期权合约过期作废。

(5) 保证金规定不同。在期货交易中，交易所规定买卖双方都要缴纳一定数量的保证金。而在期权交易中，期权的买方不需缴纳保证金，因为他的最大风险是权利金，所以只需交纳权利金；但卖方必须存入一笔保证金。每场交易结束后，清算机构要根据市场价格变动情况及时对期权卖方的交易进行盈亏计算调整。若市价出现不利于卖方的转变时，卖方将被要求必须在下一日开盘前追加保证金，以维持其在手的持仓部位。

(6) 价格风险不同。在期货交易中，交易双方所承担的价格风险都是巨大的。而在期权交易中，期权买方的亏损是有限的，不会超过权利金，而盈利可能是巨大的；期权卖方的亏损可能是巨大的，而盈利则是有限的(仅为权利金)。

(7) 获利机会不同。在期货交易中，做套期保值就意味着保值者放弃了当市场价格出现对自己有利时获利的机会，做投机交易则意味着既可能获厚利也可能损失惨重。但在期权交易中，由于期权的买方可以执行其买进或卖出期货合约的权利，也可以放弃这一权利，所以对买方来说做期权交易的盈利机会就会比较大。如果在期货交易中配合使用期权交易，无疑会增加盈利的机会。

(8) 合约种类数不同。期货价格由市场决定，在任一时间对于同一种期货标的只能有一种期货合约价格，故在创造合约种类时，仅有交割月份可供变化。期权的履约价格虽由交易所决定，但在任一时间可能有多种不同履约价格的合约存在，再搭配不同的合约月份，便可产生数倍于期货合约种类数的期权合约；最后，又由于权利义务的不对称而形成看涨期权和看跌期权。

二、期权的优越性

期权对买方与卖方两方面的优越性如下。

(一) 期权交易对买方的优越性

(1) 期权交易能预见和控制风险。期货交易在保证金要求方面十分严格,买卖双方均需缴纳保证金。当初始保证金损失后,如不了结交易还需追加保证金;并且期货交易控制风险的作用十分有限。在期权交易中,其风险防范功能很强,买方不需要缴纳保证金,只需交少量的权利金(相当于保证金),其风险是可以预见的,至多为权利金的损失。

(2) 期权交易有更强的金融杠杆功能。金融杠杆功能是指在投资市场上投入资金与标的物之间的比例。期权的金融杠杆功能远大于期货,它最能体现以最小的投入获取最大效益的原理。国内期货交易要交期货合约价值 5%的保证金,而期权交易买方只交权利金。比如,一张期货合约为 3 万元,若保证金为 5%,则 1500 元可以买一张期货合约,就可以进行 3 万元的交易,杠杆率为 20 倍。他若买进期权合约,比如每张权利金为 150 元,则同样 1500 元可买 10 张期权合约,价值 30 万元,是期货的 10 倍(平值时杠杆率约为 0.5×30 万/1500=100 倍)。越是虚值期权,杠杆作用越明显,这足以说明期权交易比期货交易具有更强大的杠杆作用。正是由于存在这种杠杆作用,所以能吸引更多的保值者及投机者。

(3) 期权交易能有效地稳定期货市场。期权交易能够帮助机构和个人投资者达到风险管理的目的,使他们能够在各种市场条件下运用各种交易策略,应对几乎任何一种可以想象到的市场变化。运用期权丰富的交易策略和期权买方只需交付权利金的优势,期权交易有利于抑制期货市场的任何大幅度波动,有利于投资者投资心态的稳定,有利于期货交易持续力的增强。

(4) 期权交易更利于套期保值。现货商可以利用期权进行套期保值,既节约成本又可以获得价格有利变化时的利益保证。期货投机商也可以利用期权为期货部位规避风险。美国农业部 1993 年在玉米、小麦、大豆上进行的套期保值实验就利用了期权,由此可见,进行期权交易更利于订单农业的实施。

(二) 期权交易对卖方的优越性

尽管期权交易过程中卖方处于配角地位,是承担责任、履行义务的一方,但期权交易的卖方也不是无利可图的,他之所以愿意卖出权利,是因为权利的卖出能给他带来以下好处。

(1) 收取权利金。在期权交易中,买方向卖方付出的期权合约权利金是不退回的,无论买方是执行还是放弃期权,是盈利还是亏损,都如此。因此,权利金是期权卖方的稳定收入。另外,期权合约的权利金数额也是可观的。在澳洲,6 个月期权的权利金,为股票价格的 10%~15%,卖方的年收益率可达 20%~30%。在美国,6 个月期权的权利金,为股票价格的 5%~15%,卖方的年收益率可达 10%~30%。可见,权利金能给期权卖方带来可观的收入。

(2) 履行合约的机会少。没有做过期权交易的人往往以为在期权交易中卖方承担的风险巨大,而认为没有人愿意充当卖方。其实,在期权市场上,真正执行期权的买方并不多,很多期权没有被实际执行,买方放弃了这一权利。据美国芝加哥期权交易所统计,有 3/4 以上的期权没有被执行。造成这种情况的原因有多种,例如,市场行情朝着卖方预测的情况发展或出现卖方平仓获利更多的情况、过期作废的情况、买方无经济能力执行权利的情况。

(3) 在一定程度上利用期权保值。期权合约的卖方也可能通过卖出期权而对自己拥有的商品或资产进行保值。这与买方刚好相反,买方是通过买进期权而进行保值。比如一卖方拥有每股 40 元的某种股票 100 股,他并不想将此股票卖掉,但又担心股票下跌,此时他可以卖出 100

股这种股票的看涨期权,履约价格为 40 元/股,权利金为 4 元/股,卖出这份期权合约后,他就对自己所拥有的 100 股股票进行了保值。因为在期权有效期内,如果股价下跌,但下跌不超过 4 元,则可以从卖出期权的权利金中得到补偿;若下跌 4 元,则不盈不亏;若下跌超过 4 元,那么他从权利金收入中得到部分补偿。如果市价上涨,他卖出看涨期权的损失可通过股票的盈利来补偿。

三、期权交易的缺点

尽管期权买方的损失是有限且已知的,但损失始终是损失,而且一系列有限损失凑到一起,就成了一大笔损失。有限的风险并不意味着交易者不会亏损,只意味着他事先知道损失。正是期权的有限风险性会诱导交易者产生错误的安全感,并因此忽略对市场的观察。

另一个值得注意的方面是,在期权交易中要想履约获利,需要价格的变动足以弥补支付的权利金或佣金。这样,对期货交易者有利的价格小幅度变动可能不会给期权买方带来收益。

期权交易的另一个缺点是高佣金额。由于期权交易者长期持有头寸,个人账户中的交易量不大,所以经纪公司往往会对期权买方收取较高的佣金。

第六节 期权履约

期权履约包括两种情况:其一,如果标的物为现货,则买方行使权利后,要么现金结算,要么实物交割;其二,如果标的物为期货,则买方行使权利后,买卖双方的期权部位会转换成期货部位。期权履约从理论上说,虽然在到期日之前履约的机会不多(美式期权),但还是有可能发生的,因此应注意自己的头寸管理。同时,履约也有一定的风险,交易所也会对履约头寸有所限制。本节重点在于要熟练掌握期权履约后的部位转换。

一、履约程序

(一) 权利的行使与义务的履行

权利的行使是相对于买方来说的,义务的履行是相对于卖方来说的,两者的这种行为称之为履约。

对于一般的现货期权,采用实物交割,只需按履约价格交付商品;对于期货期权,履约的意义则在于将期权合约关系转化为期货合约关系,由此会带来交易双方部位、财务上的一系列变化;对于指数期权,则采用现金交割方式。

美式看涨期权或看跌期权的买方在到期日之前可以行使权利。看涨期权情况下,可将期权转化成多头标的部位;看跌期权情况下,转换为空头部位。例如,行使履约价格为 1200 元/吨的 11 月小麦期货看涨期权的交易者获得了 1200 元/吨的 11 月份小麦期货合约多头部位;行使履约价格为 1300 元/吨的 3 月小麦期货看跌期权的交易者获得了 1300 元/吨的 3 月份小麦期货合约空头部位。具体的交易流程如图 6-3 所示。

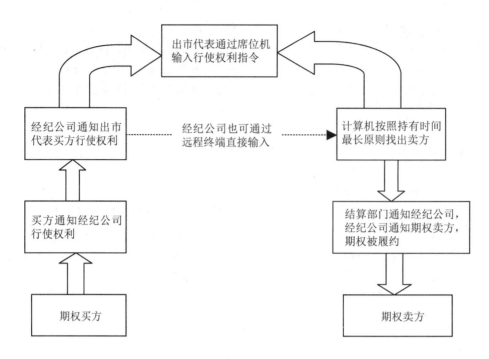

图6-3 期权交易流程图

(二) 履约机会

理论上讲,期权行使的机会很小,只有深实值期权由于市场流动性差,不易平仓,不得不通过行使权利实现部位转换,并将部位了结。同时,对于一些套期保值者,以及其他需求者,也会要求执行或被要求履约。履约的数量相对于交易量和持仓量来说,虽然不大,但还是会发生的。

二、期权履约的方法

(一) 期权执行

期权合约的了结方式有三种:第一种是对冲平仓,前面已经讲过;第二种是行使权利;第三种是放弃权利。在期权合约有效期内,虽然任何交易者,不管是买方还是卖方,均可通过反向买卖期权合约进行对冲,但是只有期权买方才有权要求履行合约、行使买进或卖出的权利。

(1) 期权履约后部位的转换。一旦看涨期权或看跌期权的买卖双方履行了期权合约,标的物为期货合约的期权交易双方在期权合约中的交易部位就转换为相关的期货合约中的交易部位。当买卖双方履行了看涨期权合约之后,买方买进一定数量的相关标的期货合约,因而在期货市场上处于多头期货部位。而卖方则是卖出一定数量的相关标的期货合约,因而在期货市场上处于空头期货部位。在履行了看跌期权合约之后,情况正好相反,买方处于空头期货部位,卖方处于多头期货部位,如表6-5所示。

表6-5 买卖双方在履行期权合约后所处的期货部位

	看涨期权	看跌期权
买方承担	多头期货部位	空头期货部位
卖方承担	空头期货部位	多头期货部位

【例6-13】8月19日，芝加哥期货交易所9月份小麦期货价格为1061元/吨，履约价格为790元/吨、820元/吨、850元/吨、880元/吨、910元/吨、940元/吨、970元/吨的看涨期权均为深实值期权，且当日没有交易，该日该期权就有107张的买方要求行使权利。

实值期权履约时，期权的卖方持有的相反期货部位将有内在损失。但是，这并不意味着期权卖方必然遭受净损失，因为卖出期权所收的权利金也许会大于履约时卖方期货部位的损失。

【例6-14】假若大豆生产商卖出大豆期货的看涨期权，履约价格为2000元/吨，收取30元/吨的权利金。当期货价格上升到2020元/吨以上时，看涨期权可能要被执行。卖方将以2000元/吨的履约价格获得空头期货部位，由于现行期货价格为2020元/吨，所以它处于空头期货部位将有20元/吨的亏损(2000-2020)。但是，这笔亏损由于小于他卖出期权所收到的30元/吨的权利金，所以他仍然有10元/吨的盈利。他可以通过买进相同的期货合约来结清空头期货部位应获得的利润。

【例6-15】8月6日，某投资者买进芝加哥期货交易所9月份履约价格为330美分/蒲式耳的小麦期货看涨期权，权利金为$15\frac{4}{8}$美分/蒲式耳。到了8月19日，期货价格为$349\frac{2}{8}$美分/蒲式耳，该看涨期权权利金为$19\frac{2}{8}$美分/蒲式耳。如果执行权利，则可以净获利($349\frac{2}{8}-330-15\frac{4}{8}=3\frac{6}{8}$)；如果平仓，则获利($19\frac{2}{8}-15\frac{4}{8}=3\frac{6}{8}$)。平仓与执行权利的利润相等，两种选择都可以。如果当日无交易，则可选择执行权利；如果有成交，则平仓更方便。当然，除非投资者执行权利有其他用途，否则，还是能平仓则平仓。因为行使权利还有下面的风险。

(2) 行使权利时面临的风险。在到期日之前的任何交易日，买方都可以执行权利(美式期权)。如果投资者执行权利并且接受相应的期货合约，他将承受全部的风险并接受保证金的要求。如果投资者接受实物商品，他将承担拥有实物商品所带来的成本及其全部风险。经纪公司一般要求客户预先通知其执行权利的意向，并征收执行权利的费用和对冲其相应的期货头寸或实物商品头寸的佣金与费用。

价格风险：当投资者计算目前的期货价格与履约价格的关系时，可能是获利的，但是权利行使后是否能平仓或平仓价格合适与否，都是不确定的。当相应的期货价格涨跌停板时，期权及其相应的期货合约的正常关系将不再存在。由此执行期权而造成的相应期货头寸可能难以对冲。另外，等投资者平仓时，可能期货价格又发生了对投资者不利的价格变动。

保证金风险：投资者在买进期权时，只交了少量的权利金，而执行后要按期货要求缴纳保证金。

头寸风险：要注意期权的头寸限制与期货的头寸限制是否一致，若期权客户可以持有1000手，而期货只可以持有500手，则一旦履约，投资者的持仓就超过规定，就需要将多余的头寸平仓。

注：买方提出要行使权利后，交易所按照持有时间最长的原则，找出卖方。买卖双方的部位转移到期货后，一切按期货原则进行。如果买方还要进行现货交割，则按期货原则重新配对。

(二) 期权执行与履约限制

对于任何一个公司的股票而言，都可以创造出数量巨大的期权合约。为了防止投机者操纵市场，交易所会对每个投资者的持仓量进行一定的限制。

(1) 持仓限制。美国证券和交易所委员会规定：任何采取一定行动的个体和组织不得在同一标的证券市场中单边持有超过 8000 手期权合约。市场上存在两种交易方向：买入(多头)和卖出(空头)，这里的多头、空头是指期权履约后，标的部位的买卖方向。

多头持仓 = 买入看涨期权的持仓 + 卖出看跌期权的持仓

空头持仓 = 卖出看涨期权的持仓 + 买入看跌期权的持仓

任何同种证券的期权头寸，如通用电子股票，都不得在任何方向超过 8000 手合约。例如，表 6-6 所示的持仓量将不会违反这项规则：

表6-6　通用电子股票持仓量示例

多头	空头
买入看涨期权 5000 手	买入看跌期权 5000 手
卖出看跌期权 3000 手	卖出看涨期权 3000 手
共计 8000 手	共计 8000 手

虽然全部的交易量为 1.6 万份合约，但任何一个方向均未超过允许的 8000 手合约的限额。毕竟通用电子股票价格不可能同时上涨和下跌，因此在特定的时间，价格只有其中一个方向上的变动。

如果一伙投资者想避开交易量的限制，可能会想出以下主意：星期一买入 8000 手某股票的看涨期权，星期二上午执行；星期二下午又买入 8000 手，并于星期三早上执行。这伙人这时不断地向股票施加压力。他们的交易量在任何时候，都不会超过 8000 手合约，因此这些人并没有违反持仓量的限制。

(2) 执行限制。另一项规则规定，任何个人或采取一致行动的组织，在任何 5 个连续交易日内，不得行使超过 8000 手同一标的证券的期权合约。

持仓量和执行限制对个人投资者来说很少成为问题，毕竟 8000 手合约代表 80 万股，几乎没有个人从事如此大额的交易，但财力雄厚的机构能够做到。需要注意的是，在一些情况下，个体可以单边持有超过 8000 手同一标的证券的合约持仓量，而并不违反允许的限额，这将发生于标的股票拆细之时。

(三) 放弃权利

期权买方行使权利与否，完全取决于是否有利可图。如果在到期日，期权处于虚值状态，则买方不会提出行使权利，那么他就可以放弃权利。一般来说，放弃权利是不需要提出申请的。只要到期期权无利可图，买方便可任其作废。买方放弃权利，则意味着他的全部权利金已完全损失；而此时卖方则得到权利金的全部收入，权利金收入是卖方的最大收益。

买方放弃权利，即期权到期没有价值，是卖方求之不得的，也只有在这时，卖方的风险才全部消除。到期日如果期权没有价值，即买方放弃权利，则买方的权利消失，卖方的义务也随之消失，双方的期权部位自然在计算机中消除。

除非无利可图，否则，不要放弃权利。能平仓，则平仓。

第七节　期权交易保证金

期货交易具有高风险性和高收益性。其原因除了期货交易是 T+0 交易，流通性比较高以外，最重要的是期货具有杠杆性。而带给期货杠杆这个特性的原因就在于保证金交易。保证金主要分为结算准备金和交易保证金两大类，期货杠杆性的由来主要是因为交易保证金。

一、一般原理

期权结算的保证金制度有异于期货结算。在期权交易中，买方支付一笔权利金给卖方，交易完成，买方即持有一个看涨期权或一个看跌期权，或同时持有看涨期权或看跌期权，也就拥有了合约到期时按履约价格买入或卖出一笔期货合约的权利，如果合约到期后市场行情对买方不利，他完全可以放弃权利。因此，买方购入期权后不会承担更多风险，他可能蒙受的最大损失就是购入期权时支付的权利金。但对卖方来说，卖出期权后，除非在合约到期前平仓，否则就有义务接受买方的要求而履行期权合约。而且买方要求执行期权肯定是当时市场行情对他有利。因此，卖方的盈利是有限的，不会超过期权成交时得到的权利金，而风险却是很大的，因为他有履约的义务。鉴于这样的原因，买方不需要交付保证金，而规定了卖方必须交付保证金，以避免因到期后行情不利而毁约。

美国商品期货交易委员会规定，期权买进者在建立期权头寸时，必须支付全部期权权利金。在卖出期权时，交易者必须完全了解相应的保证金要求，特别应注意当市场朝着不利于交易者预期的方向涨跌时的追加保证金要求。

期权的保证金由每个交易所决定，以部位的现值及潜在风险作为参数，期权部位的保证金常常是变化的，因为期权的保证金依赖于实值或虚值的数量。期权组合或存在期权和期货部分要求的保证金较少，因为一个合约的风险会被另一个合约的价值部分抵消。

总之，期权交易者应注意以下几点：

(1) 买进看涨期权或看跌期权时，买方除支付权利金外，不需要支付任何保证金。所有权利金均以现金方式全额付清或交易所结算部当日从其账户中扣除。

(2) 卖出看涨期权或看跌期权时，卖方有权收取权利金，不过他们需交保证金。所有保证金，不论是原始保证金抑或追加保证金，可用现金或权利凭证(诸如国库券、长期公债或其他有价证券)的形式来缴纳。

(3) 当期权标的与期货合约以涨停板或跌停板价位收盘时，卖方可能需要增加保证金。

(4) 多头期权与空头期权部位所产生的获利或损失，要等到期权部位对冲或执行权利后，才能实现。

如果是欧式期权，在履约之前卖方的风险其实也是有限的，只要按照每日无负债结算制度严格进行，卖方的风险也只是权利金变化风险，因此，交易所在涉及期权保证金时，可以让卖方尽可能少交保证金；但在规定的履约日之前一段时间，必须提高卖方的保证金，这样既可以减少投资成本，又利于控制风险。实际上，不同的交易所对如何收取保证金有不同的规定。

二、保证金制度

目前，国外期权的保证金制度虽然五花八门，但可分为三种：传统制度、Delta 制度和 SPAN 制度。

（一）传统制度

(1) 卖出单项期权(无保护性期权)的保证金计算。

以纽约商品期货交易所为代表，每一张卖出期权的保证金为下列两者中的较大者：

权利金+期货合约保证金-虚值期权虚值部分的一半

权利金+期货合约保证金的一半

【例6-16】若投机者3月5日卖出一张芝加哥期货交易所履约价格为850元/吨的7月小麦期货看跌期权合约，权利金为30元/吨，昨日期货结算价为876元/吨，若期货保证金按5%收取则为43.8元/吨，小麦期货是一手合约136吨，则保证金为

(A)	30	权利金
+	43.8	期货保证金(876×5%)
−	13	虚值的一半(876-850)/2
	60.8	

或者

(B)	30	权利金
+	21.9	期货保证金的一半(43.8/2)
	51.9	

当日结算时所需的初始保证金为 A 和 B 中较大者，也即 60.8 元/吨，也即 8268.8 元/手 (136×60.8)。

【例6-17】若3月5日期货结算价格下跌到856元/吨，权利金上涨到36元/吨，则新的保证金为

(A)	36	权利金
+	42.8	期货保证金(856×5%)
−	3	虚值的一半(856-850)/2
	75.8	

或者

(B)	36	权利金
+	21.4	期货保证金的一半(42.8/2)
	57.4	

当日所需的保证金为 A 和 B 中较大者，即 75.8 元/吨，也即 10 308.8 元/手(136×75.8)，则需追加保证金 2040 元/手(10 308.8-8268.8)。

在上面的两个例子中，保证金的第一种计算方法都比第二种得出的结果大。那么，在什么

情况下，保证金会是第二种方法的结果呢？只有在卖出的期权虚值很大时才会是第二种方法的结果。

【例6-18】若投机者3月5日卖出的是一张芝加哥期货交易所履约价格为790元/吨的7月小麦期货看跌期权合约，权利金为9元/吨，则保证金为

	(A)	9	权利金
	+	43.8	期货保证金(876×5%)
	−	43	虚值的一半(876−790)/2
		9.8	

或者

	(B)	9	权利金
	+	21.9	期货保证金的一半(43.8/2)
		30.9	

当日结算时所需的初始保证金为A和B中较大者，即30.9元/吨，也即4202.4元/手(136×30.9)。

这种保证金制度基本上是根据卖出期权保证金的风险而调整的，由于落入虚值的期权的风险较低，因此，传统制度对于卖出虚值的期权可以免掉虚值的一半的保证金。从保证金计算的两个公式可以看出，当期权的虚值部分等于期货保证金时，两个公式的结果相同；当期权为深虚值期权时，由于其一半也会非常大，这时按第一个公式计算的结果为负数，相当于交易所还需倒贴卖方保证金，这当然不可能，此时就要按第二个公式计算的结果收取保证金。

卖方收取的权利金之所以要计入保证金，是因为权利金尤其是实值部分是卖方的履约损失，期货合约保证金是卖方的履约保证，所以总的保证金收取要将二者加总，这样才能保证卖方履约。而实际上，卖方所交的保证金与权利金相比，成本并不高，这可从图6-4中看出。

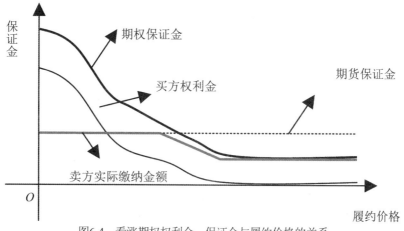

图6-4 看涨期权权利金、保证金与履约价格的关系

图6-4是依据3月28日芝加哥期货交易所小麦5月份合约看涨期权实际数据，通过应用上述公式计算得出的。从实际收益率来看，卖方的收益可能并不低，卖方并不是永远处于不利地位。

传统保证金公式要减去虚值期权的一半，还在于保证看涨期权与看跌期权的保证金不是同方向的变化，而是反方向变化。在期货价格上涨时，看涨期权卖方的亏损增大，根据传统公式

计算的保证金也增加,这有利于控制风险。而在期货价格上涨过程中,看跌期权的虚值程度越来越大,卖方的风险却越来越小,则保证金的要求也减少。看涨期权保证金的变化与期货价格的变化正相关,看跌期权则相反。

(2) 卖出组合期权的保证金计算。

卖出组合期权,即投资者既卖出看涨期权又卖出看跌期权,且无保护。在组合中,或者履约价格不同,或者到期月份不同,或者两者都不同。

卖出组合期权保证金=实值期权保证金(或实值高的期权保证金)+虚值期权的权利金(或实值低的期权权利金)

或者

卖出组合期权保证金=权利金高的期权保证金+权利金低的期权的权利金。

之所以要用实值期权(或实值高的期权),是因为实值期权的保证金总是比虚值期权(或实值低的期权)的保证金高。因为实值期权的权利金高且没有虚值,所以确定保证金数额时只需要计算一边的保证金即可。

【例6-19】 卖出一份履约价格为850元/吨的9月小麦期货看跌期权合约,权利金为36元/吨。卖出一份履约价格为850元/吨的9月小麦期货看涨期权合约,权利金为63元/吨。标的物昨日结算价格876元/吨。可以先分别计算每个期权的保证金

看跌期权	36	权利金
+	43.8	期货保证金(876×5%)
−	13	虚值的一半 26/2
	66.8	
或者		
看涨期权	63	权利金
+	43.8	期货保证金(876×5%)
	106.8	

看涨期权的保证金比看跌期权的高,那么保证金总额就是:106.8+36=142.8 元/吨。

(3) 有保护性期权交易的保证金计算。

所谓有保护性期权,是指先买入一份看涨期权(或看跌期权),再卖出一份看涨期权(或看跌期权);同时,买入的期限不早于卖出的期限,买入的履约价格至少与卖出的履约价格一样有利可图,则保证金=净权利金。

【例6-20】 买入一份履约价格为55元/吨的3月份到期的某品种看涨期权,权利金为7元/吨。卖出一份履约价格为60元/吨的3月份到期的某品种看涨期权,权利金为3元/吨。

两项期权都是 3 月份到期,时间没有差异。另外,买入的看涨期权履约价格(55)比卖出的看涨期权履约价格(60)低。如果标的物上涨到 100 元/吨,两项期权都将被履约,但买入的期权履约头寸可以抵补卖出的履约头寸,所以这种策略不需要缴纳保证金。但是,由于买入期权的权利金支出(7)大于卖出期权所收取的权利金(3),因此需要支付权利金净支出 7-3=4。

然而如果期权组合是没有保护的,则需要收取保证金。

【例6-21】买入一份履约价格为60元/吨的1月份到期的某品种看涨期权,权利金为3元/吨。卖出一份履约价格为60元/吨的3月份到期的某品种看涨期权,权利金为8元/吨。标的物昨日结算价格为62元/吨。

1月份期权一旦到期,3月份期权则变成一个没有保护性的期权,所以这样的期权需要将卖出的期权按单项期权保证金计算,再加上买入期权所支付的保证金(也即权利金)。

传统保证金计算制度的缺点在于,对套利部位保证金的计算,如买一卖一期权的组合,不能计算其综合保证金的数目。因为有这些缺点,所以芝加哥商业交易所发展出一套改进的保证金制度:Delta制度。

(二) Delta制度

所谓Delta,是期货价格变动1元权利金所变动的数值,所以Delta=0.5元表示标的物价格上涨1元,权利金上升0.5元。在Delta制度下,保证金取决于该期权的Delta系数乘以期货的保证金,也就是把期权当作期货数目来处理。此时,

保证金=权利金+Delta×期货保证金

【例6-22】保证金为2500元/吨,履约价格为400元/吨的某品种期货看跌期权权利金为220元/吨。Delta为0.4,则在Delta制度下保证金为

$$220(权利金)+Delta \times 2500=1220$$

与传统制度相比,Delta制度虽然能考虑到不同期货价格下的期权风险,但它只考虑了标的物价格变动所造成的期权价值变化,而完全忽略了其他部位对期权价格的影响,其中尤以波动率的变化最为严重。因此,Delta制度在很多情形下严重低估了期权的保证金。

(三) SPAN制度

为了改进Delta制度的明显缺点,芝加哥商业交易所在1990年发展出一种最新的期权保证金制度,即SPAN制度。SPAN是Standard Portfolio Analysis of Risk的缩写。SPAN利用组合的方式去评估期货选择部位的风险。SPAN在模拟一连串不同的市场可能变化下,包括标的物价格与波动率的变动,空头期权者的整个期货与期权部位的价值会如何变化,然后SPAN把最低保证金定为可以涵盖每日所有模拟状况中最大损失的数字。

SPAN系统是一个综合性的风险评估系统,可以精确地计算任意投资组合的总体市场风险,并在此基础上结合交易所的风险管理理念,计算出应收取的保证金。SPAN系统的核心计算模块由交易所计算,并以参数文件的形式每天免费提供给投资者,投资者只要在此基础上输入各自的头寸情况,就可以快捷地在个人电脑上对自己的投资组合进行风险分析,并计算出自己头寸所需要的保证金。这种简便的操作特性,使得它在推出之后即成为市场上计算保证金的主流系统。为了让SPAN系统适用于市场的各种情况,并精确计算任意投资组合的保证金,该系统分别测量了下列可能影响保证金额度的因素:标的资产价格的变动,标的资产价格波动性的变动,时间的流逝,合约的交割风险,同到期月份合约之间价差的变动,各标的资产之间价格相关性的变动。

在此基础上,SPAN系统通过标的资产的市场价格变动与其波动性变动组合来构建未来的

市场情形，并求出某一具体投资组合在一段时间之内(一般指一个交易日)可能遭受的最大损失的期望值。交易所则在此期望值的基础上确定收取的保证金。

交易所为了计算保证金的需要，会先将投资组合头寸进行分类，把具有相同或者相类似标的的资产视为一个标的资产组合。此外，SPAN 系统又为了计算上的方便，将标的资产组合进一步归类到各自不同的标的资产群。

SPAN 以标的资产组合为基础计算保证金，因此 SPAN 系统先将投资组合的头寸分拆为各自不同的标的资产组合，并对每个资产组合计算风险值，最后加总各标的资产群的风险值，即得到由 SPAN 系统所确定的整个投资组合风险值。

SPAN 系统计算出投资组合的总风险之后，会进一步计算投资组合中的期权净值。该值是投资组合中所有期权头寸依据市场价格立即平仓后的现金流量。SPAN 系统将整个投资组合的风险值减去期权净值的金额，作为对客户收取的保证金。

三、期权结算与期货结算的差异

期货交易，只要买方报价和卖方报价相吻合便可以成交；而期权交易要涉及多个价格，买方向卖方支付一笔权利金，即可获得在一个规定时期按履约价格买入或卖出某种期货合约的权利。在市场交易过程中，权利金是随时波动的，而且同一品种的期权合约有多个履约价格，不同履约价格有不同的权利金。譬如，11 月某品种履约价格有 5 个，分别为 1120、1140、1160、1180 和 1200 元/吨，这 5 个履约价格成交的期权合约盈利前景不同，风险成本大小各异，因此各履约价格期权下的权利金也会有差别。

从结算角度看，尽管 5 个履约价格属于同一到期日和同一品种的期权，但按不同履约价格成交的期权合约就相当于不同种类的合约，盈亏计算必须考虑履约价格，也必须考虑权利金。这种计算方式不同于期货合约盈亏计算，譬如，某买方持有一个 11 月到期、履约价格为 1200 元/吨的看涨期权，权利金为 20 元/吨。若此时该品种的期货价格为 1210 元/吨，则买方要求执行权利，那么期权实值为 10 元，表面上盈利 10 元，但扣去已支付的权利金，实际上是亏损的。然而，从结算角度看，成交时支付的权利金是不必加入最后结算的，只在成交当日一次性结清，最后结算盈亏只考虑履约价格与到期执行期权时的期货价格。

期货交易结算与期权交易结算的差异主要在于两个方面：

(1) 在期权交易结算中只有卖方必须承担履约责任，买方只有执行期权的权利而不承担必须履约的责任；在期货交易结算中，无论是合约买方还是卖方，凡到期未平仓的合约均有履约义务。因此，在期权交易结算中只有卖方必须交存保证金，并且在每日结算出现亏损时及时补足保证金，而期货交易的买卖双方都必须交足保证金。

(2) 期货结算只依据成交价及合约结算价，而期权结算(主要是履约时)需要依据成交时的履约价格、结算时的期货价格及成交时的权利金、结算时的权利金等相关价格，期权盈亏结算较期货盈亏结算更为复杂。

从本质上看，期权和期货都是远期交易，投资者可以保值或投机获利，期货买卖风险和期权买卖风险从理论上讲都是巨大的。因此，结算风险管理机制应当完全相同，而且都同样需要采用会员制和两级结算制度。

四、每日结算原则

期权交易结算有一个共同特点,即大部分买方和卖方都不会一直持仓至到期日执行期权。他们和期货交易者一样,往往在市场出现有利局面或不愿意承担更大亏损时进行平仓。

(一) 卖方持仓保证金结算

卖方的保证金要根据交易所规定的保证金进行结算。下面是交易所规定按照传统保证金计算公式结算的例子。

【例6-23】某投机者3月5日卖出一张(136吨)芝加哥期货交易所履约价格为850元/吨的7月小麦期货看跌期权合约,权利金为30元/吨(立即划入其账户),今日期货结算价格为875元/吨(前日为864元/吨),若期货交易保证金按5%收取,则当日权利金结算价为28元/吨。

当日成交时的权利金划入=30×136=4080 元/张。
当日成交时的交易保证金划出=权利金+昨日期货交易保证金-虚值期权的一半
$$=[30+864×5\%-(864-850)/2]×136=9003.2 \text{元/张}。$$
当日结算时的交易保证金=权利金结算价+当日期货交易保证金-虚值期权的一半
$$=[28+875×5\%-(875-850)/2]×136=8058 \text{元/张}。$$

当日结算时需要再划入其结算准备金账户 9003.2-8050=945.2 元/张。由于成交时收取了4080 元/张,所以,他卖出的看跌期权实际占用的资金只有 8058-4080=3978 元/张。

【例6-24】:若3月6日期货结算价格下跌到857元/吨,权利金上涨到36元/吨,则
当日持仓的交易保证金=权利金+当日期货交易保证金-虚值期权的一半
$$=[36+857×5\%-(857-850)/2]×136=10\ 247.6 \text{元/张}。$$

结算部门从其结算准备金账户划出资金 10 247.6-8058=2189.6 元/张。这其中包括权利金的变化=(36-28)×136=1088 元/张和期货价格下跌所引起的期货交易保证金的减少=(875-857)×5%×136=122.4 元/张,以及虚值一半的减少所引起的交易保证金的增加=[(875-850)/2-(857-850)/2]×136=1224 元/张。

(二) 卖方当日开仓当日平仓结算

【例6-25】某投资者3月6日以36元/吨的权利金卖出一张(136吨)履约价格为850元/吨芝加哥期货交易所的7月小麦期货看跌期权合约,当日期货结算价格为875元/吨(前日为864元/吨)。

当日成交时的权利金划入=36×136=4896 元/张。
当日成交时的交易保证金划出=权利金+昨日期货交易保证金-虚值期权的一半
$$=[36+864×5\%-(864-850)/2]×136=9819.2 \text{元/张}。$$
如果当日平仓价为 30 元/吨,则
再划入=交易保证金-权利金平仓价=9819.2-30×136=5739.2 元。
成交时划入权利金为 4896 元/张,平仓时划入交易保证金 5739.2 元,开仓时划出保证金 4991.2 元,则

总的盈亏=4896+5739.2-9819.2=816 元/张。

简单地说，他 36 元/吨卖出，30 元/吨买入，从而

总的盈亏=卖价-买价=(36-30)×136=816 元/张。

(三) 卖方历史持仓结算

下面是卖方当日没有平仓，而是隔日平仓的例子。

【例6-26】【例6-23】中的投机者在3月6日以36元/吨平仓，则结算时将昨日结算时收取的保证金退回其账户，并从其账户扣除36元/吨，即

实际划入资金=8058-36×136=3162元。

他 3 月 5 日实际支付的资金为 3978 元，而如今只划入了 3162 元，则亏损 3978-3162=816 元。简单地说，他 30 元/吨卖出，36 元/吨买入平仓，从而

总的盈亏=卖价-买价=(30-36)×136=-816 元/张。

(四) 买方权利金的结算

买方不进行每日结算。买方一旦成交，其权利金全部从其账户中划出；一旦平仓，则按平仓价全部划入其账户。

【例6-27】买方成交时的权利金为10元/吨，则当日结算时从其账户上划出10元/吨，如果第二天，他以20元/吨平仓，则当日结算时划入其账户20元/吨。如果他当日以10元/吨成交，当日又以20元/吨平仓，则成交时从其账户里划出10元/吨，平仓时划入账户20元/吨，实际盈亏为

卖价-买价=20-10=10元/吨。

(五) 履约结算

作为美式期权，每天都可能有履约发生，如果买方提出执行权利，则交易所按照配对原则找出相应的卖方。配对后，当日各自的期权持仓自动消失，结算部门收取卖方的交易保证金也于当日自动划入卖方结算准备金账号。至于买方，因为成交当日的权利金已经划出，也不进行每日结算，所以执行权利后也没有权利金的划转问题。至于二者转换的期货部位，可视为新建立了期货部位，按照期货的结算办法进行每日结算。

(六) 权利放弃时的结算

最后交易日闭市后，虚值期权、平值期权及提出不执行的实值期权将自动失效，其持仓在最后交易日后随着合约的到期也自然消失。权利放弃时，买方不用结算。卖方所支付的交易保证金全部划入其结算准备金账户。

(七) 实值期权自动结算

所谓实值期权自动结算，是指在到期日闭市后，所有没有提出权力执行的实值期权将由结算部门自动结算。这里是在扣除各项手续费后还有一定的利润情况下，实值期权才会自动结算。

练习与思考

1. 期权市场是如何产生的？
2. CBOE 是怎样成立的？它的重要性表现在哪些方面？
3. 期权交易中的重大事件有哪些？
4. 什么是期权？它的特点有哪些？
5. 期权的权利金是什么？
6. 期权合约中的履约价格是如何确定的？
7. 期权的分类有哪些？各自的定义是什么？
8. 期权的功能有哪些？
9. 期权市场包括哪些主要的构成要素？
10. 什么是期权合约？期权合约标准化的内容包括哪几方面？期权合约交易方面的标准化内容是什么？
11. 期权合约交割方面的标准化内容包括交割月份。交割月份的含义是什么？期权的交易指令一般包括哪些内容？
12. 期权交易的风险是什么？期权和期货交易的区别与联系是什么？期权对买方和卖方的优越性有哪些？
13. 简述期权履约的步骤及所面临的风险。
14. 期权的履约限制是什么意思？

 读书笔记

第七章

期权定价与交易策略

经济全球化增加企业经营风险的同时,也催生了企业的避险需求,而我国金融衍生品的快速发展,为企业避险需求的实现提供了较好的基础条件,2022年10月底我国期权市场上市交易品种28个,品种丰富的同时,避险有效组合也有所提升。我国金融衍生品在国际市场竞争及服务"三农"方面也发挥着重要作用。"期货+保险"在乡村振兴及服务"三农"方面起到了比较重要的作用,不仅为我国广大农户和农村合作社参与期货避险提供了有效工具,而且增强了我国农业对自然灾害的抗性,推动了农业保险等金融领域的发展。

本章要点:
- 了解期权权利金的构成;
- 理解期权的内在价值和时间价值;
- 掌握有关金融衍生工具市场特征和功能的知识;
- 理解金融衍生工具市场各个构成要素的概念、作用等;
- 掌握有关金融衍生工具标准化内容的知识。

第一节 期权定价

期权权利金就是买进或出售期权合约的价格。对于期权的买方来说,为了换取期权对于买方的一定权利,他必须支付一笔权利金给期权卖方;对于期权的卖方来说,他卖出期权而承担了必须履行期权的义务,为此,他收取一定权利金作为报酬。由于权利金是由买方负担的,是买方在出现最不利的变动时所要承担的最高损失金额,因此,权利金也被称为保险金。因为它是买进或售出权利的价格,故又称作权价或期权价格。

期权权利金额的多少取决于整个期权合约、合约月份及所选择的履约价格等。期权的权利金一定等于其内在价值与时间价值的总和。

$$权利金 = 内在价值 + 时间价值$$

一、内在价值

内在价值(intrinsic value)是立即履行期权合约时可获取的总利润,是期权权利金中的实值部分。它是看涨期权的履约价格低于标的物价格的差额,或看跌期权的履约价格高于标的物价格的差额。它反映了期权合约履约价格与相关标的合约市场价格之间的关系。

内在价值=期权的实值部分

比如:小麦期货价格为1200元/吨,履约价格为1150元/吨的看涨期权具有50元/吨的内在价值(1200-1150)。

简单地说,实值期权的实值部分等于内在价值;平值期权内在价值为零;虚值期权无内在价值。

表 7-1 所示为期权内在价值的六种情况。

表7-1　期权内在价值的六种情况

	内在价值	看涨期权	看跌期权
实值期权	有	履约价格<标的物价格	履约价格>标的物价格
平值期权	零	履约价格=标的物价格	履约价格=标的物价格
虚值期权	无	履约价格>标的物价格	履约价格<标的物价格

进一步的理解如图 7-1 和表 7-2 所示。

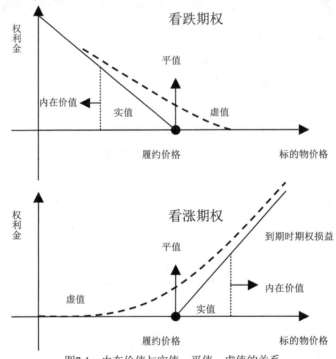

图7-1　内在价值与实值、平值、虚值的关系

表7-2　内在价值与实值、平值、虚值

期货价格为1200元/吨		
看涨期权	履约价格	看跌期权
有内在价值的实值状态	1170(30)	无内在价值的虚值状态
	1180(20)	
	1190(10)	
零内在价值的平值状态	1200(0)	零内在价值的平值状态
无内在价值的虚值状态	1210(0)	有内在价值的实值状态
	1220(0)	
	1230(0)	

显然，如果某个看涨期权处于实值状态，履约价格和标的物相同的看跌期权一定处于虚值状态。反之亦然。

二、时间价值

时间价值(time value)是指期权权利金扣除内在价值后的剩余部分，即权利金中超出内在价值的部分，又称外在价值(extrinsic value)。它是指期权的买方希望随着时间的延长，相关标的物价格的变动有可能使期权增值从而愿意为买进这一期权所付出的权利金金额。它同时也反映出期权的卖方愿意接受的期权的卖价。因此，确定时间价值的根本因素，是期权的买方和卖方对未来期权的价值增减趋势的不同判断(即对波动性的判断)。

时间价值=权利金-内在价值

比如，买进履约价格为1200元/吨的看涨期权时，期货市价为1190元/吨，若权利金为20元/吨，则这20元全部为时间价值(因为该期权为虚值期权，内在价值为零)。

那么时间价值是怎么计算的呢？比如，3月1日的期货价格为1190元/吨，那么履约价格为1180元/吨的5月小麦期货看涨期权权利金是多少呢？首先，这里已有内在价值10元/吨，权利金应该大于10元/吨，大多少呢？这要看今后价格波动性的预测。如果预测价格波动较大，则权利金会高一些；如果预测价格波动不大，则权利金会少一点。多出多少，少出多少，要通过著名的 Black-Scholes 模型计算，也可以根据市价估算。比如，你认为价格能上涨20个点，则可以出价15元/吨。

一般来讲，期权剩余的有效日期越长，其时间价值就越大。因为期权的有效期越长，对于期权的买方来说，其获利的可能性就越大；而对卖方来说，所必须承担的风险也就越多，因而他卖出期权所要求的权利金就越多，而买方也愿意支付更多的权利金以占有更多的盈利机会。反之，期权的有效期越短，卖方所必须承担的风险也就越少，因此他卖出期权所要求的权利金不会很多，而买方也不愿意为这种盈利机会很少的期权支付更多的权利金。

当期权临近到期日时，如果其他条件不变，那么该期权时间价值的衰减速度就会加快，因为可以使权转向实值的时间正在减少。在到期日，该期权就不再有任何时间价值，只剩下内在价值了。

实值期权的权利金=时间价值+内在价值
平值期权权利金=时间价值
虚值期权权利金=时间价值

期权权利金的构成要素如图 7-2 所示。

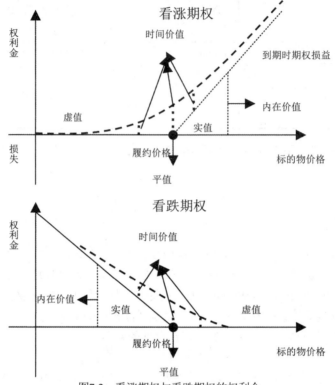

图7-2　看涨期权与看跌期权的权利金

平值期权时间价值通常最大，交易也最为活跃，因为时间价值就是投机价值。时间价值有时还被称为投机的权利金。平值期权时，期权向实值还是虚值转化，方向难以确定，转为实值则买方盈利，转为虚值则卖方盈利，故投机性最强，时间价值最大。

期权的虚值程度越深，期权转为实值的可能性就越小，买方盈利的可能性就越小，故不愿多付出投机价值。

期权的实值程度越深，其进一步实值的可能性越小(看涨期权中，市价不可能无限上涨；看跌期权中，市价不可能无限下跌)，而且此时期权的杠杆作用会减弱，故投机价值也在减少。

三、期权金与内在价值和时间价值的关系

如前所述，期权金由内在价值加上时间价值组成。而内在价值和时间价值又各自有不同的变化规律，这些变化规律的综合如图 7-3 所示。

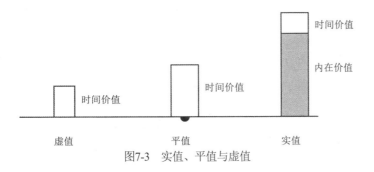

图7-3 实值、平值与虚值

【例7-1】2月15日芝加哥期货交易所5月小麦期货价格结算价为$281^6/_8$美分/蒲式耳,当日履约价格为260美分/蒲式耳的看涨期权合约(实值期权),权利金为$23^4/_8$美分/蒲式耳,则:

内在价值=$281^6/_8-260=21^6/_8$,

时间价值=$23^4/_8-21^6/_8=1^6/_8$。

当日履约价格为280的看涨期权(实值期权但接近平值),权利金为$10^4/_8$,则:

内在价值=$281^6/_8-280=1^6/_8$,

时间价值=$10^4/_8-1^6/_8=8^6/_8$。

当日履约价格为290的看涨期权(虚值期权),权利金为7,则:

内在价值=0,

时间价值=7。

从上面的图表和例子中可以看出,实值期权权利金最高,平值期权权利金次之,虚值期权权利金最少。时间价值的高低依次是:平值期权、虚值期权、实值期权。

第二节 影响期权定价的因素

权利金是期权合约中的唯一变量,是由买方和卖方的供求关系决定的。决定权利金的基本因素主要有以下5个。

(1) 标的物价格(S)。

(2) 标的物价格波动率(σ)。

(3) 履约价格(K)。

(4) 距到期日剩余时间(T)。

(5) 无风险利率(r)[①]。

权利金是由交易者通过竞价决定的,但交易者应该考虑和分析影响权利金的因素,以及如何使权利金的出价更科学。

一、标的物价格(S)

投资者在进行期权交易时,首先要考虑标的物价格,然后根据与履约价格的关系,选择实

---

① 本书不讨论无风险利率与期权金之间的关系,如果单从 B-S 模型出发,期权金可以简单地通过计算得到。但是,在现代货币理论的条件下,由于无风险利率与市场波动率紧密相关,无风险利率对期权价格的影响非常复杂。

值、平值或虚值期权(其权利金是依次递减的)。

在看涨期权交易中，标的物价格与权利金呈正相关关系，标的物价格越高，内在价值越大，权利金越高。在看跌期权交易中，标的物价格与权利金呈负相关关系，标的物价格越高，内在价值越小，权利金越低。标的物价格与权利金的关系如表7-3所示。

表7-3　标的物价格与权利金的关系

期权	标的物价格	权利金
看涨期权	上升	上升
	下降	下降
看跌期权	上升	下降
	下降	上升

二、标的物价格波动率(σ)

交易者在选择履约价格时，既要参考标的物价格，又要考虑标的物价格波动率。因为根据标的物的价格波动率，才能选择实值、平值或虚值期权，这样才可以决定权利金的出价。

在期权定价模型中，价格波动率是最重要的变量，如果改变价格波动率的假设，或市场对价格波动率的看法发生了变化，期权的价值都会产生显著的变化。标的物价格波动幅度越大，买方盈利的可能性越大，卖方承担的风险越大，因此，权利金也就越高。另外，某一特定期权在标的物价格变动剧烈时会比在标的物价格变动平稳时拥有较佳的增值机会，因此，买方愿意对期权付出较高的权利金。

相关标的物价格的波动，增加了使期权向实值方向移动的可能性，因此，权利金也相应增加。也就是说，价格趋势出现逆转的可能性越大，期权买方也越乐于接受期权卖方所提出的更高的期权价格。当相关标的物市场价格具有上涨趋势时，看涨期权的买方愿意多支付权利金，而看跌期权卖方则不会要求较高的权利金；相反，当相关标的物市场价格具有下跌趋势时，看涨期权的买方不愿支付较多的权利金，而看跌期权卖方则会提出较高的权利金要求。经验法则告诉我们：市场价格变动幅度越大，则相关期权的权利金越多，波动率越高，权利金越高。

如果小麦期货市场价格在1160~1230元之间波动，那么对于该看涨期权卖方而言，价格为1190元的小麦看涨期权，转为具有实值期权的风险性就会很大，因而其所收取的权利金就应高于市场价格波动较小的看涨期权的权利金。

标的物价格波动幅度越大，期权越有可能被执行，此时期权出售者希望避免履行合约，因此不愿意出售期权，除非他们所收受的权利金相当高。因此，假定其他情况不变，在变动剧烈的市场中，期权时间价值通常较高，其权利金因而也会较高。举例来说，在价格变动剧烈的市场中，在3个月后到期的期权，其权利金可能比价格平稳且6个月后才到期的权利金要高。相反，期权标的物价格的波动率越小，执行期权获得收益的可能性越小，因此，权利金也就越低。

假如小麦的期货价格为1200元/吨，并在其后两月内预计将稳定在该价格水平，那么一个1220元/吨的小麦看涨期权的卖方所面临的风险就很小，因而所要求的权利金就不会高。价格波动率与权利金的关系见表7-4。

表7-4 波动率与权利金的关系

期权	波动率	权利金
看涨期权	上升	上升
	下降	下降
看跌期权	上升	上升
	下降	下降

三、履约价格(K)

假定小麦期货价格为 1180 元/吨、履约价格为 1190 元/吨的看涨期权是一个虚值期权,其权利金比履约价格为 1170 元/吨的另一个其余条件均相同的看涨期权权利金低。买方可能付出 20 元/吨的费用去买进一个实值的看涨期权,但却仅愿意出 10 元/吨或更低的费用去买进一个虚值看涨期权。其理由就在于,实值看涨期权比虚值看涨期权拥有较大机会在最后被执行。

以股权为例。如果看涨期权在将来某一时间执行,则其收益为股票价格与履约价格的差额。随着股价的上升,看涨期权的价值也就越大,权利金也就越高;随着履约价格的上升,看涨期权的价值也就越小,权利金也就越低。对于看跌期权来说,其收益为履约价格与股票价格的差额。因此,看跌期权的行为正好与看涨期权相反。随着股价的上升,看跌期权的价值也就越小,权利金下降;随着履约价格的上升,看跌期权的价值上升,权利金上涨。

在看涨期权中,履约价格越高,买方盈利的可能性越小,因此,与权利金呈反向变动关系。在看跌期权中,履约价格越高,买方盈利的可能性越大,因此,与权利金呈正向变动关系。履约价格与权利金的关系如表 7-5 所示。

表7-5 履约价格与权利金的关系

期权	履约价格	权利金
看涨期权	上升	下降
	下降	上升
看跌期权	上升	上升
	下降	下降

四、距到期日剩余时间(T)

买入期权的好处在于风险有限,回报巨大。投资者往往可以利用期权以小博大。若投资者有正确的预期,则随时可以在短时间内获取数倍的回报。不过,期权也是高风险的投资工具,所付出的权利金可以在期权到期时全部损失。假定其他所有因素不变,当期权合约接近到期日时,其时间价值会递减。换句话说,期权距到期日剩余时间越长,其权利金就越高。这是因为时间越长,期权的价值越有增加的可能。期权合约在到期日不再具有任何时间价值,这就是期权被称为递耗资产的原因。图 7-4 显示了期权价值随时间的变化趋势。

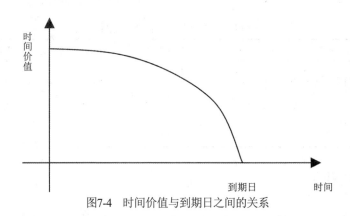

图7-4 时间价值与到期日之间的关系

在美式期权中,剩余时间越长,时间价值越大,看涨期权和看跌期权的权利金都会增加,呈正向变动关系。考虑其他条件相同,只有到期日不同的两个期权,则有效期长的期权不仅包含了有效期短的期权的所有执行条件,而且它的获利机会会更多。因此,有效期长的期权的价值总是大于或等于有效期短的期权的价值。

看涨期权和看跌期权的权利金都与剩余时间呈正相关关系,剩余时间与权利金的关系如表7-6所示。

表7-6 剩余时间与权利金的关系

期权	剩余时间	权利金
看涨期权	越多	越多
	越少	越少
看跌期权	越多	越多
	越少	越少

第三节 期权交易

期权的基本交易原理只有四个:买进看涨期权、卖出看涨期权、买进看跌期权、卖出看跌期权。其他所有的交易策略都由此而派生。它们之中,有些名称古怪,有些操作复杂。这里只讨论最简单的四种策略及其损益分析。

决定采用何种策略的一个方法是从简单的风险和收益角度考虑,可分为:

有限风险——有限收益

无限风险——有限收益

有限风险——无限收益

无限风险——无限收益

另一种对期权策略的划分,依据的是市场对相关标的物价格的预期,如表7-7所示。

表7-7 市场预期与期权头寸

市场预期	市场对标的物价格的预期	典型的期权
牛市	上升	多头看涨期权 空头看跌期权
熊市	下降	多头看跌期权 空头看涨期权
中性	无显著上升和下降	看涨期权与看跌期权的组合

期权策略因市场参与者的不同而不同。套期保值者买、卖期权以抵消价格反向变动的影响，投机者则运用该工具从预期的价格变动中牟利。

一、买进看涨期权损益分析

买进一定履约价格的看涨期权，在支付一笔权利金后，便可享有买入或不买入相关标的物的权利。一旦价格果真上涨，便履行看涨期权，以低价获得标的物资产，然后按上涨的价格水平高价卖出标的资产，获得差价利润，在弥补支付的权利金后还有盈余；或者在权利金价格上涨时卖出期权平仓，从而获得权利金收入。在这里存在一个损益平衡点：

损益平衡点=履约价格+权利金

在损益平衡点以上，标的物价格上涨多少，期权便盈利多少。如果价格不但没有上涨反而下跌，则可放弃或低价转让看涨期权，其最大损失为权利金(如图7-5所示)。

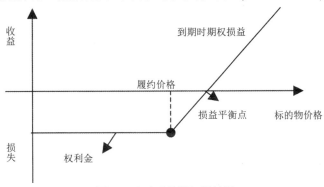

图7-5 多头看涨期权损益图

- 市场观点：购买者从相关标的物价格上升中寻求收益或避免损失。
- 波动性观点：购买者预期标的物价格波动率上升。
- 风险：限制在权利金范围内。
- 收益：在上升市场中，到期时有无限的收益潜力。
- 损益平衡点：履约价格+权利金。
- 使用者：市场的牛市预期越强，看涨期权买入时的虚值程度就越深。换句话说，看涨期权购买者得到的履约价格越高。

【例7-2】 某石油提炼商担心石油的价格会上涨,但他又不想通过购买一张期货合约而锁定在固定的价格,因此,该提炼商买入以每桶1美元权利金的一份履约价格为16美元的国际石油交易所布伦特原油的看涨期权。在到期时,该多头看涨期权的收益损失如表7-8所示。

表7-8 该多头看涨期权的损益表

市场价格	结果
大于17美元	收益=市场价格-17美元
17美元	损益平衡点
16~17美元	损失=17美元-市场价格
小于16美元	损失=全部权利金(1美元)

二、卖出看涨期权损益分析

以一定履约价格卖出看涨期权可以得到权利金收入。如果标的物价格低于履约价格,则买方不会履约,卖方可获得全部权利金,如果标的物价格在履约价格与损益平衡点之间,由此获取一部分权利金收入。如果标的物价格大于损益平衡点,则卖方将面临标的物上涨的风险(如图7-6所示)。

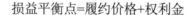

损益平衡点=履约价格+权利金

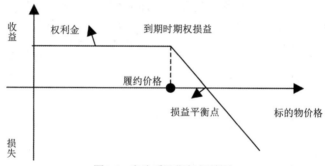

图7-6 空头看涨期权损益图

- 市场观点:卖出者从相关标的物价格下跌中寻求收益或避免损失。
- 波动性观点:购买者预期标的物价格波动率下降。
- 风险:在上升市场中,到期时有无限的潜在损失。
- 收益:限制在权利金范围内。
- 损益平衡点:履约价格+权利金。
- 使用者:市场的熊市预期越强,该看涨期权卖出时的实值程度就越深,以获取最大的权利金,换句话说,该看涨期权卖方的履约价格应越低。

【例7-3】 某投资于长期国库券的基金经理希望增加其投资组合的收益。他认为未来几个月里市场价格将保持稳定或略有下降。当前的长期国库券的价格为 100 美元，因此该经理卖出 100 美元履约价格的看涨期权，并收取 4 美元的权利金。如果该期权被执行，该经理将从他的投资组合中交付长期国库券，收到的权利金将增加他的收益。在到期时，该空头看涨期权的收益损失如图 7-7 和表 7-9 所示。

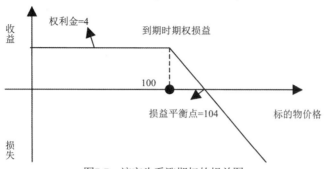

图7-7　该空头看涨期权的损益图

表7-9　该空头看涨期权的损益表

市场价格	结果
大于 104 美元	损失=市场价格-104 美元
104 美元	损益平衡点
100~104 美元	收益=104 美元-市场价格
小于 104 美元	收益=全部权利金(4 美元)

三、买进看跌期权损益分析

以一定履约价格并支付一笔权利金获得看跌期权多头部位后，买方就锁定了自己的风险，即如果标的物价格高于履约价格，就放弃期权，它的最大风险是权利金。如果标的物价格在履约价格和损益平衡点之间，会损失部分权利金。如果标的物价格在损益平衡点以下，则买方仍可以较高的履约价格卖出，只要价格一直下跌，就一直获利。因此，看跌期权买方的损失有限，盈利可能巨大(如图 7-8 所示)。

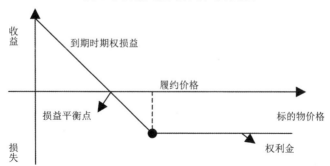

图7-8　多头看跌期权损益图

- 市场观点：购买者从相关标的物价格下跌中寻求收益或避免损失。
- 波动性观点：购买者预期标的物价格波动率上升。
- 风险：限制在权利金范围内。
- 收益：在下降的市场中，到期时有无限的收益潜力。
- 损益平衡点：履约价格-权利金
- 使用者：市场的熊市预期越强，该看跌期权买入时的虚值程度就越深。换句话说，该看跌期权购买者得到的履约价格越低。

【例7-4】美国某机械公司与一英国公司达成了一笔生意，向其供应机器零部件，但是零部件的款项将在3个月后以英镑交付，在当前汇率为1.6000时，该笔交易对美国公司是有利可图的。但是，该美国公司担心在3个月的时间里汇率将下跌。因此，该公司买入一份汇率为1.6000的看跌期权，并支付了2分/英镑的期权费。在到期时，该多头看跌期权的收益损失如图7-9和表7-10所示。

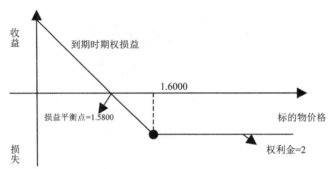

图7-9 该多头看跌期权的损益图

表7-10 该多头看跌期权的损益表

市场价格	结果
大于1.6000	损失=全部权利金(2分/英镑)
1.6000～1.5800	损失=市场价格-1.5800
1.5800	损益平衡点
小于1.5800	收益=1.5800-市场价格

四、卖出看跌期权损益分析

看跌期权卖方的损益与买方正好相反，买方的盈利即为卖方的亏损，买方的亏损为卖方的盈利(如图7-10)。

损益平衡点=履约价格-权利金

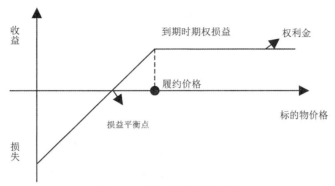

图7-10 空头看跌期权损益图

- 市场观点：卖方从相关标的物价格上升中寻求收益或避免损失。
- 波动性观点：卖方预期标的物价格波动率下降。
- 风险：在下降市场中，到期时有无限的潜力损失。
- 收益：限制在权利金范围内。
- 损益平衡点：履约价格-权利金。
- 使用者：市场的牛市预期越强，该看跌期权卖出时的实值程度就越深，以获取最大的权利金，换句话说，看跌期权卖方的履约价格应越高。

【例7-5】某投机者发现XYZ公司的股票价格在近期的下跌中从600点降至550点，尽管市场中仍存在忧虑，但该投机者认为价格不会降至500点以下，且可能会很快回升。为了从该观点中牟利，该投机者卖出XYZ履约价格为500点的看跌期权，并收取50点的权利金。在到期时，该空头看跌期权的收益损失如图7-11和表7-11所示。

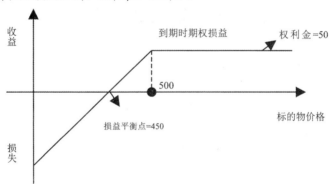

图7-11 该空头看跌期权的损益图

表7-11 该空头看跌期权的损益表

市场价格	结果
大于500	收益=全部权利金(50点)
450～500	收益=市场价格-450
450	损益平衡点
小于450	损失=450-市场价格

说明：本章所使用的损益图仅包括到期时的状况，这只是为了清楚起见。然而，期权价格实际上是一些随时间向到期线靠拢的曲线，如图 7-12 所示。

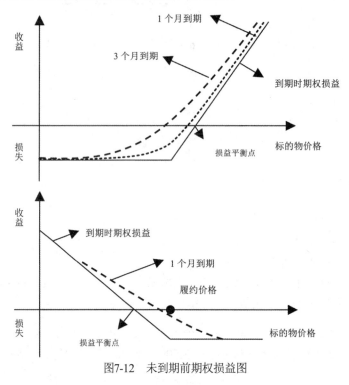

图7-12　未到期前期权损益图

第四节　期权套期保值

期货套期保值交易的原理：同种商品期货价格走势与现货价格走势一致，同涨同跌。在此基础上，再根据方向相反、数量相等、月份相同或相近的操作原则进行交易。通常一个部位会亏损而另一个部位会盈利，从而实现规避风险、锁定成本的目的。对于期权套期保值交易，同样是利用期权价格与现货、期货价格的相关性原理来进行操作，价格的变化同样会引起一个部位盈利和一个部位亏损。在其他因素不变的情况下，标的(现货或期货)价格上涨，则看涨期权价格上涨，看跌期权价格下跌；标的(现货或期货)价格下跌，则看涨期权价格下跌，看跌期权价格上涨。与此相对应，为了规避价格上涨的风险，保值者可以买入看涨期权或者卖出看跌期权；为了规避价格下跌的风险，保值者可以买入看跌期权或者卖出看涨期权。

一、卖期保值

对于生产者而言，一般在期权市场应做买方，应该买进看跌期权，因为买进看跌期权可以确定最低卖价。当然，卖出看涨期权也不失为一种保值方法，因为它可以得到权利金收入。

生产者一般特别关心的是对他们的生产成本进行保值，以下利用期权的方法值得考虑。当到期日为 6 月份第三个星期三的某交易所小麦期货价格为 1200 元/吨时，具体说明如下。

(一) 第一种方法：买进看跌期权

履约价格(平值)：1200 元/吨
到期日：6月份第三个星期三
通知日：6月份第一个星期三
权利金：20 元/吨

这种保值方法的特点是：

(1) 期权买方虽然必须支付20元/吨的权利金，但被保证在任何时间都能在1200元/吨卖出。

(2) 如果在通知日之前，市场价格上升，生产者可以简单地在期货市场卖出期货保值，同时将已经买进的看跌期权卖出平仓。

如果该投资者是以1200元/吨的价格卖出期货为现货保值，则获得的是最高卖价，如果价格大幅上涨，根本得不到上涨的利润；而买进看跌期权，则可以将期权平仓，收回部分权利金，然后可以再买进更高履约价格的看跌期权或卖出期货，这样用期权套期保值得到的是最低卖价。还有一点，比期货保值更大的优势是没有保证金追加风险。

【例7-6】 某年10月13日，某进口商买进南美次年5月期低蛋白豆粕至中国港，价格为230美元/吨，当日芝加哥期货交易所5月期货价格为231美元/吨。为保险起见，同时买进5月期豆粕210美元/吨的看跌期权，权利金为4.50美元/吨。至第二年4月3日，芝加哥期货交易所豆粕价格为184美元/吨，5月期履约价格为210美元/吨的豆粕看跌期权已升值到46.20美元/吨，尽管现货损失46美元/吨(184-230=46)，但买进的看跌期权盈利为41.7美元/吨(46.2-4.5=41.7)，两者对冲，净损失只有4.3美元/吨。若不进行风险管理，则要损失46美元/吨。

(二) 第二种方法：卖出看涨期权

当相应的市场价格为2500元/吨时，如果想在2600元/吨卖出，可以通过利用期权保值，同时得到一笔权利金。

履约价格(虚值)：2600 元/吨
到期日：6月份第三个星期三
通知日：6月份第一个星期三
权利金：30 元/吨

这种保值方法的特点是：

(1) 可以得到一笔权利金收入。

(2) 当市场价格上升到2630元/吨以上时，因为期权买方将会宣布履约，所以保证在2630元/吨卖出，但对于2630元/吨以上部分没有市场利益。不过，他能够保证以2630元/吨的价格卖出。

(3) 没有一定能够卖出的保证。如果标的物市场价格下跌，则看涨期权不会履约，则无法卖出，只能在现货市场以低价卖出。不过，由于卖出期权得到的权利金收入，相当于为标的物价格提高了30元(权利金收入)的卖价。

尽管卖出看涨期权存在一定的风险，但目的是保值，而投资者只要能按履约价格卖出就应该心满意足了，不应该抱怨价格上涨而没有高价卖出，否则，就偏离了保值的目的，成为了投机心理。

二、买期保值

买期保值与卖期保值操作方法相反,即需买进看涨期权和卖出看跌期权。买进看涨期权可以确立一个最高买价;卖出看跌期权可以得到权利金收入。

如果消费者欲对其买进原材料的成本进行保值,那么利用期货期权的特点,对价格为1550元/吨,到期日为6月份第三个星期三的LME金属铝的说明如下。

(一) 第一种方法:买进看涨期权

履约价格(平值):1550 元/吨
到期日:6 月份第三个星期三
通知日:6 月份第一个星期三
权利金:40 元/吨

这种保值方法的特点是:

(1) 期权买方需要支付40元/吨的权利金,同时保证在任何时间都能按1550元/吨买到货。

(2) 如果在通知日之前,市场价格下跌,可以单纯地通过在期货市场买进期货保值,同时将已经买进的看涨期权卖出平仓,以减少权利金支出。

(二) 第二种方法:卖出看跌期权

当市场价格为1550元/吨时,若想获取1500元/吨的保值成本,那么,通过卖出看跌期权既可以获得标的物买价,又可以得到权利金收入。

履约价格(虚值):1500 元/吨
到期日:6 月份第三个星期三
通知日:6 月份第一个星期三
权利金:25 元/吨

这种保值方法的特点是:

(1) 可以得到一笔权利金收入。

(2) 当市场价格跌至1500元/吨以下时,因为期权买方将会宣布履约,所以期权卖方必须以1500元/吨的价格将头寸接过来。因此,对于1500元/吨以下部分没有市场利益。

(3) 当市场价格高于1500元/吨时,对于买进价格则没有任何保证,因为期权不会履约。此时,只有在现货市场以高价买进,但卖出期权收取的权利金可以降低购买成本。

从前面的介绍可知,在期权交易中,买方的风险是有限的,而卖方的风险却是很大的。那么如何使卖方规避风险呢?投资者可以通过 Delta 计算需要买进的期货合约数量来规避卖出期权的风险。Delta 是指标的物价格变动所引起的权利金的变动。Delta 的一个实际用途是将期权仓位转化为等价期货仓位的计算数据,尤其是期权做市商,通常以期货来对冲他们的期权风险。

计算所需的期货仓位的公式非常简单:

$$当前市价下的等价期货合约数 = 期权合约数 \times 期权 Delta$$

【例7-7】在相关期货市场价格为19元时,某交易者卖出10份履约价格为19元的看涨期权合约,平值期权的Delta约为0.5。因此做Delta对冲时,所需买进的等价的期货仓位为

$$10 \times 0.5 = 5 份期货合约$$

现在假设相关期货价格上涨至19.50元,且Delta值也升至0.6,则投资者所需的等价期货为

$$10 \times 0.6 = 6 份期货合约$$

即还需另外买进6-5=1份期货合约。

【例7-8】 在相关期货市场价格为19元时,某交易者卖出10份履约价格为19元的看跌期权合约,平值期权的Delta约为-0.5。因此做Delta对冲时,所需卖出的等价的期货仓位为

$$10 \times 0.5 = 5 份期货合约$$

现在假设相关期货价格下跌至18.50元,且Delta值变为-0.6,则投资者所需卖出的等价期货为

$$10 \times 0.6 = 6 份期货合约$$

即还需另外卖出6-5=1份期货合约。

若相关期货价格上涨至19.50元,且Delta值变为-0.4,则投资者所需卖出的等价期货为

$$10 \times 0.4 = 4 份期货合约$$

即投资者此时需对冲掉5-4=1份期货合约的空头。

案例分析7-1

期权波动率策略

表7-12为E-迷你标普500九月期权价格。

表7-12 E-迷你标普500九月期权

E-迷你标普500九月期权				2420.00
看涨期权买价	看涨期权卖价	行权价	看跌期权买价	看跌期权卖价
80.00	80.75	2380	39.00	39.50
76.25	77.00	2385	40.25	40.75
72.75	73.75	2390	41.75	42.25
69.25	69.75	2395	43.0o	43.50
65.75	66.50	2400	44.50	45.25
62.25	63.00	2405	46.25	46.75
59.00	59.75	2410	47.75	48.25
55.75	56.25	2415	49.50	50.00
52.50	53.25	2420	51.25	51.75
49.50	50.00	2425	53.25	53.75
46.50	47.00	2430	55.00	55.75
43.50	44.00	2435	57.25	57.75

跨式组合

如果想做9月到期、价位为2425的E-迷你跨式组合，需要买入9月到期、价位为2425的E-迷你看涨期权，同时买入9月到期、价位为2425的E-迷你看跌期权。本例中跨式组合的成本为103.75。如图7-13所示。

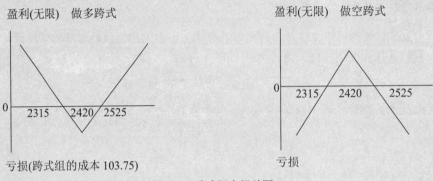

图7-13　跨式组合损益图

勒式组合

在多头勒式组合中(如图7-14所示)，交易者买入看涨期权和看跌期权，它们的行权价不同，到期日和标的产品相同。它和跨式组合有些相似，但区别在于勒式组合中看涨期权和看跌期权的行权价不同，而跨式组合中两者的行权价相同。

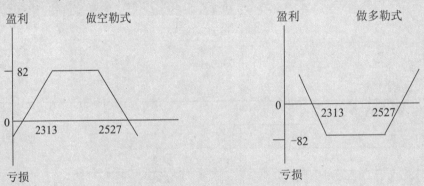

图7-14　勒式组合损益图

交易蝶式组合

如果交易者认为市场将停滞不前，他们可以买入蝶式组合(如图7-15所示)。在本例中，我们预期市场价格在2420左右。如果我们认为市场将陷入停滞，为什么不干脆卖出价位为2420的跨式组合？我们已经知道，在市场停滞时期，卖出跨式组合有可能会获利，但跨式组合的亏损可能无限放大。这对交易者来说代价很大。

买入蝶式组合可以限制投资失误的风险，其亏损仅限于蝶式组合的成本。如果我们卖出跨式组合，在2420的价位卖掉看涨期权和看跌期权，我们从买方那里得到的盈利是105。因此，如果到期时的市场价格是2420，则最高可获利105。

蝶式组合的成本明细：

在2395的价位买入看涨期权，期权费为69.75。

在2420的价位卖出两份看涨期权，期权费为53.25。

在2445的价位买入看涨期权，期权费为38.50。

成本为1.75。

在同样的场景中，我们可以算出蝶式组合的最高盈利。

2395价位的期权到期获利25个点，是价内期权。2420价位的空头看涨期权到期时不赚不赔。2445价位的多头看涨期权到期时同样不赚不赔。扣除1.75的初始成本，我们的盈利是23.25。

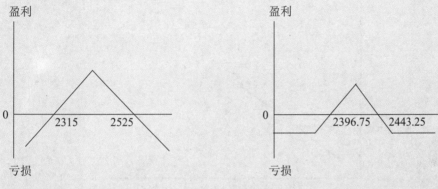

图7-15　蝶式组合损益图

对跨式组合与蝶式组合的盈亏平衡点进行比较。盈亏平衡点指每种策略的回报与原始期权费持平的价位。对于跨式组合，盈亏平衡点指行权价加上或减去收到的期权费。对于蝶式组合，盈亏平衡点是较低的行权价加上支付的期权费，以及较高的行权价减去支付的期权费。

在本例中，我们买入蝶式组合的期权费是1.75。蝶式期权的低位行权价是2395。该行权价加上1.75，得出第一个盈亏平衡点2396.75。蝶式组合的高位行权价是2445。如果从高位行权价中减去1.75的期权费，得出高位盈亏平衡点是2443.25。前面讲过，蝶式组合的最高盈利是23.25，而跨式组合的最高盈利是105。

在本例中，跨式组合的盈亏平衡范围远大于蝶式组合。虽然跨式组合在标的市场盈亏的区间大于蝶式组合，但如果市场价格超出上述盈亏区间，潜在亏损可能很大。如果交易者认为市场价格在到期时会达到某个点，他们可以利用蝶式组合获利，而且如果判断有误，蝶式组合可以限制亏损。如表7-13所示。

表7-13　卖出跨式组合与买入蝶式组合损益表

	卖出跨式组合	买入蝶式组合
最大亏损	无限	蝶式组合的成本
成本	收到 105	支付 1.75
最高盈利	105	23.25
盈亏平衡——上行	2525	2445
盈亏平衡——下行	2313	2443.25

领式价差

6月，一位交易者以100美元的价格买入了一张12月期货合约。7月，期货价格仍为100美元。这位交易者仍然认为，价格将在期货合约到期前上涨，但他担心在接下来的一个月里价格会下跌，也尚未看到价格大幅上行的潜力。

为管理风险，他可以卖出一张价外看涨期权，并用收到的期权费再买入一张价外看跌期权。他以4美元的价格买入了一张8月到期的行权价为95的看跌期权，同时以4美元的价格卖出了一张8月到期的行权价为105的看涨期权。策略构建成本为0(如图7-16所示)。

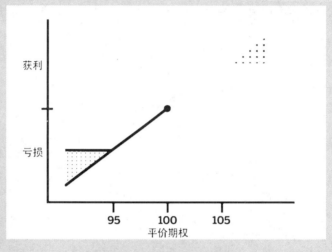

图7-16　领式价差组合损益图

数据来源：芝加哥商品交易所

一、思考题

1. 期权的权利金是怎样产生的？
2. 期权的权利金由哪几部分构成？分别是什么含义？
3. 影响看涨期权权利金的因素有哪些？它们是怎么起作用的？
4. 影响看跌期权权利金的因素有哪些？它们是怎么起作用的？
5. 期权交易的基本策略有哪些？
6. 如何从风险-收益的角度分析期权交易的基本策略？
7. 如何从对市场看法的角度分析期权交易的基本策略？
8. 损益平衡点的定义是什么？不同的交易策略下它是怎么计算的？
9. 在期权没有到期时，它的损益图形是什么形状，为什么不再是一条折线？
10. 什么是期权交易买方套期保值？有哪几种保值方式，各自的效果如何？
11. 什么是期权交易卖方套期保值？有哪几种保值方式，各自的效果如何？

12. 什么是 Delta 套期保值？这种方式的保值原理是什么？为什么说 Delta 套期保值是一个动态过程？

二、计算题

1. 2010 年 1 月份，某投资者买进芝加哥期货交易所 6 月份履约价格为 330 美分/蒲式耳的小麦期货美式看跌期权，权利金为 15 美分/蒲式耳。到了 7 月 19 日，期货价格为 311 美分/蒲式耳，该看跌期权权利金为 21 美分/蒲式耳，此时该期权的内在价值是多少？时间价值是多少？如果此时执行权利，则可以净获利多少？如果平仓，则获利多少？

2. 请画出在期权到期时，看涨期权卖方和买方各自的收益损失图。注意：损益平衡点、履约价格、权利金和坐标轴的标识都应标明。

3. 请画出在期权到期时，看跌期权卖方和买方各自的收益损失图。注意：损益平衡点、履约价格、权利金和坐标轴的标识都应标明。

4. 2008 年 3 月份，某投机者卖出一张 6 月份到期的履约价格为 500 点的 XYZ 股指看涨期权，并收取 50 点的权利金。到了 4 月份，他又买进一张 6 月份到期的 500 点履约价格的 XYZ 股指看跌期权，并支付了 30 点的权利金。(看涨期权和看跌期权标的物和到期时间一样。)

(1) 请给出在 6 月份期权到期时，该投资者的收益损失图(在同一图中画出看涨和看跌两个头寸的损益)。注意：损益平衡点、履约价格、权利金和坐标轴的标识都应标明。

(2) 请说明该投资者的这一合成策略(也即买进看涨期权和卖出同一标的物和到期的看跌期权)相当于期货交易中的什么策略，并给出该策略的具体内容。

5. 假设现在(7 月份)蒙山托股票价格为 69 美元，某投资者希望交易 9 月份到期的该股票的期权。在期权交易所中关于该股票(9 月份到期)的几个期权报价如下所示：

期权类型	执行价格	到期月份	报价
欧式看涨期权	65 美元	9 月份	6 美元
欧式看涨期权	70 美元	9 月份	3 美元
欧式看涨期权	75 美元	9 月份	2 美元

根据如上报价，该投资者现在买入 1 份执行价格为 65 美元的看涨期权，同时他卖出了 2 份执行价格为 70 美元的看涨期权，另外，他还买进了 1 份执行价格为 75 美元的看涨期权。

(1) 请给出 9 月份所有期权到期时，该投资者的收益损失图。(注意：损益平衡点、履约价格、权利金和坐标轴的标识都应标明。)

(2) 请说明该投资者采用的这种交易策略的风险与收益状况。该投资者为什么采用这种期权交易策略？(即他对该股票价格的观点如何？)

6. 3 月 10 日大豆期货市场的 9 月到期的期货合约的市价为 1250 元/吨，某交易者卖出 100 手履约价格为 1250 元/吨的基于该大豆期货的 6 月份到期的看涨期权合约，此时该期权的 Delta 约为 0.5。

(1) 他可以采取几种方式进行套期保值？各自的效果如何？

(2) 若他做 Delta 对冲时，所需(买进或卖出？)等价的期货仓位为多少手。到了 3 月 11 日，期货价格上涨至 1300 元/吨，Delta 也升至 0.7，则该交易者需要再(买进或卖出？)等价的期货仓位为多少手。(假设一手基于大豆期货的期权合约含有一手大豆期货)。

 读书笔记

第八章

金融互换

　　金融互换交易，主要指对相同货币的债务和不同货币的债务通过金融中介进行互换的一种行为。金融互换交易是继20世纪70年代初出现金融期货后，又一典型的金融市场创新业务。金融互换交易已经从量向质的方面发展，甚至还形成了互换市场同业交易市场。在这个市场上，金融互换交易的一方当事人提出一定的互换条件，另一方就能立即以相应的条件承接下来。利用金融互换交易，就可依据不同时期的不同利率、外汇或资本市场的限制动向筹措到理想的资金。

本章要点：
- 掌握互换的概念、分类；
- 掌握互换的交易制度；
- 理解互换的作用；
- 掌握互换的设计；
- 理解互换的估值和定价方法。

第一节　互换市场的起源和发展

　　金融衍生产品是金融创新的产物。而金融创新的直接原因有二：一是规避金融管制；二是转移金融风险。作为金融衍生产品之一的互换，实际上正是为了规避金融管制而产生和发展起来的。

一、互换的概念

（一）互换的定义

　　互换是在20世纪80年代的金融创新中产生的一种新金融业务。所谓"互换"(swaps)，是指互换双方在互利原则下，所进行的不同类型的金融工具的交换。在互换业务中，划分金融工具不同类型的标志主要有两个：一个是货币的种类；另一个是计息的方式。

　　所谓货币的种类，是指金融工具以何种货币表示。在其他条件一定时，用不同货币表示的金融工具便属于不同类型的金融工具。所谓计息的方式，是指人们在计算金融工具的利息时，所采用的利率。在现代经济中，根据利率在借贷期间是否可变，利率可分为固定利率和浮动利率。在现实中，如果一种金融工具以固定利率计息，而另一种金融工具则以浮动利率计息，或者两种金融工具都以浮动利率计息，但作为浮动基础的却是不同的基准利率，那么无论这两种金融工具是否以同种货币表示，它们都属于不同类型的金融工具。所以，在互换中，被作为互换对象的两种金融工具之间，必然存在着一定的不同。这种不同既可能是货币种类的不同，也可能是计息方式的不同，还可能是货币种类与计息方式都不同。产生这种互换的主要原因有两个：一是为了降低筹资成本或增加投资收益；二是为了管理自己所面临的汇率风险和利率风险。

(二) 互换与掉期的区别

说到互换，就要提到另一个与之容易混淆的概念——掉期(swap)。所谓掉期，是指人们在外汇市场上同时做两笔交易，一笔是买进，另一笔是卖出，这两笔交易的币种相同，金额也相同或相近，但期限却不同。互换与掉期有着很大的区别，具体表现为：

(1) 性质不同。掉期只是外汇买卖的一种方法，并无实质的合约，更不是一种衍生工具。而互换有实质的合约，是一种重要的衍生工具。

(2) 市场不同。掉期在外汇市场上进行，本身并未形成独立的市场。而互换则在单独的互换市场上交易。

(3) 期限不同。互换交易多是一年以上的中长期交易，而掉期以短期为主，极少超过一年。

(4) 形式不同。互换有货币互换和利率互换两种基本形式，均包含一系列利息和支付(或收取)的交换，而掉期并不包含利息支付及其交换。

(5) 汇率不同。掉期的前后两笔交易牵涉到不同的汇率，而互换中的货币互换前后两笔交易的汇率是一样的。

(6) 交易目的不同。掉期的主要目的是管理资金头寸，消除汇率风险。而互换的主要目的则是降低筹资成本，进行资产负债管理，转移和防范中长期利率和汇率变动风险。

(7) 发挥的作用不同。外汇市场中的掉期交易在国际贸易与国际投资方面，通过交易来改变外汇币种，规避风险，主要运用于进出口商的套期保值和银行与其他金融机构的资金头寸管理。

互换交易在国际金融市场上，是降低长期资金筹措成本和资产、负债管理中防范利率和汇率风险的最有效的金融工具之一，它集外汇市场、证券市场、短期货币市场和长期资本市场于一身，既是融资工具的创新，又是金融风险管理的新手段。

二、互换的起源

(一) 平行贷款

互换业务中的货币互换产生于 1981 年。但是，货币互换的雏形却是 20 世纪 70 年代产生于英国的平行贷款。所谓"平行贷款"(parallel loan)，是指位于不同国家的两个母公司分别向对方设在本国的子公司提供以本国货币表示的贷款。例如，美国的母公司 A 在英国设有一家子公司 A，而英国的母公司 B 则在美国设有一家子公司 B。于是，如图 8-1 所示，在美国境内，母公司 A 向 B 子公司提供美元贷款；而与此同时，在英国境内，母公司 B 向 A 子公司提供英镑贷款。

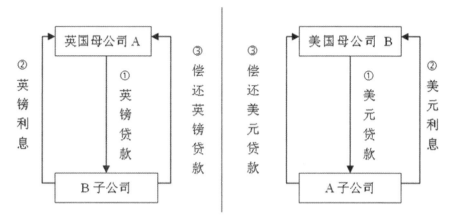

图8-1 平行贷款流程图

平行贷款是为了规避外汇管制而产生的一种筹资形式。在20世纪70年代初,英国资本外流严重。为限制资本外流,英格兰银行实行了一种类似征税的外汇管制办法。根据该办法的规定,英国公司欲对外投资,必须以较高的价格购买外汇,而当它收回投资并出售外汇时,却只有部分外汇可按较高价格出售,其余部分则必须以较低价格出售。这样,英国公司在从事对外投资时,实际上向政府缴纳了一笔"平衡税"。为规避这一"平衡税",一些公司遂与外国公司商议,采取平行贷款的办法。

从筹资形式来看,平行贷款是以借贷方式取得外汇资金,而并非通过在境内购买外汇来取得外汇资金,因而可绕过外汇管制,降低筹资成本。但从实际效果来看,平行贷款与母公司在国内购买外汇后供应国外子公司可谓异曲同工。

然而,由于平行贷款由两个独立的贷款合约构成,所以,就法律效力而言,这两个贷款合约同样有效,且分别受到两个国家的法律所保护。于是,一方违约不能成为另一方违约的理由。也就是说,当一方违约时,另一方仍必须履约,而不能因对方违约而自行抵消。所以,为了规避违约风险,一种与平行贷款相似的贷款形式——背对背贷款就应运而生。

(二) 背对背贷款

背对背贷款(back-to-back loan)是指位于不同国家的两个公司之间直接进行的相互贷款。与平行贷款一样,背对背贷款也是同时发放两笔贷款。但是,在背对背贷款中,两笔贷款只订立一个合约,且在合约中明确规定:若其中一方违约而使对方遭受损失,则对方可从其贷款中抵消这一损失,以作为补偿。因此,与平行贷款相比,背对背贷款可使当事双方免受或少受违约风险可能造成的损失。但是,背对背贷款涉及跨国借贷,这就存在外汇管制的问题。因此,背对背贷款是在1979年英国取消外汇管制后,才作为一种金融创新工具出现的。

图8-2所示的是背对背贷款的简易流程。在图中,美国公司向英国公司提供美元贷款,而英国公司向美国公司提供英镑贷款。这两笔贷款以期初即期汇率计算的价值相同,到期日也相同。在同一合约规定的期限内,英国公司定期向美国公司支付美元利息,而美国公司则定期向英国公司支付英镑利息。到期末,美国公司偿还英镑贷款,而收回美元贷款;英国公司则偿还美元贷款,而收回英镑贷款。

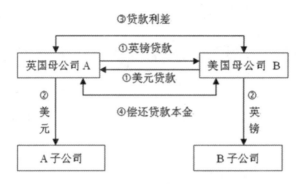

图 8-2 背对背贷款流程图

由此可见,就经济方面而言,背对背贷款与后面所要介绍的货币互换基本一致。但就法律方面而言,两者却有着很大的不同。这是因为,背对背贷款是一种借贷行为,当事双方互为债权人和债务人,人们通过背对背贷款产生新的资产或负债。而在货币互换中,互换双方只是将自己所持有的、以一种货币表示的资产或负债调换成以另一种货币表示的资产或负债,而至于资产或负债本身,则并不因为这种互换而发生任何变化。也就是说,人们通过货币互换,只是改变了用以表示资产或负债的货币种类,而无须对资产或负债做出相应的调整。所以,背对背贷款是一种表内业务,而货币互换则是一种表外业务。对于银行来说,背对背贷款是其资产业务,需要为此满足资本充足率的要求;而货币互换作为表外业务,没有资本充足率的约束。

三、互换的产生和发展

(一) 互换的产生

互换业务的前身是 20 世纪 70 年代的平行贷款和背对背贷款。但一般认为,作为一种新金融业务的互换业务,则是产生于 20 世纪 80 年代初的货币互换和利率互换。世界上第一笔互换业务是世界银行与国际商业机器公司(International Business Machines Corporation, IBM)于 1981 年 8 月所进行的货币互换。当时,IBM 公司正需要巨额的美元资金,但由于市场规模的限制,它无法直接筹得那么多的美元资金。所以,它只能从瑞士法郎市场和德国马克市场筹集以瑞士法郎和德国马克表示的资金,然后再将这些资金转换成美元资金而加以运用。与此同时,世界银行正需要筹集瑞士法郎资金和德国马克资金,但同样由于市场规模的限制,它也无法直接筹得所需的瑞士法郎资金和德国马克资金。不过,世界银行可凭借其高度的信用等级而筹得比较优惠的美元资金。于是,在所罗门兄弟公司(Salomon Brothers)的安排下,世界银行便通过发行欧洲债券,而筹得了 IBM 公司所持有的价值 2.9 亿美元的瑞士法郎和德国马克。然后,在平等互利的原则下,双方达成了有史以来第一个正式的货币互换协议。

由于世界银行与 IBM 公司都在世界上有着极高的知名度,因而它们之间所进行的这一货币互换,立刻引起了整个国际金融领域的高度重视,并对后来货币互换交易的推广和发展起到了重要的示范作用。在货币互换产生一年之后,利率互换也正式出现。一般认为,第一笔利率互换业务是德意志银行(Deutsche Bank)与其他 3 家银行于 1982 年 8 月所进行的。当时,德意志银行凭借其很高的资信等级,以比较优惠的固定利率发行了 3 亿美元的 7 年期欧洲债券,然后与其他 3 家资信等级相对较低的银行进行了互换。通过互换，德意志银行以低于 LIBOR 的利率支付浮动利息，而其他 3 家银行则以相对优惠的固定利率支付固定利息。这样，互换双方都从这一互换中获得了一定的利益。

(二) 互换的发展

利率互换虽然在货币互换一年后才产生，但它一经产生，即得到迅速的发展。目前，在整个互换市场上，利率互换的交易量约占互换交易总量的 80%。在利率互换产生以后，互换业务才有了突飞猛进的发展。据不完全统计，1983 年，互换的成交量约为 400 亿美元，到 1993 年年底，全球互换业务的签约金额已达 10 万亿美元，2003 年年底，互换的名义金额已超过 100 万亿美元，到 2013 年，互换的名义金额一举突破 450 万亿美元，占全球场外交易衍生产品总金额的比重超过 70%。2017 年人民币利率互换名义本金达到了 11.91 万亿元。尽管人民币利率互换名义本金已经达到了一个相当高的水平，但其发展空间仍然很大。相比全球范围内利率互换名义本金交易量，人民币利率互换市场在全球市场中的占比仅为 2.62%，而美国利率互换名义本金规模在全球市场中的占比为 56.8%。互换业务之所以有如此迅猛的发展，主要有如下四个重要的原因。

(1) 金融自由化的影响。金融自由化始于 20 世纪 70 年代末。进入 20 世纪 80 年代以后，金融自由化的热潮更是一浪高过一浪。在金融自由化的热潮中，金融风险与日俱增，其中最主要的是汇率风险和利率风险。金融风险的日益严重，引起人们对避险工具和避险技术的需求日益迫切、日益扩大且日益复杂。互换业务的兴起和发展正好迎合了人们的这一需求，因而它从一开始就受到人们的热烈欢迎。

(2) 金融证券化的促进。金融证券化与互换业务相辅相成。在金融证券化的趋势下，互换业务迅速扩大。据专家估计，在新发行的债券中，目前有 70% 至 80% 以金融互换为前提。所以，金融证券化的加强，促进了互换业务的迅速发展。

(3) 互换利益的诱导。互换具有不同于金融期货或金融期权的一个重要特点，这就是它可使互换双方同时受益。在金融期货或金融期权交易中，一方的获利恰好是另一方的损失。因而，就整体而言，它只是一种"零和博弈"(zero-sum game)。但是，在互换业务中，互换双方却均可从互换中获得好处。这就说明，互换业务可增进整体利益。换言之，它是一种"正和博弈"(positive-sum game)。所以，作为一种金融风险管理的新工具，互换更受到人们的欢迎；而作为一种获利性的投资手段，互换也更能满足人们所期望的低风险、高收益的要求。

(4) 金融机构的参与。金融机构参与互换原是作为互换双方的媒介，并从这种互换业务中分享一定的利益。但是，随着互换业务的扩大，金融机构已不再满足于单纯地充当简单的中介，而是自己也直接地以使用者或互换头寸持有者的身份参与互换。这样，互换的成交量大为增加，互换市场也更具流动性。由于市场流动性比互换带来的利益更重要，所以金融机构参与互换是互换业务迅速发展的一个关键性原因。

(三) 互换的二级市场

互换业务的迅猛发展，促进了互换二级市场的形成。所谓互换二级市场，是指已经达成的互换协议在不同持有者之间转让、流通的市场。这种二级市场的形成和发展，无疑为广大的投资者和生产经营者带来了更多的便利。同时，它也为各种金融机构及个人投资者提供了新的获利渠道。

互换二级市场的发展,客观上要求互换协议具有标准化的形式。从 1984 年起,一些在国际上较有影响的金融机构就致力于这方面的工作。1985 年 2 月,以欧洲互换市场上比较活跃的大银行和大证券公司为核心,成立了国际互换与衍生品协会(International Swap and Derivatives Association, ISDA)这一国际性组织。目前,欧洲、北美及日本的大多数从事互换业务的银行和证券公司都已成为该协会的会员。ISDA 的成立,为互换协议的标准化及交易规则的统一提供了必要的条件,这又使互换市场得到进一步的发展。

第二节 互换的理论基础

习近平总书记指出:"共同富裕是一个长远目标,需要一个过程,不可能一蹴而就,对其长期性、艰巨性、复杂性要有充分估计,办好这件事,等不得,也急不得。"实现共同富裕之所以要循序渐进地推进,一是因为实现共同富裕要以一定程度的社会生产力发展为基础,而社会生产力的发展是一个长期的过程;二是因为实现共同富裕需要极为复杂的制度设计和安排,其核心涉及社会各阶层的利益分配,这是几千年来思想家们一直探讨的问题,迄今尚无成功经验可供遵循;三是因为实现共同富裕受外部环境影响很大,而外部环境总是充满不确定性。金融互换作为资源调节工具,能够助力共同富裕,成为财富分配的有效工具,也有助于持续推动我国社会主义市场经济体制的完善。

一、互换产生的理论基础

互换理论深受英国古典政治经济学及马克思的经济思想的影响。斯密在《国富论》中认为,商品之间的交换是自古至今一切社会、一切民族普遍存在的经济社会现象。之所以如此,是因为参加交换的各方都期望从中获得报酬或利益,即满足自身的某种需要,这是人类的本性,它"为人类所特有,而在其他动物中是找不到的"。马克思也认为,物质交往是物质生产得以实现的前提。物质生产从来就是社会性的生产,它必须以许多个人共同活动为前提,而这种共同活动只有通过物质交往才能实现。

国际贸易领域的比较优势理论(comparative advantage theory)是由英国著名经济学家大卫·李嘉图(David Ricardo)提出的。他认为,在两国都能生产两种产品,且一国在这两种产品的生产上均处于有利地位,而另一国均处于不利地位的条件下,如果前者专门生产优势较大的产品,后者专门生产劣势较小(即具有比较优势)的产品,那么通过专业化分工和国际贸易,双方仍能从中获益。简单概括就是"两利相权取其重,两弊相权取其轻"。互换交易正是利用交易双方的比较优势进行的。具体而言,互换产生的条件可以归纳为两个方面:交易双方对对方的资产或负债均有需求,双方在这两种资产或负债上存在比较优势。

因此,从古典政治经济学来看,交易的产生来源于交易双方对物质需求的差别;从比较优势理论来看,交易的产生来源于交易双方生产物质成本的差别。然而,金融互换不仅取决于以上两个方面,还取决于交易双方的信息差。因此,金融互换有助于减少交易成本、信息不对称和增加社会总福利。

二、互换交易合约的内容

典型的互换交易合约通常包括以下几个方面的内容。

(1) 交易双方。交易双方是指相互交换货币或利率的双方交易者,而金融互换交易有时也是两个以上的交易者参加的同一笔互换交易。

(2) 合约金额。由于交易者参与互换市场的目的是从事融资、投资或财务管理,因而每一笔互换交易的金额都比较大,一般在1亿美元或10亿美元以上,或者是等值的其他国家的货币。

(3) 互换的货币。理论上互换的货币可以是任何国家的货币,但进入互换市场并经常使用的货币则是世界最主要的可自由兑换的货币,如美元、欧元、瑞士法郎、英镑、日元、加元、澳元、新加坡元等。

(4) 互换的利率。目前,进入互换市场的利率包括固定利率、伦敦银行同业拆放利率、存单利率、银行承兑票据利率、优惠利率、商业票据利率、国库券利率、零利息债券利率等。

(5) 合约到期日。互换交易通常是外汇市场、期货市场上不能提供中长期合同时才使用,因而其到期日的期限长,一般均为中长期。

(6) 互换价格。利率互换价格是由与固定利率、浮动利率和信用级别相关的市场条件决定的;而货币互换价格由交易双方协商确定,但通常能反映两国货币的利率水平,主要将政府债券利率作为参考依据。此外,货币互换价格还受到政府改革目标、交易者对流动性的要求、通货膨胀预期,以及互换双方的信用级别等的影响。

(7) 权利义务。互换双方根据合约的签订来明确各自的权利义务,并在合约到期日承担相互交换利息或货币的义务,同时也获得收到对方支付利息或货币的权利。

(8) 价差。价差表现为中介买卖价的差异。美元利率互换的价差通常为5~10个基点,货币互换的价差则不固定,价差的多少一般视信用风险而定。

(9) 其他费用。其他费用主要指互换市场的中介者因安排客户的互换交易,对互换形式、价格提供咨询等获取的收入,如法律费、交换费、咨询费、监督执行合约费等。

三、互换交易的参加者

互换市场交易的参加者一般由互换经纪商、互换交易商和直接用户构成。三者运用互换市场的动机不同。

(一) 直接用户

直接用户利用互换市场的主要目的有:
(1) 获得低成本的筹资;
(2) 获得高收益的资产;
(3) 对利率、汇率风险进行保值;
(4) 进行短期资产负债管理;
(5) 进行投机。
直接用户包括银行、公司、金融和保险机构、国际组织代理机构和政府部门等。金融中介或银行间运用互换市场主要是为了获得手续费收入，或从交易机会中获利，它包括美国、日本、英国及其他欧洲国家的一些银行和证券公司。对商业银行和投资银行来说，互换交易是一种具有吸引力的脱离资产负债表的收入来源。

(二) 互换经纪商

互换经纪商是以代理人身份从事交易活动的。一项互换交易要成功，互换双方的需求必须完全吻合。一家企业如果面临的金融风险是短期的，并且是标准化的话，这家企业就可以应用期货或交易所交易的期权来管理这种风险。一些比较特殊的金融风险常常是导致企业寻求互换市场规避风险的主要原因。对于一个可能参与互换交易的交易者而言，由于其特定的互换需求，要找到完全吻合的对手方是有难度的。从货币互换来看，互换的名义本金、货币币种、互换期限等项都要恰好满足要求，确实不是一件容易的事情。正是由于这种寻求互换对手方的困难，互换经纪商有了用武之地。总的来说，互换经纪商主要起媒介作用，为互换双方寻找合适的对手方，因此互换经纪商本身并不承担金融风险。

(三) 互换交易商

互换交易商履行互换经纪商的所有职责。此外，互换交易商由于是交易的一方，因此往往还承担金融风险。但我们不能据此就认为互换交易商是投机者。互换交易商承担风险是为了完成互换交易，故如果互换交易有风险，交易商会想办法抵消这种风险。互换交易商起金融媒介作用，通过帮助完成互换交易来获得利润。

在互换市场上，金融机构既是最终使用者，又是中介者。作为最终使用者，金融机构通过互换市场来管理其资产与负债；作为中介者，金融机构提供建议、信息，安排不同信誉的客户从事互换交易，并承担双方不能履约的风险。一些金融机构还是客户从事互换交易的代理人。此外，一些跨国集团公司、国际性机构及一些国家的政府机构，都是互换市场的重要参与者。他们通过参与市场，达到对自身资产负债保值增值、规避风险，以及降低筹资成本、获得相对利益的目的。

四、互换的功能

互换交易属表外业务，不计入资产负债表，因此具有降低筹资成本、提高资产收益、优化资产负债结构、转移和防范利率风险和外汇风险，以及空间填充等功能。

(一) 降低筹资成本，提高资产收益

互换交易是基于比较优势而成立的，筹资者通过互换交易，可充分利用双方的比较优势，大幅度降低筹资成本。同理，投资者也可通过资产互换来提高资产收益。交易双方最终分配由比较优势而产生的全部利益是互换交易的主要动机。当一家企业机构在某一市场具有筹资优势，而该市场与该企业或机构的所需不符时，通过互换可以利用具有优势的市场进行筹措而得到在另一个市场上的所需。如具有信用级别差异的双方，做数额、币别、期限相同的负债互换，以伦敦同业拆借利率成本筹资，信用级别差的一方也可用低于自己单独筹资的利率成本获得资金，这样双方均可以较低的成本满足其最终的需求。

(二) 优化资产负债结构、转移和防范利率风险和外汇风险

互换交易使企业和银行能够根据需要筹措到一定期限、面值、利率的资金，同时可根据市场行情的变化，灵活地调整其资产负债的市场结构和期限结构，以实现资产负债的最佳搭配。由于互换是以名义本金为基础进行的，利率互换在对资产和负债利率敞口头寸进行有效操作时，相比利用货币市场和资本市场的其他金融工具进行操作具有优势，它可以不经过真实资金运动而对资产负债额及其利率期限结构进行表外重组。在负债的利率互换中，支付固定利率相当于借入一笔名义固定利率债务，会延长负债利率期限；支付浮动利率相当于借入一笔名义浮动利率债务，会缩短负债的利率期限。而在资产利率互换中，收入固定利率等于占有一笔名义浮动利率债权，会延长资产的利率期限；而收入浮动利率等于占有一笔名义浮动利率债权，会缩短资产的利率期限。

从防范风险方面看，当某种货币的币值极不稳定，而该货币又是某交易者想要的货币时，通过货币互换可以用一种货币换得想要的币值相对稳定的货币，同时避免了因币值易变风险而带来的损失。由于交易者对币值变动预测不同且有甘愿承担风险的投机者参与，这种为保值、规避风险而进行的互换是能够完成的。在利率互换中，为避免利率上升带来的损失，交易者将通过浮动利率的负债与固定利率的负债进行互换，所收的浮动利率与原负债相抵，而仅支出固定利率，从而避免利率上升的风险。

(三) 空间填充功能

空间填充功能从理论上讲是指金融机构依靠衍生工具提供金融中介，以弥合总体空间中存在的缺口和消除在此范围内的不连续性，形成一个理想的各种工具的不同组合，创造一个平滑连续的融资空间。例如，这种缺口可以是发行形式间(证券筹措和银行信贷间)存在的差异、工具运用者信用级别差异、市场进入资格限制等。事实上，这种缺口的存在正是互换交易能够进行的基础。从本质上讲，互换就是对不同融资工具的各种特征进行交换。货币互换把一种通货负债换为另一种通货负债，从而弥合了两种通货标值间的缺口；利率互换将浮动利率负债换为固定利率负债，等于在浮动利率债券市场上筹措资金，而得到固定利率债券市场的效益。受到进入某一特定市场限制的机构或信用级别较低的机构可以通过互换，得到与进入受限制或信用级别要求较高的市场的同样机会，从而消除了由于业务限制和信用级别差异而引起的市场阻隔。互换交易具有明显的对融资工具不同特征进行"重新组合"的特征。

五、互换的种类

互换的种类可根据不同的标志进行不同的划分。在这里，根据互换的结果对其进行分类。互换的结果不外乎如下三种：一是货币种类的调换，可称为货币互换；二是计息方式的调换，可称为利率互换；三是货币种类与计息方式同时调换，可称为交叉货币利率互换。在计息方式的调换中，又有两种不同的情况：一种情况是固定利率与浮动利率的调换；另一种情况则是一种浮动利率与另一种浮动利率的调换。互换的种类大致如表8-1所示。

表8-1 互换的种类

	固定对固定	固定对浮动	浮动对浮动
币种相同	—	利率互换(息票互换)	利率互换(基准互换)
币种不同	货币互换	交叉货币利率互换	

(一) 货币互换

货币互换(currency swaps)，是指互换双方将自己所持有的以一种货币表示的资产或负债调换成以另一种货币表示的资产或负债的行为。基本的货币互换是指货币种类不同但计息方式都为固定利率的金融工具的交换。例如，世界银行将它的 2.9 亿美元的固定利率债务与 IBM 公司已有的瑞士法郎和德国马克的债务互换(如图 8-3 所示)。互换双方的主要目的是，世界银行希望筹集固定利率的德国马克和瑞士法郎低利率资金，但世界银行无法通过直接发行债券来筹集，而世界银行具有 AAA 级的信誉，能够从市场上筹措到最优惠的美元借款利率，世界银行希望通过筹集美元资金换取 IBM 公司的德国马克和瑞士法郎债务；IBM 公司需要筹集一笔美元资金，由于数额较大，集中于任何一个资本市场都不妥，于是采用多种货币筹资的方法，他们运用本身的优势筹集了德国马克和瑞士法郎，然后通过互换，与世界银行换到优惠利率的美元。

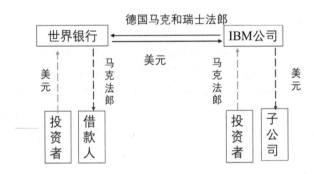

图8-3 货币互换示意图

现有一货币互换协议：
生效日：1998.11.15
到期日：2002.11.15
名义本金：2 百万英镑 vs 3.44 百万美元(生效日的汇率为 1.72)
英镑利率为 8.65%(半年复利一次的年利率，按实际天数/365 天计息)
美元利率为 6 个月的 Libor，按货币市场计息(360 天)方式计息
则：英镑每期的现金流为

$$0.086 \times (当期的实际天数/365) \times 2 \text{ 百万英镑}$$

美元每期的现金流为

$$\text{Libor} \times (当期的实际天数/360) \times 3.44 \text{ 百万美元}$$

每期的现金流如表 8-2 所示。

表8-2 现金流表

序号	交割日	天数	Libor	固定利率的流出	浮动利率的流入
1	11/15/98	181	5.75	3.44 百万美元	2 百万英镑
2	05/15/99	184	6.0	0.0858 百万英镑	0.0994 百万美元
3	11/15/99	182	6.25	0.0872 百万英镑	0.1055 百万美元
4	05/15/00	184	6.70	0.0863 百万英镑	0.1087 百万美元
5	11/15/00	181	7.25	0.0872 百万英镑	0.1178 百万美元
6	05/15/01	184	7.00	0.0858 百万英镑	0.1254 百万美元
7	11/15/01	181	6.75	0.0872 百万英镑	0.1187 百万美元
8	05/15/02	184	5.50	0.0858 百万英镑	0.1167 百万美元
9	11/15/02		5.75	2.0858 百万英镑	3.5367 百万美元

需要指出的是，图 8-3 所示的只是一个简化的货币互换示意图。而现实的货币互换实际上可分成三个互换过程：期初的本金交换、期间的利息交换及期末的本金交换，如图 8-4 所示。

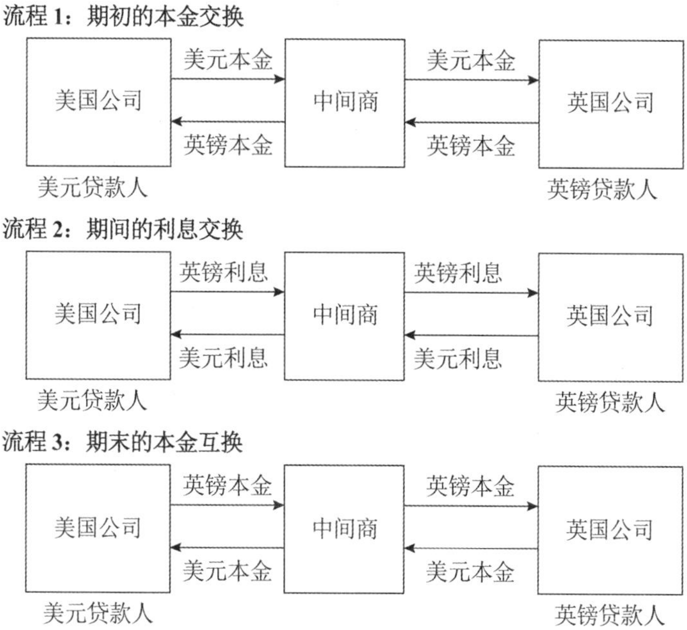

图8-4 货币互换交易示意图

(二) 利率互换

利率互换(interest rate swaps)，是指互换双方将自己所持有的、采用一种计息方式计息的、以同种货币表示的资产或负债调换成采用另一种计息方式计息的资产或负债的行为。简而言之，利率互换是同种货币、异种计息方式的金融工具的调换。

与货币互换不同，在利率互换中，互换双方只需交换利息，而无须交换本金。在利率互换中，被作为交换对象的资产或负债是用同种货币表示的，故本金的交换没有必要。而在计算互换双方所需支付给对方的利息时，所依据的只是一种名义上的本金。这种名义上的本金是由互换双方在签订互换协议时予以确定的。我们之所以称它为名义上的本金，是因为这一本金的借入与借出分别由借入方和借出方单独进行，而与对方无关。

在表 8-1 中，可以清楚地看到，利率互换实际上有两种：一种是固定利率与浮动利率的互换，这种互换也称为息票互换(coupon swaps)或单纯互换(plain vanilla swaps)，另一种则是一种浮动利率与另一种浮动利率的互换，这种互换也称为基准互换(basis swaps)，图 8-5 与图 8-6 分别是息票互换与基准互换的流程图。

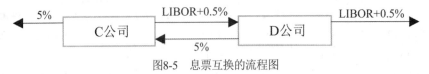

图8-5　息票互换的流程图

在图 8-5 中，C 公司借到固定利率为 5%的美元债务，而 D 公司则借到浮动利率为 LIBOR+0.5%的美元债务。通过互换，C 公司实际支付的利息是按浮动利率 LIBOR+0.5%计算的，而 D 公司实际支付的利息是按固定利率 5%计算的。这一结果与 C 公司一开始借到固定利率债务，而 D 公司一开始借到浮动利率债务正好相反。这种利率互换之所以有必要，是因为这种互换既可降低交易双方的筹资成本，又可防范双方面临的利率风险。

图8-6　基准互换的流程图

在图 8-6 中，E 公司与 F 公司都借到了浮动利率的美元债务。但 E 公司所借到的，是以伦敦银行同业拆借利率(LIBOR)为基准利率的浮动利率债务，而 F 公司所借到的，则是以美国优惠利率(prime)为基准利率的浮动利率债务。通过互换，E、F 两公司相互支付对方所需支付的利息，从而也改变了所借债务的计息方式。

在实务中利率互换通常采用差额支付的方法，而并非如图 8-5 和图 8-6 所示的那样采用双向支付的方法。我们在此之所以如此说明，主要是为了更清楚地反映利率互换的基本性质。但是，在货币互换中，由于货币种类不同，互换双方必须采用双向支付的方法，而不能采用差额支付的方法。

(三) 交叉货币利率互换

交叉货币利率互换(cross currency interest swaps)，是指互换双方将自己所持有的以一种货币表示的、采用一种计息方式的资产或负债，调换成以另一种货币表示的、采用另一种计息方式的资产或负债的行为。可见，在交叉货币利率互换中，互换双方将同时达到两个目的：一是改变资产或负债的货币种类；二是改变资产或负债的计息方式。因此，交叉货币利率互换实际上是上述货币互换与利率互换的综合。

例如，G 公司借到固定利率为 6%的日元债务，并希望将它调换成浮动利率的美元债务。而与此同时，H 公司借到浮动利率为 LIBOR+0.25%的美元债务，并希望将它调换成固定利率的日元债务。于是，G、H 两公司即可进行交叉货币利率互换，如图 8-7 所示。

图8-7 交叉货币利率互换的流程图

以上所述的是互换的主要种类。随着互换业务的扩大和市场的发展,其种类也在不断创新。同时,为方便起见,在上述分析中,都假设互换双方采取直接互换的方式。然而,在实务中,间接互换较直接互换更为普遍。在间接互换中,由于金融中介机构也将参与互换利益的分配,所以,实际的互换过程,尤其是互换价格的确定也较直接互换更为复杂。

第三节 互换的交易机制

利率互换是受合同约束的双方在一定时间内按一定金额的本金彼此交换现金流量的协议。在利率互换中,若现有头寸为负债,则互换的第一步是与债务利息相配对的利息收入;第二步是通过与现有风险敞口配对后,借款人通过互换交易创造所需头寸。利率互换可以改变利率风险。

一、利率互换交易机制

(一) 利率互换的设计

利率互换的理论基础是李嘉图的比较优势原理。根据这一原理,筹资者只要在自己具有比较优势的市场筹资,然后通过利率互换来调换计息方式,则比他直接筹措该种计息方式的资金要来得便宜。

固定利率支付者:在利率互换交易中支付固定利率;在利率互换交易中接受浮动利率;买进互换;是互换交易多头;称为支付方;是债券市场空头;对长期固定利率负债与浮动利率资产价格敏感。浮动利率支付者:在利率互换交易中支付浮动利率;在利率互换交易中接受固定利率;出售互换;是互换交易空头;称为接受方;是债券市场多头;对长期浮动利率负债与固定利率资产价格敏感。对此,可举例说明。

【例8-1】假设有甲、乙两公司,甲公司希望筹措浮动利率资金2000万美元,而乙公司则希望筹措固定利率资金2000万美元,两公司筹措资金的期限均为五年。这两家公司的信用等级和筹资利率如表8-3所示。

表8-3 甲、乙两公司的信用等级与筹资利率

	甲公司	乙公司	利差
信用等级	AAA	BBB	—
固定利率	5%	6%	1%
浮动利率	LIBOR+0.25%	LIBOR4+0.75%	0.5%

根据上一节所介绍的比较优势理论,由于甲公司的信用等级高于乙公司,因此其在固定利

率和浮动利率两个市场借款的利率均低于乙公司。相比之下，其在固定利率市场上的优势大于浮动利率市场，因此，甲公司的比较优势在固定利率方，相对应地，乙公司的比较优势在浮动利率方。

假设甲公司希望以浮动利率筹资，乙公司希望以固定利率筹资。如果这两家公司均利用自己的比较优势筹资，并直接进行利率互换，则双方均可减少利息支出，从而降低筹资成本。通过利率互换，双方总共可节约的利率为

$$(6\% + LIBOR+0.25\%)-(5\% + LIBOR+0.75\%)=0.5\%$$

假设双方通过利率互换共同分享利息的节约，则双方各能节约 0.25% 的利息支出。这里要注意的是：利息支出的节约，是针对交易双方原先的借款意愿而言的。因此，甲、乙两公司的最终借款成本分别为

甲公司：LIBOR+0.25%-0.25% = LIBOR

乙公司：6%-0.25% =5.75%

(二) 利率互换的作用

(1) 获得低于市场利率的贷款，降低筹资成本。通过利率互换，客户能够获得低于市场上得到的固定利率贷款或浮动利率贷款，降低筹资成本。

(2) 操作方便。利率互换创新金融工具自问世以来，即被公司财务人员和金融机构广泛使用。作为资产和负债管理的新型工具，将资产或债务的浮动利率转换为固定利率，或将固定利率转换为浮动利率，安排手续简便，操作极为方便。利率互换协议无特别限制条款，一般只需较少的合约内容，很多条款都是标准化的。

(3) 便于进行利率风险管理。在现代经济中，缺口管理是各种金融机构利率风险管理的一种常用的方法。根据缺口管理理论，利率敏感性缺口可分为正缺口和负缺口两种。所谓正缺口，是指利率敏感性资产大于利率敏感性负债；而所谓负缺口，是指利率敏感性资产小于利率敏感性负债。当存在正缺口时，若利率上升，净利息收入将增加；但若利率下降，则净利息收入将减少。相反，当存在负缺口时，若利率下降，净利息支出将减少；而若利率上升，则净利息支出将增加。这就说明，无论存在哪一种缺口，人们都将面临相应的利率风险。为回避利率风险，人们可通过利率互换中的息票互换而将存在的缺口消除。

对于金融机构或其他经济主体而言，其资产与负债以不同的浮动利率计息是常有的事。这样，即使以这两种利率计息的资产与负债正好相等，而且其全部资产与负债之间也不存在利率敏感性缺口，经济主体也会面临一定程度的利率风险。所以，利率互换中的基准互换也自然有其客观的必要性。

二、货币互换交易机制

(一) 货币互换的步骤

货币互换根据交易双方的互补需要，将持有的不同种类的货币，以商定的筹资本金和利率为基础，进行货币本金的交换并结算利息。货币互换交易一般有三个基本步骤：

(1) 本金的初期互换，指互换交易之初，双方按协定的汇率交换两种不同货币的本金，以

便将来计算应支付的利息时再换回本金。

(2) 利率的互换,指交易双方按协定利率,以未偿还本金为基础,进行互换交易的利率支付。

(3) 到期日本金的再次互换,即在合约到期日,交易双方通过互换换回期初交换的本金。

在考虑互换中介的情况下,对于美国和英国公司而言,其货币互换的流程如图8-8所示。货币互换交易实际上是一种互利互补的交换,通过互换,不仅可以降低双方的筹资成本,还使有关企业集团、政府机构等利用外国资本市场,获得本来不易获得的资金,而且有助于避免外汇风险。

(二) 货币互换的设计

与利率互换类似,货币互换的设计过程中,也需要首先判断交易双方的比较优势如何,确定好互换收益的分配,并以此为依据设计货币互换。为了说明此问题,以下以包含了金融中介的例子,来对货币互换的设计加以介绍。

【例8-2】 信息同上例,假设有金融中介(如银行)在甲乙两公司之间提供互换的相关服务,并从中收取10个基点的手续费,同样假定甲乙双方通过利率互换共同分享利息的节约,试对此时的利率互换进行设计。

解: 从【例 8-1】的相关信息中,我们知道甲、乙两公司通过互换,总共可以节约的利息成本是 0.5%。在这里,由于金融中介(financial intermediation, FI)有参与互换的相关服务,并收取手续费用 0.1%。此时甲乙双方各节约的利息成本是 0.2%[(0.5%-0.1%)/2]。因此,甲、乙两公司的最终借款成本分别为

  甲公司:LIBOR+0.25%-0.2% = LIBOR+0.05%

  乙公司:6%-0.2%=5.8%

根据上述信息,我们可以设计出可能的利率互换,如图8-8所示。

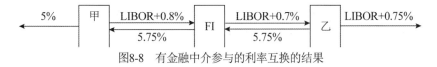

图8-8 有金融中介参与的利率互换的结果

从中可以看出,要完成利率互换,实现所需要的互换的最终结果,只需要由甲公司向金融机构支付利息差额 LIBOR-4.95%,金融机构向乙公司支付利息差额 LIBOR-5.05%即可。另外需要注意的是,这里的两个例子都是负债互换的表现形式。对于资产互换来说,我们是希望利率越高越好,而非越低越好。因此,比较优势方的判断标准与负债互换刚好相反,相应的互换设计也会有明显的不同。

【例8-3】 假定英镑和美元汇率为1英镑= 1.5000美元。A公司想借入5年期的1000万英镑借款,B公司想借入5年期的1500万美元借款。但由于A公司的信用等级高于B公司,两国金融市场对A、B两公司的熟悉状况不同,因此市场向它们提供的固定利率也不同。市场向 A、B公司提供的借款利率如表8-4所示。

表8-4　市场向A、B两公司提供的借款利率

	美元	英镑
A公司	8.0%	11.6%
B公司	10.0%	12.0%

双方的互换交易通过金融中介I公司完成，并且金融中介从中收取0.6%的服务费用。假设A、B两公司平分互换的收益，且互换每年进行一次，试设计货币互换方案。

解：根据A、B公司借款利率表，可知：A公司在美元和英镑借款上的利率均低于B公司。相比之下，在美元借款上，A公司的优势大(2%)；在英镑借款上，B公司的劣势小(0.4%)。因而，A公司的比较优势在美元，B公司的比较优势在英镑。相应地，两者通过货币互换，总共可以节约的利息成本的支出为2%-0.4% = 1.6%。

考虑到金融中介I公司收取0.6%的服务费用，最终A、B公司各节约利息成本0.5%。通过互换，最终A、B公司的借款成本分别为

　　A公司：11.6%-0.5% = 11.1% GBP
　　B公司：10.0%-0.5% = 9.5% USD

根据上述信息，我们可以设计出可能的货币互换，如图8-9所示。

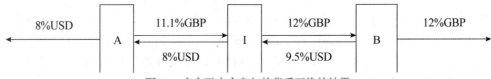

图8-9　有金融中介参与的货币互换的结果

从中我们可以看出，要完成货币互换，实现我们所需要的互换的最终结果，需要由A公司向金融中介I公司支付11.1%的英镑利息(合111万英镑/年)，金融中介I公司向A公司支付8%的美元利息(合120万美元/年)；B公司向金融中介I公司支付9.5%的美元利息(合142.5万美元/年)，金融中介I公司向B公司支付12%的英镑利息(合12万英镑/年)。最终，金融中介I公司的英镑净支出为9万英镑/年(111-120)，美元的净收入为22.5万美元/年(142.5-120)，而A、B公司则分别获得了利率为11.1%的英镑贷款和利率为9.5%的美元贷款。

(三) 货币互换和利率互换的风险分析

(1) 货币互换的风险分析。由于货币互换在期初和期末需要进行本金的交换，因而本金数额不受汇率波动的影响。但是，如果未来时刻两国货币的汇率发生了巨大的波动，比如，【例8-3】中的汇率由1.5000美元/英镑变动至0.8000美元/英镑，此时英镑贬值、美元升值。在期初换得1500万美元的B公司，有可能会选择在互换到期前终止合约。这样一来，在互换中持有1000万英镑的A公司，将不得不以贬值后的市价，将手里的英镑头寸兑换成800万美元，从而蒙受700万美元的巨额损失。因此，与利率互换相比，货币互换的违约风险巨大。

另一方面，以【例8-3】中的结果为例，金融中介在互换交易中收入的是22.5万美元，支出的是9万英镑，如果市场上英镑升值、美元贬值，则其净收入将会因汇率的不利变动而下降。因此，从【例8-3】中可以看出，金融中介承担市场汇率变动所带来的风险。但是，在实践中，这种汇率风险既可能由实际上的互换双方的任何一方承担，也可能由金融中介机构承担。对于

互换双方而言，这种风险主要来源于利息的收付；而对于金融中介而言，这种风险既来源于利息的收付，也来源于本金的收付。货币互换中的汇率风险承担情况要根据互换的具体安排来决定。

在【例 8-3】的图 8-9 中，全部的汇率风险由金融中介承担。除此以外，货币互换还有如下两种可能的安排，分别如图 8-10 和图 8-11 所示。不同的安排将由不同的参与者承担汇率风险。

图8-10 货币互换安排：A公司承担汇率风险

图8-11 货币互换安排：B公司承担汇率风险

所以，在货币互换中，交易双方及金融中介在如何分享互换利益方面进行讨价还价时，不仅要考虑它们在这种互换中所具有的竞争实力，而且还必须对互换期间究竟由哪一方承受汇率风险做出应有的考虑。不过，在货币互换的实务中，金融中介往往是汇率风险的主要承担者。

(2) 利率互换的风险分析。与货币互换相对应，在利率互换中，由于被作为互换对象的金融工具有着相同的币种。因此，互换双方只需交换利息，而无须交换本金。在利息的交换中，利率互换双方也通常采取差额支付的办法，而不是采取双向支付的办法。因此，在利率互换中，即使交易对方违约，另一方所受的损失也是相对有限的。

互换交易中的信用风险，对金融中介尤其重要。现实的金融互换绝大多数是由金融中介作为媒介的间接互换。在这种间接互换中，充当金融中介的主要是商业银行与投资银行。这些金融中介通常与为数众多的客户达成大量的互换业务。在每一笔互换业务中，这些金融中介一般只能取得相当微小的价差，以作为它的收益。然而，在互换业务的规模较大，而且所有的客户又都能履约的情况下，这些金融中介机构可无风险地获得相当可观的互换利益。但是，如果在它的客户中存在违约者，则这些金融中介将因此而受到较大的损失。这是因为，在互换中，金融中介是分别与交易双方达成互换协议的。因此，如果其中一位客户违约，它不能因此而对另一位客户也违约。所以，对于从事互换中介业务的金融中介而言，互换中的信用风险是尤其值得重视的。

(四) 货币互换的作用

(1) 降低筹资成本。借款人可以利用某些有利条件，举借另一种利率较低的货币，通过货币互换，换成所需资金的货币，来降低所需货币的筹资成本。

(2) 调整资产和负债的货币结构。借款人可以根据外汇汇率和各种货币的利率变化情况，通过货币互换，不断调整资产和负债的货币结构，使其更加合理，避免外汇汇率和利率变化带来的风险。

(3) 借款人可以间接进入某些优惠市场。如果借款人直接进入某些优惠市场有困难，或者受到资信等级方面的限制，或者费用太昂贵，借款人可以通过借入某一种货币取得较有利的利率，然后经过互换调换成另一种货币。这种方法相当于借款人间接地进入某些优惠市场。

三、资产负债互换交易机制

(一) 资产负债互换的概念

在国际金融市场上,互换不仅用于负债管理,亦可用于资产管理。很多公司和金融机构都运用资产负债利率互换进行交易。资产负债互换是指用于资产管理方面的互换。通过资产负债互换安排,可以改变投资收益的利率特征、改变收到利息的频率和时间,提高投资者进行资产管理的灵活性。

(二) 资产互换的设计

与前面提到的负债互换类似,资产互换的设计过程中,也需要首先判断交易双方的比较优势为何,确定好互换收益的分配,并以此为依据设计资产互换。为了说明此问题,我们以一个例子,来对资产互换的设计加以介绍。

【例8-4】 假设甲、乙两公司均有金额相等的现金资产,其中甲公司希望以固定利率获得投资收益,而乙公司希望以浮动利率获得投资收益。这两家公司的投资收益率如表8-5所示。

表8-5 甲、乙两公司的投资收益率

	甲公司	乙公司	利差
固定利率	5%	6%	1%
浮动利率	LIBOR4+0.25%	LIBOR+0.75%	0.5%

假设甲、乙两公司平分互换的收益,试设计资产互换方案。

解: 从表中可以看出,无论以固定利率投资还是以浮动利率投资,甲公司均处于劣势地位而乙公司均处于优势地位。但是相对而言,甲公司在浮动利率上的劣势较小(因利差较小),而乙公司在固定利率上优势较大(因利差较大)。

通过资产互换,双方总共可多获得的收益率为

$$(6\% + LIBOR+0.25\%) - (5\% + LIBOR+0.75\%) = 0.5\%$$

由于双方平分互换的收益,因此两者各分得0.25%的收益率。最终,双方的实际投资收益率分别为

甲公司:5% + 0.25% = 5.25%

乙公司:LIBOR+0.75 % + 0.25 % = LIBOR+1 %

从中我们不难发现,要完成资产互换,实现我们所需要的互换的最终结果,只需要由甲乙双方进行利息差额的支付即可,利息差额就是两者之间数值之差,即甲乙双方要完成资产互换,只需要由甲公司向乙公司支付LIBOR+5%的利息差即可。

(三) 资产利率互换的作用

资产利率互换在当今世界上已成为资产管理者手中不可缺少的工具。由于在资产管理中运用了资产互换及其他衍生业务,资产利率互换得以迅速发展。资产利率互换除了能改变资金的

流动方式外,还具有以下作用。

(1) 作为调整投资组合的有效工具。无论是投资者还是资产管理者,为使自身资产的价值免受利率变动的影响,需要经常对资金的期限及固定与浮动的比例做相应的调整。资产利率互换则能在不需要改变主要资产的情况下,调整固定利率与浮动利率的组合及投资期限,从而节约与出售现有资产及购入新资产有关的交易成本。只要互换交易对方的信用状况令人满意,那么,资产利率调整不太可能改变整个投资的信用质量。

(2) 作为债券与互换市场间套利的工具。由于浮动利率债券市场的波动,不少投资者纷纷通过购买浮动利率债券并将之转化为综合固定利率债券的方式,来获得同一信用等级的普通固定利率债券所无法带来的巨大收益。同时,在固定利率的公司债券市场上,投资者往往购买价值低估的公司债券,通过资产利率互换交易的转换,本身会给投资者带来更大 LIBOR 差额,从而增加了债券与互换市场间套利的机会。

(3) 创造同类综合债券及提供证券市场无法达到的信用质量。一般来看,大部分的浮动利率债券是由银行来发行的,而具有较高公司信用等级的浮动利率债券工具很少。在这种情况下,投资者往往通过购买固定利率的公司债券,并将其通过资产利率互换而转换成浮动利率债券,以期带来比 LIBOR 高得多的收益。

(4) 为购买高收益的化繁为简债券提供了机会。由于市场上综合浮动利率债券的流动性比普通债券差,要出售一种综合浮动利率债券,投资者不但要出售固定利率债券,而且还得解除与此债券有关的资产互换。根据互换交易市场的规律,解除资产利率互换既可带来盈利,也将带来损失,综合浮动利率债券缺乏流动性的问题往往能通过收益的增加来弥补。特别是那些通过资产利率互换加以还原(化繁为简)的浮动利率债券,比同一发债人发行的普通浮动利率债券的收益更高。

第四节 互换的估值和定价

假定不存在违约风险,互换可以看作是债券的多空组合或一系列远期合约的组合。下面简单介绍利率互换和货币互换的估值(valuation)和定价(pricing)问题。

一、利率互换的估值和定价

利率互换合约的初始价值为零,随着时间的变化,其价值会随着市场利率的波动而发生改变,相应的价值可能为正或为负。可以将利率互换看作多空债券构成的组合,或者一系列的远期合约。为了说明这一问题,以【例8-1】中的利率互换流程作参照加以阐述。

【例8-5】甲公司向乙公司购买固定利率债券,债券的面值是2000万美元(即互换的名义本金数额,下同),乙公司承诺每期支付的债券利率是5.75%;乙公司向甲公司购买浮动利率债券,债券的面值是2000万美元,甲公司承诺每期支付的债券利率是LIBOR+0.75%。

对于甲公司来说,其收入固定利率、支出浮动利率,相当于固定利率债券的多头方、浮动利率债券的空头方。由此,对于甲公司而言,互换的价值是:

$$V = B_{fix} - B_{fl}$$

其中：B_{fix} 是固定利率债券价值，B_{fl} 是浮动利率债券价值。接下来的问题就在于：如何求解 B_{fix} 和 B_{fl}？由于固定利率不变，B_{fix} 不是主要变量，而 B_{fl} 每期的变化才是最为重要的。

【例8-6】 参照【例8-1】中的利率互换流程，假设未来五年的LIBOR分别为4.8%、4.9%、5.2%、5.3%和5.5%，求：对于甲公司而言，该利率互换的价值。

解：由于在利率互换中，甲向乙每期支付 LIBOR + 0.75%的浮动利率，乙向甲每期支付 5.75%的固定利率。因此，两者的利率差为5%-LIBOR。

$$V = 2000 \times \left(\frac{5\% - 4.8\%}{1 + 4.8\%} + \frac{5\% - 4.9\%}{(1 + 4.9\%)^2} + \frac{5\% - 5.2\%}{(1 + 5.2\%)^3} + \frac{5\% - 5.3\%}{(1 + 5.3\%)^4} + \frac{5\% - 5.5\%}{(1 + 5.5\%)^5} \right)$$

$$= 2000(-0.00554) = -11.08 \text{万美元}$$

二、货币互换的估值和定价

与利率互换类似，货币互换也可以看作债券的多空组合或一系列远期合约的组合，所不同的是，货币互换中涉及的债券多空双方的计价货币不同。对于外币利率收入来说，支付本币利率的一方：

$$V = SB_F - B_D$$

其中，B_F 为在互换中以外币形式度量的基础资产价值；B_D 为在互换中以本币形式度量的基础资产价值；S 为即期汇率。对于表8-2来说，V 是一系列现金流的现在价值，即

美元的支付方：

$$\frac{0.0994}{1 + 6\%/2} + \frac{0.1055}{(1 + 6.25\%/2)^2} + \frac{0.1087}{(1 + 6.7\%/2)^3} + \frac{0.1254}{(1 + 7.25\%/2)^4} +$$

$$\frac{0.1254}{(1 + 7\%/2)^5} + \frac{0.1187}{(1 + 6.75\%/2)^6} + \frac{0.1167}{(1 + 5.5\%/2)^7} + \frac{3.5367}{(1 + 5.75\%/2)^8} - 3.44 = 0.0814(\text{百万美元})$$

练习与思考

1. 公司 A 和 B 可以按如下所示利率借入 2000 万美元 5 年期的贷款。

	固定利率	浮动利率
公司 A	5%	LIBOR+0.1%
公司 B	6.4%	LIBOR+0.6%

公司 A 想得到浮动利率贷款，公司 B 想得到固定利率贷款。设计一个互换，其中某银行为中介，银行的净收益为 0.1%，并且同时对两个公司而言，这一互换具有同样的吸引力。

2. 公司 X 希望以固定利率借入美元，公司 Y 希望以固定利率借入日元。经即期汇率转换后，双方所需要的金额大体相等。经过税率调整后，两家公司可以得到的利率报价如下所示。

	日元	美元
公司 X	5%	9.6%
公司 Y	6.5%	10%

设计一个互换，其中某银行为中介，其收益率为 50 个基点，并使得该互换对双方有相同的吸引力，在互换中要确保银行承担所有的汇率风险。

3. 公司 X 及公司 Y 对 500 万 10 年投资有如下所示的收益率。

	固定利率	浮动利率
公司 X	8%	LIBOR
公司 Y	8.8%	LIBOR+0.1%

公司 X 想得到固定收益的投资，公司 Y 想得到浮动收益的投资。设计一个互换，其中银行为中介，其收益率为年利率 0.2%，并使得该互换对公司 X 和公司 Y 有同样的吸引力。

4. 公司 A 及公司 B 可以获得如下所示的利率(经税率调节后)。

	A	B
美元(浮动利率)	LIBOR+0.5%	LIBOR+1%
加元(固定利率)	5%	6.5%

假定公司 A 想借入美元浮动利率，公司 B 想借入加元固定利率。一个金融机构计划安排一个货币互换并想从中盈利 50 个基点。如果这一互换对于 A 与 B 有同样的吸引力，A 和 B 最终支付的利率分别为多少？

5. 公司 A 是一家英国制造商，它想以固定利率借入美元。公司 B 是一家美国的跨国公司，它想以固定利率借入英镑。两家公司可以获得如下所示的年利率报价。

	英镑	美元
公司 A	11%	7%
公司 B	10.6%	6.2%

设计一个互换，其中某银行为中介，每年盈利为 10 个基点，并保证这个互换对 A 和 B 两家公司均有相同的利息节约。

 读书笔记

第九章

信用衍生产品

为深入贯彻党的二十大精神，聚焦高质量发展核心任务，深化资本市场改革，应从扩大实体经济融资、扶持中小企业融资发展、强化民企融资支持等角度提高直接融资能力。与此同时，完善信用风险缓释工具和民企风险分担机制，促进信用衍生品市场发展，构建风险对冲屏障，为民营企业融资提供信用"保险"功能；通过违约率、清偿率、回收率等影响 CDS 等信用衍生品定价的核心因素进一步完善风险定价机制，促进民企债券融资环境加速修复，增强民企债券融资能力，为经济高质量发展创造条件。

本章要点：
- 理解信用风险和市场风险的概念，以及两者之间的区别和联系；
- 熟悉信用衍生品的概念及发展历史；
- 掌握信用衍生品的分类及信用衍生品主要种类的概念和运作流程。

第一节 信用衍生品简介

根据国际互换和衍生品协会(International Swaps and Derivatives Association, ISDA)的定义，信用衍生品是一种场外交易(OTC)的金融衍生品，是用来分离和转移信用风险的各产品和技术的统称。具体而言，信用衍生品是把贷款、证券中的信用风险剥离出来，通过某种双边契约，将这种风险转嫁给愿意承担的市场投资者的一种金融衍生品。信用衍生品的最大特点是在不转移标的资产所有权的前提下，将一种资产的风险和收益从交易的一方转移到另一方，将信用风险从市场风险中分离出来。

一、信用衍生产品的定义

自 20 世纪 90 年代以来，信用衍生产品已日益受到广大投资者、生产经营者和各类金融机构的重视。在实务界，信用衍生产品的运用越来越广泛；在学术界，有关信用衍生产品的著述也越来越多。但是，在各种著述中，对于究竟什么是信用衍生产品，如何为信用衍生产品做出一个准确的、统一的定义,还有着很多不同的说法。

实际上,信用衍生产品这一概念最初是 1992 年在巴黎举行的 ISDA 年会上提出的。按照 ISDA 的定义,信用衍生产品是一系列从基础资产上剥离、转移信用风险的金融工程技术的总称。交易双方通过签署有法律约束力的金融合约,使信用风险从依附于贷款、债券上的众多风险中独立出来,并从一方转移到另一方。其最大的特点就是,将信用风险从其他风险中分离出来,并提供转移的机制。因此,简单地说,所谓信用衍生产品,是指为了减少或消除信用风险而设计的一类金融合约。通过这类合约,人们可将因信用事件的发生而形成的信用风险转移给交易对手。从管理风险的角度来看,信用衍生产品与其他各种金融衍生产品有着一定的相似性。有些信用衍生产品实际上就是传统的金融衍生产品在信用风险管理中的特殊运用。

二、信用衍生产品发展简史

在现有的各种信用衍生产品中,最早出现的品种是信用违约互换(CDS),该产品于 20 世纪 90 年代初出现于美国金融市场。1993 年,信孚银行(Bankers Trust)和瑞士信贷银行的金融产品部为了防止他们在日本的贷款遭受损失,提供了一种偿还价值取决于具体违约事件的互换合约。这种合约承诺,如果标的贷款不发生违约事件,银行如期收回贷款本息,则投资者可根据该合约的规定而获得一定的收益;但当贷款不能偿还从而银行受到损失时,投资者必须向银行支付一定的金额以弥补银行的损失。

自 20 世纪 90 年代中期以来,国际金融领域相继出现了一系列重大事件,使金融风险,尤其是信用风险集中爆发。20 世纪 90 年代末,亚洲发生金融风暴,2000 年年底,美国又爆发了安然公司(Enron Corporation)和世通公司(WorldCom)财务造假案等一系列突发事件。这些事件致使相关公司的资产价值突然下降,从而导致信用违约,与其相关联的银行、保险公司等金融机构也遭受重大损失。由于国际金融市场日益动荡,信用风险日益严重,信用风险的分散和对冲也变得日益突出和重要。为有效转移信用风险,信用衍生产品日益受到投资者重视。

目前,参与信用衍生产品交易的主要有投资银行、商业银行、固定收益投资者、保险公司、对冲基金,以及从事生产经营活动的企业,尤其是大中型企业。通过信用衍生产品的交易,有些参与者可将自己所面临的信用风险转嫁给交易的对手,以避免因信用事件的发生而受到损失;另一些参与者则通过接受信用风险而收获一定的收益,以增加其资产组合的收益率。

随着信用衍生市场的发展,不仅原有产品的交易量不断增加,而且还出现了新的产品创新。首先,在信用违约互换的基础上,又发展出针对一揽子信用主体投资的首次违约触发信用篮子(first to default basket)。这是一种相对简单明了的相关性信用交易产品,它允许投资者挑选自己感到放心的一系列信用主体组成一个结构性的杠杆操作信用组合,承担对应的信用风险,获得投资收益。其次,为了满足更加专业的投资者的需求,市场上还出现了抵押债务凭证(CDO)。这类产品将数十个,甚至上百个信用主体集合成一个关联资产池。经过破产隔离载体提供保护后,这些基础信用资产产生的现金流,将通过定期利息支付的方式转移给投资者。为了降低违约风险,CDO 通常会采用分层技术,按照违约概率的大小,将基础资产池划分成不同的级别(tranches)供投资者选择。但这类产品如果遇到系统性的信用危机,就会产生较大的损失,并且 CDO 的专业性较强,普通投资者难以理解此类产品的全部风险。

三、信用衍生产品的特性

信用衍生产品的特性,可以大致归纳为以下几方面。

(1) 表外性。信用衍生产品在交易者的资产负债表上并无反映,属于表外项目。

(2) 债务不变性。在信用衍生产品交易中,基础资产仍然保留在保护买方的资产负债表内,保护买方无须出售或移除该项资产。因此,信用衍生产品处理的只是债务的结构成分,对原债务人的债权债务关系没有任何影响。

(3) 可交易性。信用衍生产品将信用风险从市场风险等其他风险中分离出来,在市场上独立地进行交易,实现了信用风险交易市场化,从而克服了隐藏的信用保险、担保等信用工具不可交易的薄弱环节。

(4) 保密性。信用衍生产品交易是在风险转嫁方(多为银行等金融机构)与借款人之外的第三方之间进行的,无须得到借款人的许可,也不必通知借款人,从而保持了银行对客户记录的机密性且保护了商业秘密,使得银行可在无须破坏银行与借款者良好关系的前提下管理贷款信用风险。

(5) 低成本性。一方面,对于保护买方而言,不需要实际运作贷款或债券资产,使得操作成本大大降低;另一方面,由于信用衍生产品交易的保密性,保护买方可以对借款人保守机密,简化了法律程序和其他一些相关程序。

(6) 可塑性。信用衍生产品具有"量身订制"的特点。在交易对象、期限、金额、结构等方面,信用衍生产品可以满足客户的不同需求。无论是风险转嫁方还是投资者,都可以利用这一新型金融工具来合成新的具有特定风险和收益结构的产品,以分散风险或获取收益。这正是信用衍生产品的灵活性所在。

(7) 杠杆性。对于利用信用衍生产品来赚取收益的投资者(即保护卖方)而言,不必实际占用资金就可以得到一笔在传统贷款市场上难以取得的合意资产组合,因而该产品具有很强的杠杆性。

第二节　信用衍生产品的主要种类

根据信用违约事件的类型、基础资产的种类及衍生产品的形式,信用衍生产品可分为信用违约互换、总收益互换、信用关联票据、信用期权、信用价差期权、抵押债务凭证、资产互换、一揽子信用组合产品等形式。其中,信用违约互换是最主要的形式,它在信用衍生产品市场的占比接近50%。在本节中,将对其中最常见的、比较有代表性的几种信用衍生产品加以介绍。

一、信用违约互换

(一) 信用违约互换的概念和运作原理

在信用衍生产品中,信用违约互换(credit default swaps, CDS)是最有代表性的一个品种,也是目前交易量最大的一个品种。在信用违约互换交易中,希望规避信用风险的一方称为违约保护买方(default protection buyer),向风险规避方提供信用保护的一方称为违约保护卖方(default protection seller/writer)。违约保护卖方愿意承担信用风险。CDS 购买者将定期向出售者支付一定费用[称为信用违约互换点差(CDS spreads),即保险费],而一旦出现信用事件(比如债券主体无法偿付),CDS 购买者将有权利将债券以面值(at par)出售给 CDS 出售者,从而有效规避信用风险。这里 CDS 标的债券被称为参考资产(reference assets),其发行者被称为参考主体(reference entity)。

实际上信用违约互换的应用很广泛。在其交易中,信用违约互换的购买者不仅有债券的持有者,而且还有银行、公司及其他各种经济主体。例如,某银行按照合约规定的名义本金和年基点数支付一定的保险费,买进一份信用违约互换,以为该银行发放的贷款提供保险。然后,若参考资产发生信用事件(比如借款者破产、无力偿付或支付违约),银行即可得到一笔支付,以作为补偿;而违约保护的卖方(即银行的交易对手),既可按照面值向银行购买这一违约的资产,也可通过现金结算来弥补银行的资产损失。信用违约互换的流程如图9-1 所示。

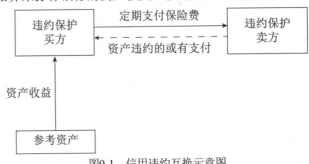

图9-1 信用违约互换示意图

比如,一对冲基金向某银行购买 2000 万美元名义金额的债券为参考资产、以福特公司为参考主体的 CDS,一旦福特公司发生违约,保护的卖方将支付给买方 2000 万美元;同时,买方给卖方交付福特公司发行的面值为 2000 万美元的债券。假如此时福特公司债券的市值为 500 万美元,对卖方来说,其实际支付额就等于 1500 万美元。

CDS 报价是以年基点为基础,按季支付相应点差。比如前面所提的福特公司名义金额为 2000 万美元的 CDS 报价为一年60 个基点,则每季所支付的 CDS 费用为 3 万美元 (20 000 000×0.6%×0.25 = 30 000)。

由此可见,信用违约互换虽被称为"互换",但从其具体操作来看,它倒是与期权比较相似。因为在信用违约互换中,违约保护的买方向违约保护的卖方支付的费用类似于期权购买者向期权出售者支付的期权费。同时,对信用保护的卖方来说,只有当违约事件发生(相当于达到期权的行权条件),从而使违约保护的买方造成损失时,他才必须履行其支付的义务。

(二) 信用违约互换的最新发展

通常情况下,CDS 的价值会随着相关资产信用风险及市场变化而上下波动。在没有 CDS 交易违约的情况下,如果参考资产的风险上升,因为买方可以按较高加价将 CDS 转让给第三方,对 CDS 的买方来说是利得,对卖方来说则是利损。

由于大部分 CDS 产品在场外交易,因此,投资者要从 CDS 合约中解脱出来,往往有三种方法:签订反向合同、解除现有合同、转移给第三方。其中的第二种方法,会使 CDS 出现违约[这里也称交易对手风险(counterparty risk)],进而产生法律纠纷;第三种方法固然很好,但是场外交易的衍生品由于是定制的非标准化合约，常因难以转让而缺乏流动性。为此，ISDA(国际互换和衍生品协会)于1998年创立了标准化的信用违约互换合约，成功地解决了CDS合约流动性不足的问题，在此之后，CDS交易得到了快速的发展。

随着信用违约互换的市场规模逐渐增大，信用违约互换指数(CDS index)应运而生。该指数是完全标准化的信用证券，这意味着其流动性高、买卖价差较小，能降低信用违约互换指数交易双方的交易成本。

目前全球主要的信用违约互换指数有两大类：一是CDX指数，由Markit集团下属的CDS指数公司(CDSIndexCo)编制，涵盖北美和新兴市场；二是Markit集团下属的国际指数公司(international index company ltd.)所提供的iTraxx指数，主要分为欧洲和亚太-新兴市场两类指数，该指数也是目前市场中使用最为广泛的指数。

(三) 中国市场的信用违约互换

2016年9月23日，交易商协会正式发布了《银行间市场信用风险缓释工具试点业务规则》及相关配套文件，在原有两项产品的基础上，推出了包括信用违约互换在内的两项新产品。上述文件一出，立即引起了市场的广泛关注，中国版CDS的交易终于开启。

根据交易商协会网站消息，2016年10月31日，工行、农行等10家机构共开展了15笔信用违约互换交易，名义本金总计3亿元。交易参考实体涉及石油、天然气、电力、水务、煤炭、电信、食品、航空等行业。交易期限一年至两年不等。交易商协会并未公布CDS交易标的的详细信息。实际上，当日早间就有外媒报道称，中国银行间市场周一完成了首批CDS合约交易，交易包括中国石化(600028)、中国联通(600050)等AAA企业发行的债务融资工具。

2016年10月31日，交易商协会公布了新规下的风险缓释工具核心交易商和信用风险缓释凭证、信用联结票据创设机构名单。其中，风险缓释工具核心交易商此前共有26家，目前交易商协会已经公布的名单则只有国开行、工商银行、农业银行、中国银行、建设银行、交通银行、民生银行、兴业银行、浙商银行、上海银行、中信证券(600030)、中国国际金融股份有限公司、中信建投证券、中债信用增进投资股份有限公司等14家；信用风险缓释凭证、信用联结票据创设机构均为10家。

📖 案例分析9-1

欧债危机与信用违约互换

欧债危机，全称欧洲主权债务危机，是指自2009年以来在欧洲部分国家爆发的主权债务危机。欧债危机是美国次贷危机的延续和深化，其本质原因是政府的债务负担超过了自身的承受范围而引起的违约风险。

(一) 欧债危机的开始

早在2008年10月华尔街金融风暴初期，北欧的冰岛主权债务问题就浮出水面，而后中东债务危机爆发。鉴于这些国家经济规模小，国际救助比较及时，其主权债务问题未酿成较大全球性金融动荡。

2009年12月，希腊的主权债务问题凸显，2010年3月进一步发酵，开始向"欧洲五国"(葡萄牙、意大利、爱尔兰、希腊、西班牙)蔓延。在这个过程中，美国三大评级机构及时跟进，连连下调希腊等债务国的信用评级。

(二) 欧债危机的深化

2011年7月5日，穆迪下调葡萄牙主权评级至垃圾级别之后仍不满足，于7日再次宣布进一步下调由政府担保的葡萄牙银行债券评级，一时间希腊债务危机在欧元区其他国家蔓延开来的担忧再次升温。另一方面，欧洲国家CDS费用狂飙，更是用血淋淋的数据证实了市场的担忧并非空穴来风。

数据供应商Markit的数据显示，7日对葡萄牙主权债务违约的投保创历史新高，葡萄牙5年期CDS指数首次升至1000点上方。这意味葡萄牙1000万欧元的5年期公债违约担保成本已增加至100万欧元，市场预计葡萄牙可能会发生违约并步希腊的后尘，最终将因面临违约风险而再度寻求支援。

意大利与西班牙CDS也受累上升。意大利5年期CDS指数升至223点，西班牙5年期CDS指数升至313点。爱尔兰也难逃一劫，其5年期CDS指数同样大幅升至883点；当然，希腊无疑仍高居榜首，其5年期CDS指数升至高达2200点的惊人水平。与上年同期相比，第二季度希腊的CDS费率上升了一倍，葡萄牙的CDS费率飙升37%，而意大利的CDS费率上升了28%。

到了2011年11月，希腊一年期国债收益率飙升至117%，两年期国债收益率也接近70%。而对冲希腊五年期国债风险的CDS价格飙升937个基点，达到4437点的历史新高，成为全球最贵的信用违约互换产品。希腊政府每次支付债券利息就高达几十亿欧元，这一切都预示着，希腊发生违约难以避免。根据彭博社的报道，希腊在未来5年内发生债务违约的概率高达98%。

(三) 欧债危机的原因

首先，财务造假埋下隐患。早在2001年，希腊因无法达到《马斯特里赫特条约》所规定的标准，即预算赤字占GDP 3%、政府负债占GDP 60%以内的标准，于是聘请高盛集团，通过货币互换的方式，为希腊掩盖了一笔高达10亿欧元的公共债务，以符合欧元区成员国的标准。通过这些粉饰账面的手段，高盛共拿到了3亿欧元的佣金。同时，高盛深知希腊通过这种手段进入欧元区，其经济必然会有远虑，最终出现支付能力不足的问题。为防止自己的投资打水漂，高盛便向德国一家银行购买了20年期的名义金额为10亿欧元的CDS，以便在债务出现支付问题时由承保方补足亏空。

其次，危机中心的国家，存在产业结构不平衡、实体经济空心化的现象。以希腊为例，其主要支柱产业是旅游业和航运业。一方面，为了大力发展支柱产业并拉动经济快速发展，希腊对旅游业及其相关的房地产业加大了投资力度，其投资规模超过了自身能力，导致负债提高。2010年服务业在GDP中的占比达到52.57%，其中旅游业约占20%，而工业占GDP的比重仅为14.62%，农业占GDP的比重更少，仅为3.27%。另一方面，受金融危机影响，从2008年底开始，航运业进入周期低谷，景气度不断下滑。航运业的衰退对造船业形成了巨大冲击。希腊的支柱产业属于典型依靠外需拉动的产业，这些产业过度依赖外部需求，在金融危机的冲击面前显得异常脆弱。

与希腊类似，葡萄牙、意大利、爱尔兰、西班牙等国的经济更多依赖于劳动密集型制造业出口和旅游业。随着全球贸易一体化的深入，新兴市场的劳动力成本优势吸引全球制造业逐步向新兴市场转移，南欧国家的劳动力优势不复存在。而这些国家又不能及时调整产业结构，使得危机到来时无法应对冲击。

再次，高福利政策和人口结构的失衡，导致许多南欧国家社会福利占GDP的比重由占比小于20%逐渐上升到20%以上，其中希腊和爱尔兰较为突出。2010年希腊社会福利支出占GDP的比重为20.6%,而社会福利在政府总支出中的占比更是高达41.6%。在经济发展良好的时候并不会出现问题,但在外在冲击下,本国经济增长停滞时,就出现了严重问题。从2008到2010年,爱尔兰和希腊GDP都出现了负增长,而西班牙近两年也出现了负增长,这些国家的社会福利支出并没有减少,导致其财政赤字猛增,2010年希腊财政赤字占GDP比重达到了10.4%,而爱尔兰这一比重更是高达32.4%。

最后,欧元区制度缺陷,导致危机的协调和解决成本过高。处于危机中的"欧洲五国",虽然具有独立的财政政策,但是没有独立的货币政策,造成欧元区有经济实力的法国和德国迟迟未能就救援方案达成一致的意见,救援措施滞后。

资料来源:Miroslav Beblavý, David Cobham, L´udovit Ódor 欧元区与金融危机[M]. 北京:中国金融出版社,2013.

二、总收益互换

信用衍生产品的又一个重要品种是总收益互换(如图9-2所示)。所谓总收益互换(total return swaps, TRS),是指投资者将自己所投资的一种资产的总收益(包括利息收入、资本利得和其他收益)调换成另一种资产的、较稳定的总收益,以规避信用风险及市场风险的交易方式。因此,与信用违约互换不同,总收益互换所要转移的不仅有信用风险,而且还有因市场价格的不确定变动而发生的市场风险。

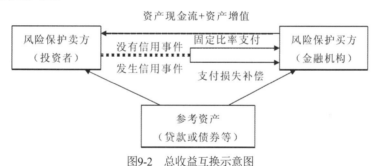

图9-2 总收益互换示意图

这里的投资者就是风险保护的买方[总收益支付方(total return payer)],银行是风险保护的卖方[总收益接受方(total return receiver)],由卖方定期向买方支付一个固定比率的金额(通常是LIBOR 加若干个基点),并承诺向买方支付由于信用事件发生带来的损失。

比如,A 银行以 10%的固定利率向 X 公司贷款 1 亿美元,该银行可以通过与 B 银行签订一份 TRS 来对冲。在这份 TRS 中,A 银行承诺换出这笔贷款的利息加上贷款市场价值的变动部分之和,以此为代价获得 B 银行给予的 LIBOR+ 50 基点的收益。如果现在的 LIBOR 为 9%,并且一年后贷款的价值从 1 亿美元跌至 9500 万美元,则 B 银行要进行两项支付:

(1) 向 A 银行支付:100 000 000×(9% + 0.5%) = 9 500 000 美元

(2) 贷款价值下降的支付数额:100 000 000-95 000 000 = 5 000 000 美元

相应地,B 银行的收入为 100 000 000×10% = 10 000 000 美元。最终,B 银行的净支出为 4 500 000 美元。

由此可见，当未来资产可能发生违约或资产价格大幅缩水时，B银行的支出数额是非常庞大的，B银行就很可能违约，而如果B银行违约，则A银行将受到重大损失。这就意味着，如果B银行违约，则A银行本来所面临的风险(包括信用风险和市场风险)就不能得到转移。但是，如果标的资产价格上涨而使B银行获得高收益时，B银行不可能违约，A银行则必须依约将这一高收益转让给B银行。所以，投资者要通过总收益互换转移信用风险和市场风险，必须以交易对手切实履行承诺的支付义务为条件。

在实践中，总收益互换往往可以作为企业应收账款管理的手段之一。我国企业应收账款占流动资产的比例大多为40%~50%，一些企业的应收账款竟高达流动资产的80%。如此巨大的应收账款数额，再加上缺乏管理意识，使企业的发展受到了很大的限制。如何管理应收账款成为企业的重中之重。因此加快发展金融市场，运用总收益互换来解决应收账款问题在金融市场上有很大的潜力。

作为总收益支付方的企业，总收益互换有助于维持企业的财务杠杆比率。作为一种表外融资方式，它不会增加企业的投入，也不会改变企业的负债水平。在将资产转化为现金的情况下，又不会增加企业资产负债表上的负债，从而有利于维持企业的偿债能力，为以后筹资提供了便利。作为总收益接受方的银行，有两大好处：其一，在没有融资成本的情况下，不需要与债务人直接建立联系，就可以获得应收账款的风险收益；其二，避免了与直接购买资产有关的清算、融资和执行等麻烦。总收益互换作为表外融资方式，对于一些受资本限制的金融机构而言，是其利用杠杆将资本收益最大化的最经济手段。

三、信用关联票据

如上所述，在总收益互换中，当标的资产价格下跌时，总收益的接受方(总收益互换的卖方)必须向对方支付两部分收益：一是LIBOR+价差；二是标的资产因价格下跌而造成的资本损失。与此同时，他所收取的总收益却因此而减少，甚至成为一个负数。此时，总收益接受方可能会发生违约问题。一般认为，信用关联票据可以解决总收益互换中交易对手方违约这一问题。

信用关联票据(credit linked notes, CLN)是指这样一种票据，它由某金融机构或某公司直接发行，也可通过某特殊目的机构(special purpose vehicle, SPV)发行，投资者以面值购买这种票据。然后，如果参考资产无违约事件，则投资者可定期收到高额利息，并在到期时以面值收回本金。但是，如果参考资产发生违约事件，则投资者可能收不到利息，甚至连本金也不能完全收回。而信用关联票据的发行者在发行的同时，他还必须找到作为参考资产持有者的第三方，与他进行信用违约互换交易。这样，当参考资产发生违约事件时，发行者一方面对第三方支付或有支付；而另一方面，他对投资者支付的金额，则为面值减去或有支付(即违约支付残值)。

从图9-3可以看出，信用关联票据的发行者向投资者发行票据，投资者按照面值向发行者支付本金。一般来说，这种票据有较高的利率，而且相对于直接购买公司债券来说，购买这种票据比较便宜，所以投资者往往乐于购买。而对于发行者来说，如果信用事件不发生，他可从第三方那里收取保险费，以增加其收益；如果信用事件发生，则他虽然要向第三方支付一定的金额，但他返还给投资者的正是本金减去这一或有支付的金额。显然，这一支付的金额实际上是由投资者所承担的。

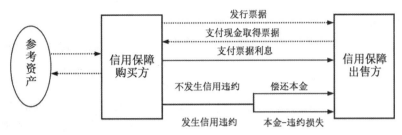

图9-3 信用关联票据示意图

前面所提到的信用违约互换，其违约保护的卖方(相当于图9-4中的特设信托机构)在未来违约风险增大时，有可能因或有支付过于庞大而出现违约，从而造成违约保护的买方(相当于图9-4中的第三方)面临较大的交易对手风险。相比之下，信用关联票据的发行者在合约结束时的总支付数额，不会因信用事件是否发生而改变。由此可见，信用关联票据减少了交易对手风险，因此有着对冲信用风险需求的机构更乐于采取这种方式。

随着信用关联票据的发展，出现了专门从事信用关联票据业务的金融机构。这些金融机构通常以特设信托机构(special-purpose vehicles，简称 SPV)的形式发行信用关联票据，发行所得的收入用于购买安全性较高的资产，例如国库券或者货币市场资产。

风险保护的买方(如银行)可以同SPV签订一种"纯粹"的信用互换合约。当违约事件发生时，SPV负责向风险保护的买方赔偿违约资产的损失，这一支付过程由发行CLN的特设信托机构(SPV)所保证。对于SPV而言，这一交易过程在正常情况下风险较低，它实质上是位于信用保护的需求者和CLN的购买者中间的中介机构。

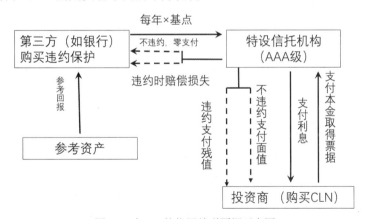

图9-4 有SPV的信用关联票据示意图

四、信用期权与信用价差期权

期权类的信用衍生产品实际上有两种：一种是以债券或票据的价格作为协定价格的期权，这种期权适用于浮动利率的债券或票据；另一种则是以信用价差作为协定价格的期权，这种期权适用于固定利率的债券或票据。前一种期权可称为信用期权(credit options)，而后一种期权则可称为信用价差期权(credit spread options)。

信用期权是一种场外交易的金融合约，它是为经济主体特殊的套期保值需要而设计的合约。与其他各种期权一样，信用期权也分为看涨期权与看跌期权两个类别。信用看涨期权赋予期权购买者在特定时间，以特定价格买进作为标的物的信用敏感性资产的权利；而信用看跌期权则赋予期权购买者在特定时间，以特定价格卖出作为标的物的信用敏感性资产的权利。通过信用期权，投资者可将自己所面临的信用风险转移给交易对手。

作为套期保值的工具，信用期权可适用于债券投资者，也可适用于银行等金融机构。例如，在投资者买进某种债券后，他可利用信用看跌期权进行套期保值。当信用事件发生时，如因债券的信用等级下降，而导致债券价格下跌时，投资者即可通过执行期权而避免损失。

所谓信用价差期权，一般是指以风险债券与无风险债券之间的价差作为标的物，并以某一特定水平的价差作为协定价格的期权。在这里，所谓风险债券，一般是指信用等级相对较低的企业发行的债券；所谓无风险债券，一般是指政府债券。对于看涨期权来说，当实际的价差超过期权合约所规定的价差(即协定价格)时，期权购买者即可执行其持有的期权，以获取利润。例如，某投资者预期某特定的信用价差将在未来6个月内扩大，他可买进6个月期的以该价差为标的物的看涨期权。在6个月后，如果该价差果然扩大，并高于协定价差，则该期权就有利可图，投资者执行该期权即可获利；而如果价差没有扩大，则投资者只损失其支付的期权费。

需要指出的是，我们在这里把价差扩大时期权购买者能获利的期权称为"看涨期权"。但是，在很多有关信用衍生产品的著作中，这种期权一般都被称为"看跌期权"。这是因为，在无风险债券的价格一定时，价差扩大，则意味着风险债券的价格下跌；而价差缩小，则意味着风险债券的价格上涨。对于期权购买者来说，债券价格下跌时能获利的期权，显然是看跌期权。

五、抵押债务凭证

抵押债务凭证(collateralized debt obligation, CDO)是资产支持证券的一种，是兼具证券化和信用衍生工具特征的结构化金融产品，其抵押物通常是由债券或银行贷款构成的资产组合。在抵押债务凭证现金流量结构化的过程中，由各种债务工具构成的抵押资产池的利息收入现金流和本金偿还现金流被重新分配到具有不同优先等级的系列中，每个等级的系列被称为一个档(tranche)。基本的层级安排是一种优先次序排列(如图 9-5 所示)，依次分为优先档(senior tranche)、中间档(mezzanine tranche)、次级档(subordinated tranche)和权益档。CDO 与一般意义上的资产证券化相比，在流程方面有相似之处。

第一步，构建基础资产池，由资产证券化的发起人(originator)将未来能够产生现金流的资产进行剥离、整合，形成资产池；第二步，组建 SPV，并将基础资产转移或出售给 SPV，由其将基础资产进行重新组合配置；第三步，发售并支付，即 SPV 在中介机构的帮助下发行债券，等到销售完成之后，SPV 把发行所得按照约定好的价格支付给发起人，同时支付整个过程中产生的服务费用；第四步，对资产池实施续存期间的管理和到期清偿结算工作，具体工作涵盖收取资产池的现金流，账户之间的资金划拨以及相关税务和行政事务。在发行资产证券化产品的过程中，为了增强证券产品对投资人的吸引力，需要引入各种信用增级方式来保证和提高证券化产品的信用级别，以满足不同投资者的需求。

第九章 信用衍生产品

总体上,根据信用增级服务的来源,可将信用增级方式划分为内部增级和外部增级。外部增级主要由第三方提供信用支持,如银行提供信用证、保险公司提供债券保险、公司提供担保等;或者从第三方获得次级贷款,即索偿顺序在证券化产品之后,确保在基础资产的现金流恶化时,证券化产品能首先获得及时偿付。但是,外部增级的缺点是其费用过高且仍然存在较大的不确定性。从本质上看,证券化产品的信用实质上依赖于担保人的信用。一旦担保人的信用评级被降低,则证券化产品的评级也将受到影响。这一缺点在出现系统性风险之时尤为突出。

正因如此,资产证券化的信用增级步骤主要通过内部法来实现,即由证券化交易结构的自身设计来完成。在CDO当中,内部信用增级是通过优先/次级分层结构来实现的,将CDO债券按照本金偿还的先后顺序分为优先级和次级等多个档次,资产池定期产生的收益,首先偿还优先级的本金和利息,可能的折损由后面的层级承担。这样的设计,使得优先级能获得更好的信用评级。

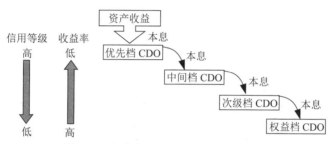

图9-5 抵押债务凭证(CDO)分层结构示意图

基于抵押债务凭证的这种分层结构,一些SPV为了提升各档CDO的评级,往往会在原先CDO的基础上,将其与信用违约互换(CDS)合约进行捆绑,相当于为各档CDO上了"保险"(权益档CDO一般不予投保)。

假设基础资产为100个1年期债券,总面值为100亿元,票面利率均为8%,信用评级为BBB。该担保债务凭证发行A、B、C三个层次的1年期债券,A、B为付息债券,期末一次还本付息,C为零息债券。A、B层分别为70亿元和20亿元,对应的票面利率分别为6%和7.5%,信用评级分别为AAA和A。C层为权益层,未评级。A的本息优先于B层,权益层只有在A、B层的本息偿还完毕后才能得到偿付。权益层的金额为10亿元,在全部基础资产均不违约的情况下,收益率为23%。如表9-1所示。

表9-1 基础资产的资产负债表

资产			负债			
数量	平均利率	信用评级	层次	数量	收益率	信用评级
100亿	8%	BBB	A层	70	6%	AAA
			B层	20	7.5%	A
			权益层	10	23%	未评级

假设资产只在到期日违约,违约导致5%的损失和5000万元费用,即违约后资产价值为95+8-0.5=102.5亿元。

A层完全不受损失,期末获得70亿元本金和4.2亿元利息,收益率6%。

B 层完全不受损失，期末获得 20 亿元本金和 1.5 亿元利息，收益率为 7.5%。
C 层得到 102.5-70-4.2-20-1.5=6.8 亿元，收益率为-32%。
假设违约导致 15% 的损失和 5000 万元费用，即违约后资产价值为 85+8-0.5=92.5 亿元。
A 层完全不受损失，期末获得 70 亿元本金和 4.2 亿元利息，收益率 6%。
B 层仅能得到 92.5-70-4.2=18.3 亿元，收益率为-8.5%。
C 层全部损失，收益率为-100%。

案例分析9-2

美国次贷危机

次贷危机的全称是"次级抵押贷款危机"(sub-prime mortgage crisis)，是由美国次级抵押贷款市场动荡引起的金融危机。这是一场由次级抵押贷款机构破产、投资基金被迫关闭、股市剧烈震荡等因素共同引发的风暴，自2007年8月以来席卷美国、欧盟和日本等世界主要金融市场。此轮次贷危机的风险传导可大致分为三个阶段：风险累积阶段、风险爆发阶段和风险扩散阶段。

(一) 风险累积阶段

根据美国的个人客户信用评级标准，按揭贷款分为三个层次：优质贷款市场(prime market)、超A贷款市场(alternative A, Alt-A)和次级贷款市场(sub-prime market)。优质贷款市场面向信用等级高(信用分数在660分以上)、收入稳定可靠和债务负担合理的优良客户，其主要选择传统的30年或15年固定利率按揭贷款。次级贷款主要面向信用分数低于620分、收入证明缺失、负债较重的客户。"Alt-A"贷款则是介于二者之间，既包括信用分数在620～660分之间的阶层，又包括高于660分的高信用度客户中的相当一部分人(一般不能提供收入证明)。一般而言，"Alt-A"贷款市场和次级贷款市场客户获得住房抵押贷款的难度较大，且利率较优质客户要高1～3个百分点。

21世纪初美国的互联网泡沫和"9·11"恐怖袭击，对美国的经济造成沉重打击，在此背景下，美联储多次下调联邦基金利率，以刺激国内的消费。低利率环境和房价持续上涨的预期，使得银行放宽了放贷的标准，银行在逐利的驱使下加大了"Alt-A"贷款和次级贷款的比重。

据统计，2006年，"Alt-A"和次级贷款产品总额超过4000亿美元，约占美国房地产按揭贷款总额的40%以上。若从2003年算起，"Alt-A"和次级按揭贷款总额超过2万亿美元，这为次贷危机的爆发埋下了伏笔。因为这一阶段的均衡取决于两个必要的前提条件：持续的低利率和持续的房价上涨预期，若以上两个条件不具备，均衡就会被打破。因此，当美国自2004年6月进入升息周期，利率上升和经济增长放缓促使房地产市场进行调整之时，这一潜在的风险终于爆发出来。

(二) 风险爆发阶段

2004年6月至2006年6月，美联储连续17次加息，使联邦基金利率从1%升至5.25%，而这也成为压垮次级按揭贷款市场的最后一根稻草。在加息的影响下，2006年初美国房地产开始降温，房价上升趋缓并于2007年初开始下降。利率上升和房价下降使购房者的偿付能力极度恶化。许多借债过度的购房者的房产净值由正转负，既无力偿付房贷到期本息，又无法再融资。最终，借款人偿付能力的恶化与房价的下跌形成了一个恶性循环，导致2006年以来次贷市场违约拖欠债务事件大增。

(三) 风险扩散阶段

早在2004年，美国的银行业就已经逐渐意识到次级抵押贷款潜在的风险，这一点可以从信用衍生产品市场在2004—2007年间每年近100%的增长速度得以体现。但由于多种原因，这种现象并没有引起足够的重视。银行通过参与信用衍生品市场将风险转移给了其他投资者。

统计数据显示，美国借贷机构在提列贷款损失准备后将承受4600亿美元的信贷损失，而全球的信贷损失将高达1.2万亿美元。大型金融机构遭受损失，引发流动性危机进而导致破产，造成了全球金融市场的剧烈震荡。

资料来源：辛桥利，孙兆东. 美国次贷危机[M]. 北京：中国经济出版社出版，2008.

第三节 信用增级与资产证券化

信用增级(credit enhancement)，是指降低金融产品信用风险，提升金融产品信用等级的一种行为手段，是金融产品发行人通过抵押、保险及其他一些协议安排，在现金流不足以偿付产品投资者时，向投资者提供一定程度赔偿的保证，从而使被增级债券获得了高于发行人自身信用水平的信用等级。

一、信用增级的分类

信用增级可以分为两类：外部信用增级和内部信用增级。外部信用增级是指由第三方对债券的表现进行保证的行为，常用来补充其他形式的信用增级。外部信用增级手段包括：企业担保、债券保险、信用证、现金抵押账户和信用违约互换。内部信用增级是指依靠资产池自身的设计为防范信用损失提供保证。其基本原理是：以增加抵押物或在各种交易档次间调剂风险的方式达成信用提升。主要形式是债券的优先/次级结构分档、超额抵押、现金储备账户、超额服务利差账户、担保投资基金和直接追索权。

(一) 外部信用增级

企业担保是指由第三方公司保证使具有完全追索权的债券持有人免受损失。该第三方公司承诺当债券发行人无力偿还时，在投资者损失到某一限度之前，代替债券发行人向投资者进行赔付，或将所欠本金和利息预付给投资人，又或者回购违约的被证券化资产。企业担保可以针对发行的整个证券，也可以针对所发行证券中的某个档级。在许多证券发行中，发行人的母公司会为某些较低信用等级的档级提供担保，在 ABS 的发行中尤其常见，企业担保可以向投资级(BBB/Bbb)以下的证券提供担保。

债券保险是指债券发行人向第三方的专业保险机构支付一笔保费，保险公司则承诺当债券发行人无法偿还合约中约定的债券时，代为偿还本金和利息。购买债券保险之后，此债券就获得了与给该债券进行保险的保险机构同样的信用评级。在美国，债券保险是由很少的几家专业机构提供的，他们只对债券进行保险，因而被称为单一险种保险人，这些保险公司的信用评级长期保持在 AAA 或者 Aaa 级，因而对债券提供了非常强大的信用增级作用。与企业担保不同的是，债券保险只能向投资级(BBB/Bbb)以上的债券进行保险。

(二) 内部信用增级

超额抵押是指发行人在发行资产支持证券时，资产池中抵押资产的本金余额大于发行的证券本金总额，以两者的差额作为对所发行证券本金的担保。被证券化的资产实际价值高于证券的发行额，也就是说证券发行人在向发起人购买被证券化资产时不支付全额价款，而是按一定比例的折扣支付给原始权益人；在发生损失时，首先以超额部分的资产予以补偿，包括现金储备账户、超额服务利差账户、担保投资基金和直接追索权等。

二、资产证券化

近年来，证券化(securitization)一直是发达国家金融市场非常热门的名词。通过证券化，原本是住房抵押贷款金融机构和借款人之间一对一签订的、各不相同的一些住房抵押贷款合同，被住房抵押贷款金融机构转卖给了SPV。而后者将其打包之后，又以债券的形式卖给了投资者，这些债券就是所谓的住房抵押贷款支持债券(residential mortgage backed securities, RMBS)。投资者，即RMBS的购买者因持有RMBS而获得固定收益(像持有一般公司债券一样)，同时也要承担债券违约风险。而住房抵押贷款金融机构由于已经将其对借款者的债权转让给了SPV，因此将不再承担借款者的违约风险，当然，它也不再享有获得借款者所支付的利息和回收本金的权利。

在实践中，住房抵押贷款证券化后产生的RMBS分为优先档、中间档和股权档，三者占的比例分别约为80%、10%和10%。而RMBS各档的等级要由评级机构确定。不同投资者有不同风险偏好。有些投资者愿意承担更大风险以换取高回报，而另一些投资者则宁愿取得较低收益，而不愿冒较大风险。RMBS的分档满足了不同风险偏好的投资者的需要，从而吸引了各类投资者的关注。事实上，养老金和保险公司是RMBS优先档的购买者，而对冲基金则往往愿意持有回报较高但风险也较高的RMBS中间档和股权档。这样，通过证券化，住房抵押贷款金融机构就把发放次贷的风险转移给了RMBS的购买者。

有意思的是，次贷的证券化过程并未止于RMBS。由于中间档RMBS信用评级相对较低，而发行RMBS的金融机构希望提高这些资产的收益，于是以中间档RMBS为基础，进行新的一轮证券化，以中间档RMBS为基础发行的债券就是抵押债务凭证(CDO)。

CDO与RMBS的主要区别在于：CDO资产池的资产已经不再是次贷，而是中间档RMBS和其他债券，如其他资产支持证券(ABS)和各种公司债。根据同RMBS类似的现金收入流的分配规则，CDO也被划分为不同档：优先档(senior tranche)、中间档(mezzanine tranche)、次级档(subordinated tranche)、股权档(equity tranche或junior tranche)，现金收入首先全部偿付优先档CDO投资者，如果有富余，则将偿付给中间档CDO投资者。最后的偿付对象是股权档CDO投资者。同RMBS的情况相同，如有损失，股权档所有者将首先承担损失。由于股权档CDO投资者风险最大，因而投资收益率最高；而优先档CDO投资者风险最小，因而投资收益率最低。

三、我国基础设施公募REITs

全称"Real Estate Investment Trusts",起源于美国,在中国被翻译为"房地产投资信托基金"。从研究、使用、投资等不同角度出发,各界对于REITs的定义不尽相同。综合各类著作、法律、研究等对于REITs的定义,其概念可归纳总结为:REITs是一种依据特定法律程序设立并受到监管的,以各类房地产物业为主要收入来源,由专业资产管理机构受托管理,通过金融机构以股票或基金单位为受益凭证形式发行给机构和个人投资者,并将房地产物业收益以高比例分配给投资者的信托制度。

我国公开募集基础设施证券投资基金(以下简称基础设施公募 REITs)是指依法向社会投资者公开募集资金形成基金财产,通过基础设施资产支持证券等特殊目的载体持有基础设施项目,由基金管理人等主动管理运营上述基础设施项目,并将产生的绝大部分收益分配给投资者的标准化金融产品。按照规定,我国基础设施公募REITs在证券交易所上市交易。

(一) 审核与发行

多部门层层审查、严格把关。政策对REITs基础资产的行业、土地性质、权属转让、资产规模、现金流稳定与收益等方面,以及原始权益人的资质、运营等条件均进行了严格限制,无论是国企还是民企,最根本的要求还是底层资产的现金流稳定和项目权属性质清晰合规。审核上一般由省级发改委对项目出具专项意见后,国家发改委提交至证监会,由证监会、沪深证券交易所履行注册、审查程序。这种审批在前,注册在后的项目遴选方式,使最终REITs能否上市的尺度主要掌握在发改委手中。

(二) 收益特征

公募REITs的投资收益来源于两个方面:一是稳定的现金流收益,每年保底的固定分红(分配比例不低于基金年度内可分配金额90%,派息率不低于4%);二是二级市场的资本利得,标的产品增值收益,取决于资产优劣、运营管理、宏观经济等。公募REITs具有良好的抗通胀的属性,现金流(例如租金收益、公路收费)会随着物价进行相应的适当调整,颇受中长期投资者的喜爱;能有效分散风险,收益介于股票与债券之间,几乎不受市场影响,且不同区域间REITs表现的相关度也较低,可以有效分散投资组合风险。全球REITs市场收益率显示,回报率保持在10%~15%之间,美国历史回报收益平均在13%左右,总体收益可观。

(三) 涉及六类参与主体

六类参与主体即原始权益人(基础设施项目的原发起人)、基金管理人(设立公募基金产品,对基础资产进行尽职调查及运营管理)、资产支持证券管理人(设立资产支持专项计划)、托管人、运营管理机构(基金管理人或委托专门的运营管理公司)及中介机构(财务顾问、会所、律所、评估机构等)。有几点需要注意,公募基金和资产支持证券的管理人必须为同一控制方下的具有公募牌照的基金公司和证券公司,托管人须为同一家机构,运营管理机构由管理人负责(实际上,首批9只公募REITs的运营管理机构均为原始权益人或其关联方,此举是确保基础设施项目运营管理的稳定)。

(四) 基本流程

投资者(战略配售、网下配售、公众配售,后两者不锁定份额,可流通)认购公募基金产品,80%以上的公募基金产品投资于资产支持专项计划(其余基金资产应当依法投资于利率债、AAA级信用债或货币市场工具),公募基金产品控股资产支持专项计划从而间接控制基础设施底层资产所有权。基础设施项目产生稳定的现金流,投资者获取产品收益,契约型封闭式运作,不得赎回。需要说明的是,关于资产专项计划持有项目公司股权,目前有两种做法:一是资产专项计划-项目公司,项目公司直接持有,考验股东的资金实力,资金不占用;二是资产专项计划-SPV-项目公司,SPV 先间接持有项目公司,然后反向吸收合并,资产专项计划最终达到持有项目公司的目的,省去了资产专项计划前期出资,但SPV的出资可能产生借款等资金成本。

📖 案例分析9-3

博时招商蛇口产业园REIT

上市时间:2021年6月7日
代码:180101
类型:契约型、公开募集基础设施证券投资基金
原始权益人:招商局蛇口工业区控股股份有限公司
基金管理人、资产支持证券管理人:博时(招商系)
基金托管人:招商银行
运作方式:封闭式运作,深交所二级市场交易
基金年限:50年

初始募集资金20.8亿,两栋大楼估值10+15亿,发售的基金份额总额为9亿份,由战略配售、网下发售、公众投资者发售三个部分组成。战略配售基金份额占发售份额总数的比例为67%。其中,原始权益人招商蛇口认购数量为2.88亿份,占发售份额总数的比例为33%。

(一) 交易结构

(1) 专项计划管理人(代表专项计划)受让博时资本设立的SPV(万融)及SPV(万海)的全部股权。

(2) 同时,根据专项计划管理人与SPV签署的《SPV公司投资协议》,专项计划管理人(代表专项计划)向SPV进行投资。

(3) SPV(万海)向招行深圳分行借款3亿元,用于SPV(万海)向招商蛇口支付项目公司(万海)股权转让价款。

(4) SPV(万融)及SPV(万海)分别与招商蛇口签署关于项目公司(万融)及项目公司(万海)的股权转让协议并分别各自受让招商蛇口持有的项目公司(万融)及项目公司(万海)100%的股权(项目公司(万融)及项目公司(万海)100%的股权以下统称"项目公司股权")。

(5) 项目公司投资性房地产由成本转为公允价值计量,公允价值与账面价值的差额调整期初留存收益。项目公司以会计政策变更形成的未分配利润向SPV进行分配,形成对SPV的应付股利,SPV向专项计划进行分配,形成对专项计划的应付股利;专项计划、SPV和项目公司签署债权确认及重组协议,最终分别形成专项计划对项目公司的债权债务关系。

(6) 项目公司反向吸收合并SPV，专项计划管理人(代表专项计划)直接持有项目公司全部股权(如图9-6所示)。

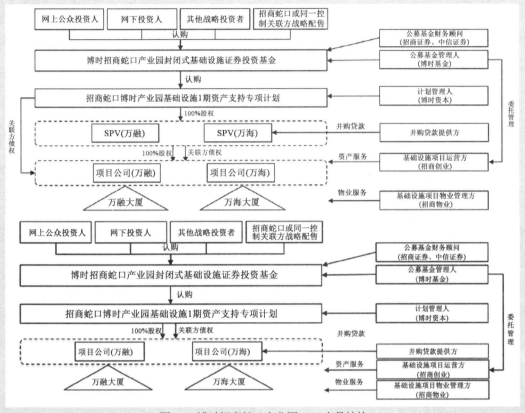

图9-6 博时招商蛇口产业园REIT交易结构

本次试点9单基础设施公募REITs均采用了"公募基金+ABS+项目公司"的产品结构。本次公募REITs试点为了加强管理人对于底层基础设施项目的运营管理，监管层不仅在规则设计层面要求基金管理人和专项计划管理人必须为同控关系，同时允许专项计划对于目标项目公司进行债权投资，增加了出于节税及稳定产品端现金流等目的而构造"股+债"税盾效应的实操灵活性，替代了以往市场发行类REITs时普遍采用的"ABS+私募基金+项目公司"交易结构设计，有效降低了整体交易与税收成本，而且通过交易结构简化也有效增强和做实了基金管理人在整个公募REITs产品结构中的重要作用。过往构造"股+债"税盾效应的方法主要有以下三种，其中又以第三种最为常见：一是利用现有债权，二是利用减资形成债权，三是通过提前设立SPV，以SPV放款形成债权，再在产品成立后通过反向吸并承继SPV原有债权。而在这次首批试点的9单基础设施公募REITs中，除了本次试点被允许的专项计划对目标项目公司直接进行债权投资的方式之外，出现了股权转让对价递延和会计制度调整形成应付股利两种新方式。

那么蛇口产园公募REITs的交易结构是怎么样的呢？简单来说，它是"公募基金+ABS"的组合，或者说在不嵌套私募基金的类REITs上加盖一层公募REITs，下面来具体分析它的成分。REITs的设立目的，在于原始权益人招商蛇口想要融资。现在，它将万海和万融大厦这两栋写字楼的未来租金收益权打包成资产支持证券，成立一个专项计划，也就是ABS，由它来负责发行这些有价证券。但是，由于ABS在我国有投资门槛限制，因此，为了扩大融资范围，招商蛇口就将ABS专项计划卖给公募基金，而ABS和基金均由博时资本控制。

（二）基础资产

为了避免高昂的税收，招商蛇口可以设立一个空壳的项目公司，项目公司持有这两栋楼100%的所有权，ABS通过完全收购项目公司的股权，最终实现对底层资产的控制(如图9-7所示)。

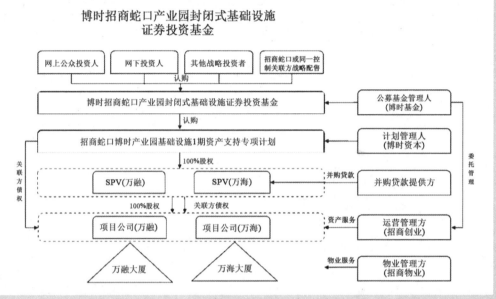

图9-7 底层资产的控制权结构

（三）资本弱化——节税避税

资本弱化是指企业和企业的投资者为了最大化自身利益或其他目的，在融资和投资方式的选择上，降低股本的比重，提高贷款的比重而造成的企业负债与所有者权益的比率超过一定限额的现象。而根据经济合作组织的解释，企业权益资本与债务资本的比例应为1：1，当权益资本小于债务资本时，即为资本弱化。

根据《财政部、国家税务总局关于企业关联方利息支出税前扣除标准有关税收政策问题的通知》(财税〔2008〕121号)，"在计算应纳税所得额时，企业实际支付给关联方的利息支出，不超过以下规定比例和税法及其实施条例有关规定计算的部分，准予扣除，超过的部分不得在发生当期和以后年度扣除。企业实际支付给关联方的利息支出，除符合本通知第二条规定外，其接受关联方债权性投资与其权益性投资比例为: (一)金融企业，为5：1; (二)其他企业，为2：1。"根据这个条款，融资方就可以让投资方搭建一个"股债结构"，就是把融资额分成股和债两部分，股：债=1：2。

搭建股债结构一来实现了资本弱化，帮助招商蛇口在融资时节税避税，二来能够减少现金流传输过程中的折损。因为投资者收到的分红以税后净利润为基础，这时的收益已经遭到了税的盘剥。而若通过还债这条渠道来向上传输现金流，就可以绕开税收这一环节，这样投资者也能受益。

在项目公司归集物业租金收入时，物业租金扣除运营成本和费用支出后剩余的部分作为项目公司的所得，需要按照25%的税率计提企业所得税。私募基金通过持有项目公司债权，可以以项目公司向私募基金偿还贷款本息的形式，使物业租金向上传导至私募基金。与此同时，项目公司在向私募基金偿还本息时，利息部分的支出可以作为项目公司的财务费用实现税前抵扣，减少项目公司的企业所得税税基，从而减少项目公司缴纳的所得税。

(四) 搭建股债结构——设立SPV

在现有条件下，ABS无法直接在项目公司身上搭建股债结构。为了解决这个问题，招商蛇口想到了一个办法。可以在ABS和项目公司之间再打造一个空壳SPV。公募基金和专项计划设立前，博时资本拟新设立两家 SPV 公司，作为博时资本全资子公司。这个SPV作为博时资本的全资子公司，博时资本可以根据2∶1的资本弱化比来设定SPV的股权价值。那么，余下金额就可以作为股东借款转移给项目公司。

(五) 搭建债权——会计政策调整形成应付股利

本基金接受让项目公司股权后，项目公司(万融)和项目公司(万海)的投资性房地产由成本法计量转为公允价值计量，期初留存收益由公允价值与账面价值的差额调整。项目公司依据相应股东届时做出的利润分配决定以会计政策变更形成的未分配利润向SPV进行分配，分别形成对SPV(万融)和SPV(万海)的应付股利；SPV依据相应股东届时同意的利润分配决定向基础设施资产支持专项计划进行分配，形成对基础设施资产支持专项计划的应付股利。资产支持证券管理人(代表专项计划)和/或相应SPV和/或相应项目公司签署相应债权确认及重组协议，对各方之间的债权债务关系进行确认及重组，最终分别形成专项计划对项目公司的债权债务关系、SPV(万融)对项目公司(万融)的债权债务关系、SPV(万海)对项目公司(万海)的债权债务关系。

(六) 项目公司反向吸收合并SPV

专项计划收购SPV公司的股权，并引入并购贷款向SPV公司发放贷款，以收购项目公司的股权；调整项目公司投资性房地产以公允价值入账，公允价值与账面价值之间的差额形成对股东的应付股利，确认为专项计划对项目公司的债权。项目公司吸收合并SPV，那么SPV债务就可以下沉到项目公司，通过还债而非股东分红的形式将项目公司的现金流向上输送，避免所得税扣损。

值得注意的是，在完成反向吸并后，该REIT仍然存在外部机构对项目公司的并购贷款，项目公司的债务由投资人通过REIT基金和专项计划间接持有的债务+外部机构的并购贷款二者构成的。这种通过公允价值评估增值构建项目公司应付股利，以形成其对专项计划的债务，该方式仅适用于投资性房地产科目项下的不动产项目，对于常以固定资产、无形资产等科目入账的基础设施项目无法操作，局限性很大。

基金通过项目公司取得基础设施项目完全所有权或经营权利，将基础资产和相关的权益、债务、设备、人员进行剥离，以达到基础资产与其他资产的风险隔离；基金通过ABS持有项目公司100%股权的方式，取得基础设施项目的完全所有权或经营权利。实践中，ABS往往会再设一层SPV结构，然后通过项目公司反向吸并SPV的方式，实现ABS持有项目公司完全股权。

主要交易主体如图9-8所示。

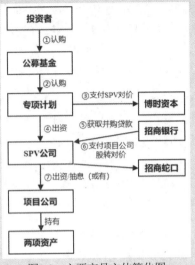

图9-8 主要交易主体简化图

思考题：请问该基金绩效如何？具体包括信用评级、基础资产质量、未来现金流、风险溢价等。

资料来源：博时招商蛇口产业园REIT募集说明书。

四、信用衍生品的评价

(一)使金融机构走出"信用悖论"的困境

资产组合管理理论认为，资产之间相关程度越高，资产组合面临的风险也越高。因此，要分散风险，金融机构的业务就不能过多地集中于相同的客户、行业或地区。但是在实际的运作过程中，金融机构受降低交易成本、抢占市场、实现规模经济等动机的驱动，往往把业务集中在最擅长最熟悉的部门或地区，这一矛盾使银行处于一种既担心某些行业和对某些客户信贷过于集中所产生的风险，又担心失去客户和失去业务的两难境地。这种分散风险和扩张业务的矛盾就称为"信用悖论"。

信用衍生工具可以克服这种矛盾，通过与信用保护出售者签订信用衍生工具合同，银行一方面可以继续保持资产的所有权及与客户的业务关系，同时继续扩大与这些客户的业务规模。另一方面，由于信用衍生交易是表外业务，银行可以在客户不知情的情况下将贷款的信用风险剥离并转移出去，而不会对银行与客户的关系产生不利影响，从而走出了两难的困境。

(二)为分别独立地管理信用风险和市场风险创造了条件

在传统的信用风险管理阶段，由于市场的联系和整体性，它的信用风险和市场风险存在一定的相关性，这两种风险都难以单独地被剥离出来。商业银行对其中一种风险的调整都会导致另一种风险的变化，限制了金融机构的风险管理。

信用衍生工具出现后，金融机构只需要进行简单的信用衍生品交易，就可以在不影响市场风险的前提下,将信用风险从风险资产当中单独剥离出来,并通过市场交易转移给有能力和有愿望承担风险的投资者。在消除了信用风险的干扰之后,市场风险的管理也变得更为有效。

(三) 为金融机构提供更多机会

相对于其他成熟的金融衍生工具而言,信用衍生品市场还是一个新兴的市场。金融机构完全可以利用自己所拥有的对某企业或某行业的信息优势,主动承担信用风险,然后进入信用衍生品市场,成为保护出售者,增加自己的收益和市场竞争力。

(四) 提高金融市场的效率

在金融市场上,银行承担了大部分的信贷业务,而且与客户的合作经常是相当长久和稳定的。而非银行金融机构,如投资基金、保险公司的主客关系仅限于单项事务,这使得它们的客户流动性比较高。同时,银行的财务结构基本上是流动性负债(短期存款)和非流动性资产(借贷),这存在着很大的不稳定性。而非银行金融机构的资产往往来源于股本和定期存款等非流动性负债,这使得它们在贷款持有上相对于银行具有更大的比较优势。

然而,由于非银行金融机构因为一些法律因素,无法进入贷款市场,从整个金融市场来看,这是缺乏效率的。信用衍生品的诞生将市场重新整合,积极融合各个主体,提高了金融市场的效率:它使得信用风险便于分割,银行通过转移风险,降低了贷款组合的风险水平;而对于非银行金融机构来说,它们通过承担信用风险敞口,通过金融工程和技术优势,优化管理风险,从而扩大业务范围和提高市场竞争力。因此,信用衍生品提高了金融市场的效率。

五、信用衍生品助推了金融危机

(一) 复杂的合约安排带来流动性的虚增

例如,CDS 经过市场上的层层转手,一方面初始标的资产经过多重合约安排,违约风险和违约价值越来越难以衡量。另一方面,单笔信用风险对应的资金也被放大了数倍。

(二) 交易对手过于集中可诱发系统性风险

以美国为例,五大商业银行的 CDS 交易量占所有 CDS 交易量的 97%以上,仅 JP 摩根一家的 CDS 买入和卖出量就占整个市场份额的半数以上。在 CDS 市场上,主要交易者集中于商业银行,特别是大型商业银行、银行控股公司、投资银行、对冲基金,以及保险公司等机构。这些大型金融机构极高的风险暴露本身就容易给金融市场带来巨大冲击。不仅如此,金融危机爆发前,CDS 市场上还不存在清算中心对冲交易对手风险,这些金融机构与众多交易对手以错综复杂的合约连接起来,容易导致信用风险、流动性风险的同时发生,及沿信用衍生品链条的迅速传播。

(三) 以影子银行为代表的金融机构过度投机加剧了信用衍生品市场及金融体系的脆弱性

影子银行系统主要包括投资银行、管道公司、投资结构实体(structured investment vehicle)及对冲基金等,此类公司的财务杠杆极高,通常在 30 倍以上,倾向于通过复杂的 CDS 合约不断地进行投资套利，以此获利并维持其运营和盈利。而在金融危机前，此类机构规模已过于庞大，以美国为例，金融危机发生前影子银行系统的资产规模已可与银行系统分庭抗礼，给金融体系的流动性枯竭埋下了隐患。影子银行系统的过度发展加剧了信用衍生品市场的脆弱性，造成危机的蔓延。

(四) 市场透明度不高及监管真空埋下了危机的隐患

一是信用衍生品合约的安排复杂，交易对手众多，而在金融危机发生以前，信用衍生品交易的第三方信息披露制度却长期缺位，造成该市场信息不对称现象严重，容易导致市场操纵和危机时恐慌情绪的迅速扩散。

二是衍生品市场存在监管真空。美国规定 CDS 不受美国证券交易委员会(SEC)和美国商品期货委员会(CFTC)的监管。同样，欧洲央行也未将 CDS 纳入审慎监管体系，造成衍生品市场与其他市场监管的严重不对称，加之监管当局对影子银行体系同样存在监管缺位，造成衍生品市场的监管套利和过度投机。

练习与思考

1. 信用事件主要有哪些？
2. 信用违约互换是怎样操作的？
3. 总收益互换为什么交易量不大？
4. 简述两类信用期权的交易原理。
5. 简述信用关联票据的交易原理。

第十章

数字货币

数字人民币作为一项重要的金融基础设施,自启动以来始终拥抱科技。针对数字人民币的"中央银行-商业银行"双层运营体系,数字货币研究所借助区块链技术、大数据技术、机器学习技术、云计算技术、隐私保护技术等科技力量,构建了多地多活、布局合理的系统架构,建设了具备高并发、多频次、大流量服务能力的基础设施,并结合应用场景探索了可编程的数字人民币智能合约应用,创新了"无电""无网"等各种极端场景下的应对方法,致力于打造一个稳定、高效、安全的数字人民币系统,为我国金融事业的发展增添新的助力。

本章要点:
- 了解基本的数字货币定义;
- 理解区块链技术与互换之间的联系;
- 理解碳排放权市场与数字货币市场之间的关系;
- 解释NFT技术及其相关应用。

第一节 当前货币和支付体系

货币在便利经济交换中扮演着关键角色。在它问世的几千年前,商品主要是通过未来的利益回报承诺(即交易欠条)来交易的。然而,随着社会规模增长,经济活动扩张,记录日益复杂的欠条变得越来越困难,违约和结算风险成为隐忧。为了解决与日俱增的复杂性和与之相关的信任难题,货币和货币发行机构应运而生。

独立的中央银行是现代社会提供货币信心的可靠、值得信赖且稳健的机构,这意味着商定的目标:清晰的货币政策和金融稳定目标;操作上、工具上和行政上的独立性;承担民主责任,确保广泛的政治支持和合法性。独立央行很大程度上实现了用稳定货币保护社会经济和政治利益的目标。在这种设定下,货币可以被定义为,在享有公共信任的国家内,由负责任的机构支持的不可或缺的社会惯例。

几乎在所有现代经济体中,货币都由中央银行和私人银行共同提供,中央银行则是这一体系的核心。电子银行存款是最终用户之间进行支付的主要手段,而中央银行的存款则是银行之间的支付手段。在这个双层体系中，信任由独立而可靠的中央银行产生，中央银行通过资产持有和操作规则支持准备金。反过来，对银行存款的信任是通过各种手段产生的，包括监管、监督和储蓄保险制度，其中许多途径最终归结于国家。

作为履行其维持稳定记账单位和支付手段职责的一部分，中央银行在监督和监管金融机构，并在某些情况下为其货币提供支付基础设施方面发挥着积极作用。中央银行的职责包括确保支付系统平稳运行，确保准备金的供应能够妥善应对不断变化的需求(包括日内变动)，即确保弹性的货币供应。

得益于中央银行的积极参与，当今多元化的支付系统已经实现了安全性、成本效益、可扩展性和对支付最终性的信任。支付系统既安全又具成本效益，可以在几乎无滥用和低成本的条件下处理大量支付，并适应快速增长的需求。安全性和成本效益的一个重要贡献因素是可扩展性。在当今复杂经济中，支付量非常巨大，是 GDP 的数倍。尽管如此，工具的大规模使用并不会带来成本的等比例增加。这一点很重要，因为任何成功的货币和支付系统的基本特征是买卖双方的广泛使用情况：当使用特定支付系统的其他人越多，一个人使用该系统的自身动机就越强。

使用者不仅要对货币本身有信心，还需要相信支付能快速且顺利地进行。因此，理想的操作属性是支付的确定性(最终性)，以及判定交易是否可能被错误执行的能力。"最终性"意味着系统在个别交易和系统整体层面都基本没有欺骗和操作风险。强大的监管和央行负责制都有助于支持最终性，进而增进信任。尽管现代大多数交易手段最终都由央行支持，但随着时间的推移，各种公共和私人支付手段层出不穷。可以用一种被称为"货币之花"的分类体系来很好地归纳它们(如图 10-1 所示)。

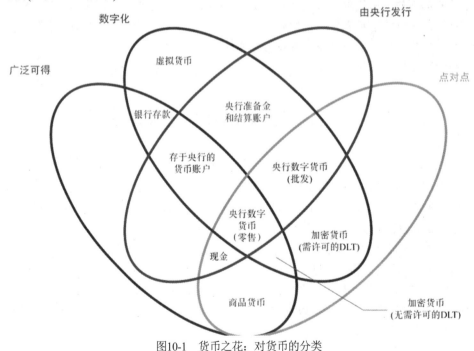

图10-1　货币之花：对货币的分类

货币之花区分了货币的四个关键属性：发行者、形式、可得性和支付转移机制。发行人可以是中央银行、银行或者不由特定机构发行。就像货币采取商品形式的情况一样，其形式可以是实体的，例如金属硬币和纸币，也可以是数字的。它可以像商业银行存款那样广泛可得，也可以像中央银行准备金那样只在小范围内可得。最后一个属性则是关于转移机制，可以是点对点的，也可以是经由中央中介机构的。比如，存款货币通常基于两种基本技术之一：所谓的"代币"或账户。基于"代币"的货币，例如纸币和硬币，可以点对点地交换，但这种交换依赖于收币方验证支付物的真实性的能力——对现金来说就是假币的问题。相比之下，基于账户资金的系统从根本上取决于验证账户持有人身份的能力。

第二节　数字货币的定义

数字货币是一种不受管制的、数字化的货币，通常由开发者发行和管理，被特定虚拟社区的成员所接受和使用。欧洲银行业管理局将虚拟货币定义为：价值的数字化表示，不由央行或当局发行，也不与法币挂钩，但由于被公众所接受，所以可作为支付手段，并可以以电子形式转移、存储或交易。

数字货币可被认为是一种基于节点网络和数字加密算法的虚拟货币。数字货币的核心特征主要体现在三个方面。

(1) 由于来自某些开放的算法，数字货币没有发行主体，因此没有任何人或机构能够控制它的发行；

(2) 由于算法解的数量确定，所以数字货币的总量固定，这从根本上消除了虚拟货币滥发导致通货膨胀的可能；

(3) 由于交易过程需要网络中的各个节点的认可，因此数字货币的交易过程足够安全。

按照数字货币与实体经济及真实货币之间的关系，可以将其分为三类：一是完全封闭的、与实体经济毫无关系且只能在特定虚拟社区内使用，如某些游戏社区内的虚拟货币；二是可以用真实货币购买但不能兑换回真实货币，可用于购买虚拟商品和服务，如某些社交平台上的虚拟货币；三是可以按照一定的比率与真实货币进行兑换、赎回，既可以购买虚拟的商品服务，也可以购买真实的商品服务，如比特币。

一、加密货币：去中心化信用的不明朗的未来

加密货币能实现它们所承诺的去中心化信用中介的功能吗？或者最终只是昙花一现？为回答这些问题，我们需要更精确地定义加密货币，了解支持它们的技术，同时审视相关的经济局限性。加密货币渴望成为一种新的货币形式，并承诺通过技术手段维持对其币值稳定的信任。它们由三个要素构成：第一，一组规则（"协议"），指明参与者如何交易的计算机代码；第二，存储交易历史的账本；第三，去中心化的参与者网络，他们依据协议中的规则更新存储、读取交易账簿。有了这些要素，加密货币的倡导者声称，加密货币不会受害于银行和主权国家的潜在不良意图。

就货币之花的分类而言，加密货币结合了三个关键特征：第一，它们是数字化的，致力于成为一种便利的支付手段，并依靠加密技术来防止伪造和欺诈性交易；第二，尽管是私人创设的，但它们不是任何人的负债，即它们不能被赎买，它们的价值只来自它们会继续被其他人所接受的预期。这使它们类似于商品货币(尽管没有任何内在使用价值)；第三，它们允许数字化点对点交易。

和其他的私人数字货币(如银行储蓄)相比，加密货币的突出特点是数字化点对点交易。数字银行账户数十年前就出现了，私人发行的"虚拟货币"(例如在《魔兽世界》这种大型多玩家在线游戏中使用的货币)也比加密货币早出现十年，与之不同的是，加密货币的交易原则上可以在去中心化场景下发生，不需要一个中央对手方来执行交易。

二、加密货币的分布式账本技术

数字化点对点交易的技术挑战是所谓的"双重花费问题"。任何数字形式的货币都很容易复制，因此可能会被欺诈地花费不止一次。这是因为数字信息相比纸币更容易被复制。对数字货币来说，解决双重花费问题至少需要有人记录所有交易并验证其真实性。在加密货币之前，唯一的解决方案是设立一个中央代理人来执行这一任务。

加密货币通过利用分布式账本(DLT)来去中心化地记录交易，以此解决双重花费问题。账本可以被看成是一个文件(就像一个 Excel 工作簿)，自加密货币发布以来，记录了此后的所有交易历史。整个账本的最新副本由每个用户存储(即所谓"分布式")。有了分布式账本，数字货币就可以进行点对点交易了，每个用户可以直接在自己的账本副本中验证是否发生了转账及是否存在双重花费问题。

所有加密货币都依赖分布式账本，但它们在账本更新方式方面存在差异。这些加密货币可以被区分为两大类，它们的操作设置有显著的差异(如图 10-2 和表 10-1 所示)。第一类是基于"需许可"的分布式账本技术。这类加密货币类似于传统的支付机制，为了防止滥用，账本只能由加密货币中的可信参与者(被称为"受信节点")更新。这些节点由中央当局选定并受其监督，例如开发加密货币的公司。因此，虽然基于授权系统的加密货币在交易记录存储方式(去中心化和中心化)方面与传统货币不同，但它们与传统货币相同的是，都依赖于特定机构作为最终的信任来源。

第二类加密货币和当前基于机构的货币设置相比则彻底不同，它们采用"无需许可"的分布式账本技术，在完全去中心化的场景下创造信用。记录交易的账本只能被货币参与者的共识所修改：人人都能参与，但没有人有修改账本的特殊钥匙。

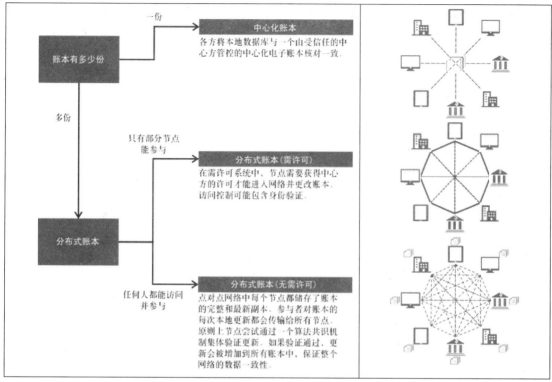

图10-2 中心化账本和需许可/无需许可的去中心化账本

表10-1 中心化账本和需许可/无需许可的去中心化账本

	基于法币系统的私人电子货币	私人发行的加密货币	
		需许可	无需许可
1. 余额/持有量的储存	账本(账户)由银行或其他金融机构中心化储存	账本去中心化储存	
2. 防止双重花费的验证措施	基于身份的概念	点对点的概念:可以检查分布式账本来核对某一单位的货币是否已经被支出	
3. 处理交易	银行更新账户	受信任节点更新账本	通过工作证明更新账本;遵从最长链条的规则
4. 最终性/清算的概念	最终通过央行清算	加密货币自身清算	由于存在遵从最长链条的规则,最终性概念是概率性的
5. 供给弹性	中央银行政策,例如关于日内信贷活动的政策	基于协议,受信任节点可以更改	基于预先确定的协议
6. 信任创造机制	银行和央行的声誉,银行监管,最后借款人机制,法币相关的法律,央行独立性和可靠性,反洗钱反恐融资检查,网络安全	发行公司和节点的声誉;受信任节点,其中有些可能受到监督	工作证明需要信任多数算力

资料来源:改编自 Natarajan,H.,Krause,S., Gradstein, H. "Distributed ledger technology (DLT) and blockchain", World Banh Group, FinTech Note, no1, 2017; BIS.

无需许可加密货币的概念是由一位(或一组)匿名程序员以假名 Satoshi Naha-moto 在白皮书中为比特币的案例提出的，他提出一种基于特定种类的分布式账本("区块链")的货币。区块链是一个分布式账本，它在被称为区块的交易组中进行更新。然后通过使用加密技术将这些区块连接成链，形成区块链。这个概念已经扩展至无数其他加密货币。

基于区块链的无需许可的加密货币有两类参与者：充当记账员的"矿工"和想要交易加密货币的"用户"。从表面上来看，这些加密货币的基本思路很简单：与银行集中记录交易(如图 10-3 左图所示)不同，矿工更新账本，随后更新后的账本由所有用户和矿工存储(如图 10-3 右图所示)。

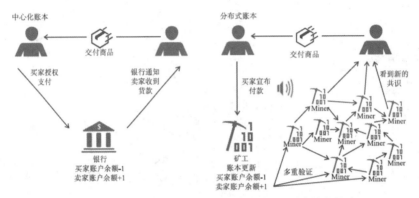

图10-3　中心化账本/银行账户和无需许可加密货币中的交易验证

在这个设置之下，这些加密货币的关键特征是实施一组规则(协议)来协调所有参与者的动机，以便在没有中央信任代理人的情况下创建可靠的支付技术。协议确定资产的供应以抵御贬值，例如在比特币的例子下，该协议规定比特币数量的上限是 2100 万。此外，协议还需确保所有参与者都出于自身利益维持规则，即他们形成了可自我保持的均衡。这里有三个关键点。

首先，这些规则带来了更新账本的成本。在大多数情况下，这种成本源于更新需要。"工作证明"，即通过数学证据表明已经完成了一定量的计算工作，反过来又要求昂贵的设备和电力使用，由于工作证明过程可以类比为通过费力的计算挖掘罕见数字，因此通常称为采矿。作为对他们努力的回报，矿工从用户处收取费用，如果协议有相关规定的话，就是新铸的加密货币。其次，加密货币的所有矿工和用户会验证所有的账本更新，这会引导矿工只把有效的交易涵盖进去。有效的交易需要由资金所有者发起，且不能尝试双重花费。如果账本更新包含了无效交易，它会被网络拒绝，矿工奖励也会被取消。矿工和用户网络对所有账本更新的核查对于激励矿工只增加有效交易至关重要。最后，协议规定了规则，以对账本更新的顺序达成共识。这通常是通过创建激励措施，使个人矿工实施更新时跟随其他所有矿工的多数算力。这种机制是必需的，例如，通信迟滞导致不同矿工增加了互相冲突的更新条目，即包含不同交易集的更新，这样的问题需得到解决。

买家从卖家手中购买商品，卖家收到支付确认后即交付商品。如果支付通过银行账户完成，即通过中心化账本(如图 10-3 左图所示)完成，则买家向银行发送付款指令，银行调整余额，从买家账户扣减相应金额并增加至卖家账户。银行随后向卖家确认付款。与之不同，如果支付通过无需许可的加密货币(如图 10-3 右图所示)，买家首先公开宣布支付指令，宣称买家持有量减一，同时卖家持有量加一。经过一段时间的延迟后，一个矿工在账本更新中包含了这个支付信息。更新后的账本被其他矿工和用户接受，每个人都验证新增的这个交易指令不涉及双重花费，且买家已经授权。随后，卖家才观察到包含了此次支付的账本被矿工和用户网络广泛接受。

有了这些关键要素，任何人伪造加密货币的成本都会非常高昂，尽管不是不可能。要成功实现双重花费，伪造者需要把加密货币花给一个商家，同时秘密伪造一个未记录此次交易的区块链。收到商品后，伪造者发布伪造的区块链，即逆转付款。只有这段伪造的区块链比其他网络矿工在此期间制作的区块链更长，这种伪造的区块链才可能成为普遍接受的链。因此，一次成功的双重花费攻击需要拥有大量的算力。或者，用比特币白皮书的话说，只有"诚实的节点控制了大部分(计算)能力"，加密货币才能以去中心化的方式克服双重花费问题。

三、评估无需许可加密货币的经济局限性

比特币等加密货币承诺带来的不只是基于数字技术的支付方式，更是一种新的信任模式。但实现这一承诺取决于一系列假设：诚实的矿工控制绝大多数计算能力，用户核查所有交易历史，协议预先设定货币供给。理解这些假设很重要，因为它们对加密货币的实用性提出了两个问题：第一，这种试图实现信任的烦琐方法是否以牺牲效率为代价？第二，信任是否真正得以实现并永续？

正如第一个问题所暗示的，效率方面一个关键的潜在限制是获取去中心化信任所带来的巨大成本。人们预计矿工会持续通过工作证明竞争为账本增加新区块，直到他们的期望利润降至零。由矿工运营的个人设施可以拥有与数百万台个人电脑相当的计算能力。在本书写作之时，比特币挖矿总耗电量与瑞士这样的中型经济体耗电量相当，其他加密货币也使用了相当多的电力(如图10-4左图所示)。简而言之，对去中心化信任的追求很快就会变成一场环境灾难。

但潜在的经济问题远远超出能源问题。这涉及货币的标志性属性：促进使用者之间的"网络外部性"，从而成为经济活动的协调工具。加密货币在这方面的缺点体现在三个方面：可扩展性，币值稳定性和对支付最终性的信任。首先，加密货币根本不能像主权货币那样大规模扩展。从最基本的层面上说，为了达到它们所宣扬的去中心化信任，加密货币需要每个使用者下载并验证所有历史交易，包括支付金额、支付者、接收者和其他细节信息。随着每次交易增加几百字节，账本"篇幅"会随着时间的推移大幅增长。比如，在撰写本书时，比特币区块链每年增长约50GB，目前大约170GB。因此，为了使账本规模和核对所有交易的时间(这个时间也随着账本增大而变长)可控，加密货币对交易流量有硬性限制(如图10-4中图所示)。

一个思想实验可以表明加密货币作为日常支付手段的不足之处(如图10-4右图所示)。我们选取了若干个全国零售支付系统，为了处理目前这些系统的数字零售交易量，即使在乐观假设下，账本的规模也将在几天时间内迅速超过一个智能手机的存储容量，在几星期内超过个人电脑的存储容量，在几个月内超过服务器的存储容量。但问题不仅仅在于存储容量，更在于处理能力：只有超级计算机才能跟上新交易的验证，而与之相关的通信量可能会让互联网遭受严重的通信压力，因为数百万用户以TB级的数量级交换文件。

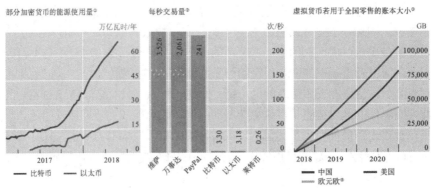

图10-4 能源消耗和可扩展性问题

可扩展性问题的另一个方面是更新账本会遇到网络堵塞问题。比如，对于基于区块链的加密货币，为限制在任何给定时间点添加到账本的交易数量，新的区块只能按照预先指定的时间间隔添加。一旦交易达到新加区块触及协议允许的数量，系统就会拥堵，许多交易将进入队列。由于处理能力有上限，每当交易需求达到上限，交易费用就会猛增(如图10-5所示)。有时交易会排队数小时之久，从而中断支付流程。这限制了加密货币在日常交易中的实用性，例如支付咖啡或会议费用，更不用说批发性的支付。因此，使用加密货币的人越多，付款越麻烦。这违背了当今货币的关键属性：使用它的人越多，使用它的动机就越强。

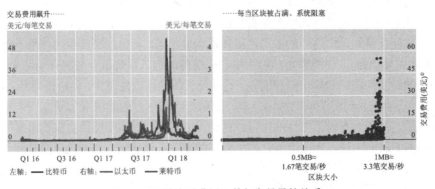

图10-5 历史交易费用及其与交易量的关系

其次，加密货币的第二个关键问题是币值不稳定。这是由于缺乏一个中央发行人来负责维持币值稳定。运行良好的中央银行根据交易需求调节货币发行量，成功地稳定了主权货币的本土价值。央行进行此类操作的频率很高，尤其是在市场紧张时期。

这与加密货币形成了鲜明对比，对加密货币价值产生一定的信心需要协议预先确定供应量，但这阻碍了弹性供应。因此，需求端的任何波动都会传导到币值上。这意味着加密货币的币值极不稳定(如图10-6左图所示)。这种内在不稳定性很难通过更好的协议或者金融工程来克服，如Dai加密货币的例子所示，它被设计为1∶1锚定美元，但在2017年末发行仅数周后就跌到了0.72美元的低点。其他被设计为稳定币值的加密货币也都波动剧烈(如图10-6中图所示)。

这个结果并不是巧合。为保持支付手段的供应符合交易需求，需要一个中心化的机构(通常是可以扩大或缩小资产负债表的中央银行)。当局有时需要与市场进行交易，即使这意味着将风险纳入其资产负债表并吸收损失。在去中心化的加密货币用户网络中，没有中央代理人有承担稳定货币价值的义务或动力：每当对加密货币的需求下降时，其价格也会下降。

另一个影响估值不稳定的因素来自于新加密货币的发行速度，所有这些加密货币都非常类似且相互可替代。在撰写本书时，已有数千种加密货币存在，这种扩增速度使我们难以估算(如图 10-6 右图所示)。回顾过去的私人银行业务的经验，这种自由发行新货币的结果很难带来稳定性。

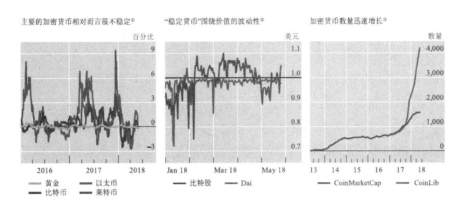

图10-6　选取的加密货币的波动性及加密货币的数量

最后一个问题涉及加密货币信任的脆弱基础。这涉及个人支付的完结性存在不确定性，以及对单个加密货币价值的信任。在主流支付系统中，一旦个人支付经由国家支付系统并最终通过中央银行账本进行支付，它就不能被撤销。相比之下，无许可的加密货币不能保证个人支付的完结性，其中一个原因是，虽然用户可以验证账本中是否包含特定交易，但他们不知道可能存在竞争对手的账本版本。这可能导致交易反转，比如当两名矿工几乎同时更新账本时，由于两种更新最终只有一种可以生存，因此在哪个账本版本中支付得以完结则是个概率性事件。加密货币可以被掌握大量计算能力的矿工操纵，许多加密货币的采矿活动高度集中，加剧了付款完结性的缺失(如图 10-7 左图所示)。人们不能分辨是否正在进行战略攻击，因为攻击者只有在确定成功后才会显示(伪造的)账本，这意味着完结性将永远不确定。对于加密货币，账本的每次更新都会附带一份攻击者必须复制的额外工作证明。即使支付完结的可能性随着后续账本更新的数量而增加，但从未达到 100%。

同样地，不仅个人支付的信任不确定，由于存在"分叉"，每种加密货币的信任基础也很脆弱。"分叉"的过程，就是加密货币持有者的一个子集协调使用新版本的账本和协议，而另一些则坚持原来的账本和协议。这样一来，一个加密货币可以分成两个用户子网。虽然最近有许多"分叉"的例子，但 2013 年 3 月 11 日发生的一件事值得注意，因为这与通过去中心化的手段实现信任的想法相违背，这个"分叉"是通过矿工的中心化协调而取消的。于是，错误的软件更新导致传统协议的比特币网络挖矿的一部分与使用更新的协议的另一部分挖矿之间不兼容。几个小时后，两个独立的区块链逐渐壮大；当这个分叉的消息传播开来，比特币的价格几乎下跌了 1/3 (如图 10-7 右图所示)。最终通过协调一致使得分叉得以反转，矿工们暂时脱离协议。但是许多交易在用户认为他们完结的几个小时后就消失了。这一事件说明了加密货币可以轻易分叉，并导致重大的估值损失。

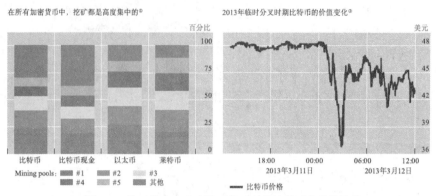

图10-7 挖矿集中度及在临时分叉时期比特币的价值变化

总体而言,去中心化的加密货币存在一系列缺点。主要的缺点在于其低效率来自极端的去中心化:在这种背景下创造所需的信任浪费了大量的计算能力,交易账本的分散存储效率低下,去中心化的共识机制相对脆弱。其中一些问题可能由新协议和其他技术来解决,但另一些问题似乎与这种去中心化系统的脆弱性和有限的可扩展性有内在联系。这些问题表明,去中心化加密货币在国家层面缺乏适当的监管和制度安排是其面临的主要挑战。

第三节 NFT协议

NFT,全称为Non-Fungible Token,指非同质化代币,是用于表示数字资产(包括jpg和视频剪辑形式)的唯一加密货币令牌。NFT能够映射到特定的资产,并将该资产的相关权利内容和交易信息等内容记录在其智能合约中,并在对应的区块链上给该资产生成一个无法篡改的独特编码,确保其真实性和唯一性。NFT可以被视为实体或者虚拟资产的所有权证明,因此虚拟的贴图、影片甚至帖文都可以用NFT进行交易,同时实体的商品也可以用NFT进行买卖,类似于限量球鞋、收藏品等(例如通过NFT标记的Nike鞋子可以用于鉴定真假)。

一、NFT交易的实质

NFT借由区块链技术,把人类原本用纸钞、硬币作为交易媒介的概念,转化为了数位化的公开账本。区块链所运用的技术,本质上是一种把世界上所有交易按顺序整理好、分发给所有人,并同步更新的系统。当NFT资产进行交易的时候,必须将这笔交易记录公开播送,让系统发送到所有人的记录当中,当NFT交易的记录与大家的记录都串在一起变成一个大区块,再和世界上其他人的交易锁成链,同步更新到所有人手中,这个记录才算是生效的。这也是NFT不可篡改性的由来,如果有人要篡改这一则记录,他不能只对一个人的记录进行篡改,而是要将所有人的系统进行篡改并同时将交易信息传送到网络上。NFT利用区块链的技术将持有某件商品的所有权的这个抽象事实转化成NFT代币,这使得持有人可以通过NFT定价、转手并且这些交易被世界公认而无法篡改。区块链的技术让NFT具有了非同质化的特性,也就是每一枚NFT都无法被替代,尽管作品可能遭到复制,但是复制品与正品在本质上并不相同,因此 NFT 可以作为资产证明之用。NFT 交易示意如图 10-8 所示。

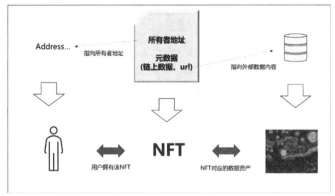

图10-8　NFT交易示意图

NFT 的运作标准与可行性：
(1) 识别性；
(2) 每个 NFT 都是独一无二的存在；
(3) 易于验证创作者的相关信息；
(4) 拥有者可以安心持有并完整地保存 NFT 这项资产；
(5) 稀缺机制；
(6) 权利金机制。

二、NFT的交易风险

NFT 的规范性：目前 NFT 市场仍在发展阶段，相关法律法规并不健全，与实体资产(如不动产、股市、债券等)相比，缺乏明确的法律法条作为依据。如果主管机制与立法机制介入，制定 NFT 相关的法律法规，例如设定购买限额，可能会导致交易 NFT 热度消退，对整个市场造成打击甚至市场崩溃。

NFT 的保值性：NFT 的市场仍处开发阶段，如果持有的 NFT 产品不受市场青睐，在市场没有相关的热度，缺乏流动性，则可能会导致滞销，产品价格可能不得不以低于成本的价格售出。

NFT 的保存性：NFT 是资产拥有权的证明，且会将持有权记录储存在区块链上。不过，NFT 作品本身，如数位 NFT 资产本身是被保存在各类平台上的，如果平台出现了破产倒闭的问题，用户所拥有的资产可能会化为乌有，而不像实体资产能够安全地保存在自己的家中。

NFT 的泡沫化：目前 NFT 相关概念估值较高，过度的炒作及投机行为造成了较大的泡沫。热度消退泡沫破碎时可能会导致资产的大幅度缩水，同时，NFT 市场还面临被犯罪分子利用来从事洗钱、诈骗的风险。

三、NFT的应用

NFT+DeFi：目前，绝大多数 DeFi 借贷协议都需要抵押物，将 NFT 作为抵押物，意味着可以把代表数字艺术品甚至代币化房产的 NFT 作为抵押品来贷出其他资产。其实市场上已经出现了一些 NFT 和 DeFi 结合的案例，比如一个叫 Rocker NFT 的抵押借贷平台，借款方可以抵押任何 NFT 资产，其他用户则可以按需提供贷款。若该借款方接受此笔贷款，则将收到贷款方的 DAI，与此同时，该 NFT 资产被锁定在 NFT 智能合约中，直到借款方还清贷款。如果借款方没有在到期之前还清贷款，该 NFT 资产将转给贷款方。

NFT+保险：将每一张保单都变成了 NFT，每一个 NFT 对应着一张特定期限和保险金额的保单，这些 NFT 保单是可自由交易的。用户可以在 OpenSea、Rarible 之类的 NFT 交易市场上交易保单，此时的保险已不单纯是保险，它已经变成可以在二级市场流通的金融衍生品。NFT 的出现使得保单能更方便和更快捷地交易流转。

所有权认定：基于 NFT 的所有权属性，如果一个人在区块链上创建了某个条目，那么这个虚拟资产就会永远存在，而不会随着供应商的倒闭而倒闭。NFT 在数字世界中模拟了现实世界的资产，而这可以应用于元宇宙、图书及古董行业。玩家不会因为元宇宙世界中游戏厂商的倒闭而导致自己的游戏装备消失，因为游戏装备已经成为虚拟世界中玩家的资产，玩家对其拥有所有权，同样地，虚拟图书古董也是如此。当数据资产与财富的归属权都属于玩家自己，元宇宙就不仅仅只是一个游戏。

数字稀缺性：NFT 的出现，使得稀缺性进入了数字世界，人们可以通过 NFT 证明自己对数字资产的所有权。普通的电子图书仅仅满足了读者的阅读需求，而喜欢该作品或该作者的超级粉丝往往还希望获得对作者及其所创建世界的更多访问权。出版社和作者通过提供图书相关 NFT 能满足读者的这种需求，并获得更多利润。NFT 使数字稀缺成为可能，图书相关 NFT 还创建了一个收藏和投资市场。如果一位作者名声显赫，相关 NFT 的购买者就不仅仅是拥护他的热心读者，还有可能是投资者，这是因为人们相信这些 NFT 会在未来升值，在 10 年或 20 年后能获得高额的收益。限量版 NFT 图书及制作具有差异的 NFT 图书也会使图书的稀缺性增加，让 NFT 更具有收藏价值。

知识产权保护：盗版 NFT 难度很高，因为每个 NFT 的副本都记录在区块链中，每个 NFT 的所有者也都记录在区块链中，并且每笔交易都由智能合约自动执行。如果有人尝试非法添加某个产品或者知识产权电子副本，区块链技术将自动阻止此人的侵权行为，因为区块链拥有这一份知识产权的所有数字痕迹。消费者还可以利用区块链上的产权溯源或者编码来验证自己购买的 NFT 产品是否为正品。从长远来看，它为防止盗版提供了一种有效的解决方案。

但是，与加密货币类似，NFT 也存在交易费用高涨、能源和环保问题，以及资产泡沫和欺诈等挑战。本书不再对此展开论述。

第四节 加密货币带来的监管挑战

第一个关键的监管挑战是反洗钱(AML)和反恐融资(CFT)。问题在于加密货币的崛起是否及在多大程度上可能规避一些反洗钱/反恐融资措施(如"知道你的顾客"原则)。由于加密货币是匿名的，所以很难量化它们在多大程度上被用于逃避资本控制或税收，或者更普遍地参与非法交易。比特币对一个主要的毒品市场的显著市场反应表明，加密货币不可忽视的一部分来自于犯罪活动(如图 10-9 左图所示)。

第二个挑战包括证券规则和其他旨在保护消费者和投资者的条例。数字盗窃是一个常见的问题。考虑到分布式账本的大小、不便及高交易成本，大多数用户通过诸如"加密钱包"提供商或"加密交易所"之类的第三方访问他们的加密货币。讽刺的是，与比特币和其他加密货币的最初承诺形成鲜明对比，许多因不信任银行和政府而使用加密货币的用户，现在却依赖于这些不受监管的中介机构。其中一些机构(如 MtGox 或 Bitfinex)被证实存在欺诈行为或遭受过黑客攻击。

欺诈问题同样困扰着首次代币发行(ICO)。ICO 涉及向公众出售一系列初始的加密货币代币，而收益有时来源于创业公司的参与权。尽管当局发出警告，投资者仍纷纷涌向 ICO，即使它们经常与提供最少且未经审计的信息的不透明商业项目相关联。这些项目中有很多都是欺诈性的庞氏骗局(如图 10-9 右图所示)。

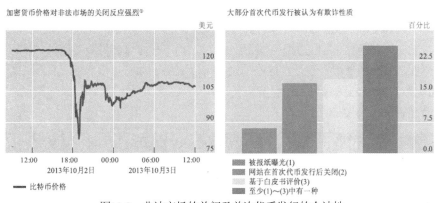

图10-9 非法市场的关闭及首次代币发行的合法性

第三个长期的挑战涉及金融体系的稳定性。关于加密货币和相关自行执行的金融产品的广泛使用是否会导致新的金融脆弱性和系统性金融风险，依然有待观察。对发展情况进行密切监测依然很有必要。而且，鉴于其新颖的风险特征，这些技术要求提高监管当局的能力。在某些情况下，例如执行大额高量的付款，可能需要扩大监管边界来包括使用新技术的实体，从而避免系统性金融风险的积聚。

全球监管当局已达成广泛共识，认为有必要通过制定新的监管措施，来加强对加密货币和相关加密资产的监管与监测。特别是二十国集团财长和央行行长最近的公报强调了消费者和投资者保护、市场完备性、逃税和反洗钱/反恐融资等问题，并呼吁国际标准制定机构持续监督这些领域。《公报》还呼吁金融行动特别工作组推动适用全球的实施标准。但是，加强安全标准的设计和有效的实施具有挑战性。法律的更新和监管的执行并不总是与现实相同步。快速迭代的技术会被用于多种经济活动，在许多情况下，这些活动受不同的监管机构监管。例如，科技公司目前正在使用 ICO 为与加密货币无关的项目筹集资金。除了语义上的差别(拍卖数字货币而不是股票)，这类 ICO 与既定交易所上市首次公开募股(IPO)没有本质上的区别，因此证券监管当局对其采用类似的监管政策是很自然的。但是一些 ICO 还有"效用代币"的功能，它们保证未来能够访问游戏和其他软件。这一特征不构成投资活动，而是要求有关机构适用消费者保护法。

在操作上，主要的复杂因素是无需许可的加密货币不适合现有的框架。尤其是它们缺乏可以纳入监管边界的法律实体或人员。加密货币生存在自己的数字化和无国籍的领域,可以在很大程度上独立于现有的制度环境及其他基础设施。然而,它们的合法居所可能是离岸市场,但也有可能无法被清楚地界定。因此,它们只能被间接监管。当局如何实施监管方法?有三个相关的考虑。

第一,加密货币和加密资产的兴起要求重新确定监管边界。监管边界需要适应一种新的情况,即跨境监管当局的责任界限越来越模糊。由于加密货币本质上是全球性的去中心网络,所以只有在全球层面进行了协调的监管才有可能发挥效用。

第二,需要解决加密货币与受监管金融实体之间的协同问题。只有受监管的交易所才能为DLT的金融产品提供必要的流动性,使之成为有效的交易市场,而其结算金最终需要转换为主权货币。因此,针对那些希望处理加密货币相关资产的监管机构,可以调整它们的税收和资本金管理制度。特别是在加密货币作为抵押品的时候,监管当局需要对银行进行全面的监管。

第三,可以针对提供加密货币服务的机构进行监管。例如,为确保有效的反洗钱/反恐融资,监管可侧重于在何种条件下加密货币可兑换为主权货币。其他与支付服务有关的现行法律法规侧重于安全性、效率和使用合法性,这些原则也可以应用于加密货币服务提供商,如"加密钱包"。为避免监管效果出现漏洞,理想情况下,各个国家或地区的监管应大体类似,并且应在落实监管措施时保持高度协同。

📖 专栏

央行是否应该发行数字货币(CBDC)

CBDC的功能与现金非常相似:它将在金融公司、非金融公司和消费者之间流通,而无须中央银行的进一步参与。CBDC可能会在私人部门之间进行交换,交易双方均使用分布式账本而不需要中央银行的结算系统。基于一个经过许可的分布式账本(如图10-2所示),由中央银行决定谁(交易)作为一个可信节点。

虽然CBDC与现有中央银行负债体系(法定准备金)之间的区别只是数字化与否,但它对于金融体系的影响实际上是颠覆性的。在消费者和企业中流通的CBDC可能会显著影响中央银行的三个核心业务领域:支付、金融稳定和货币政策。虽然CBDC的优势和劣势取决于具体的算法,但其带来的巨大金融风险并不能被忽视。目前,央行正在密切关注技术的进步,同时谨慎地逐步推行CBDC。

近几十年来,中央银行利用数字技术来提高支付效率和稳定金融体系。数字技术使中央银行能够通过实时全额支付系统(RTGS)提高流动资金的使用效率。通过连续链接结算(CLS)将这些系统连接起来,使得全世界的商业银行每天都可以全天候结算数万亿美元的外汇,进而有助于消除赫斯特风险[①]。目前,更快更高效的零售支付体系已遍布全球,各国央行正在积极推动它们进一步发展。

CBDC面临两大挑战。首先,无需许可DLT的缺陷也适用于CBDC,这意味着它们需要根据有许可的协议进行建模。其次,中央银行准备金的可兑换性及分布式账本的设计都需要谨慎实施,以维持日内流动性,同时尽量减少结算风险。包含加拿大银行(Jasper项目)、欧洲中央银行、日本银行(Stella项目)和新加坡金融管理局(Ubin项目)在内的一些中央银行已经开展了基于

---

① 赫斯特风险(Herstatt Risk)是指外汇交易因跨越时区,造成结算时间落差而导致的风险。

DLT的CBDC交易的RTGS实验。在大多数情况下,中央银行选择了数字存款收据(DDR)方式,即央行在分布式账本上发行数字代币,由分离账户持有并可兑换为中央银行准备金。虽然代币可以用于在分布式账本上进行银行间转账,但目前的实践表明,其优势并不明显超过现有的支付清算系统。

资料来源:改编自Natarajan, H.,Krause,S., Gradstein, H."Distributed ledgertechnology(DLT) and blockchain", World Banh Group, FinTech Note, no1, 2017; BIS.

练习与思考

1. 数字货币与加密货币的区别是什么?
2. 数字货币是否能加剧气候变化问题?
3. 数字货币如何重塑人类社会交易模式?
4. NFT 是不是真的能让数字资产产生稀缺性?

第十一章

结构化产品

结构化产品一般以一个固定收益产品(固定利率、浮动利率的债券或零息债券)为基础,并结合一个或多个基于某个市场或指数的金融衍生品。这种衍生品可挂钩的资产包括股票、债券、利率、外汇、各种指数(如股票指数、CPI、GDP 等)、大宗商品、基金、混合资产等。最为流行的结构化金融衍生品主要包括商业银行开发的各类结构化理财产品及在交易所市场上可上市交易的各类结构化票据,它们通常与某种金融价格相联系,其投资收益随该价格的变化而变化。

> **本章要点:**
> - 掌握结构化产品的基本性质;
> - 了解结构化产品基础资产构成;
> - 学会使用远期、期货、期权及互换等衍生工具构建结构化产品;
> - 了解金融创新的模式及风险管理在其中的应用。

第一节 结构化产品的一般特征

结构化产品是现代金融市场创新的集中体现,是现代金融学理论知识和实践经验的综合运用。典型的结构化产品(structured products)是融合了固定收益证券的属性和衍生工具的特征的一类证券,通常也被称为结构性产品或者嵌入衍生工具的证券。美国证券交易委员会(SEC)将结构化产品定义为:结构化产品包括两方面,其一是产品的现金流特征依赖于一个或多个指数,其二是产品嵌入了远期或期权或者其他证券,且使投资者的投资收益及产品发行人的支付义务依赖于标的物、指数、利率或现金流等变量的值。

简而言之,结构化产品通常由多个基本部分构成,这些基本部分的组合使得结构化产品能够产生特定的、针对某类投资者需求的风险收益特征。可以将结构化产品类比成乐高积木玩具。小小的积木块通过巧妙地组合,可以构建出多样化的形状和物体,如汽车、房屋、桥梁、城堡等。如果积木的个数足够多,那么其能构造出几乎无限多种不同的物体。结构化产品就像是用这些"积木"构造出来的物体,而其中的"积木"就是常见的股票、债券和期权等金融工具。这些工具在金融市场中的规模和种类都很庞大,例如期权的标的物就可以是股票、股指、利率、汇率、大宗商品等。而期权又分为看涨期权和看跌期权，且有各个水平的执行价格和长短不一的到期时间。可见，结构化产品种类繁多。在此基础上，通过巧妙组合，也可以创造出几乎无穷多个具有不同风险收益特征的结构化产品。

一个典型的结构化产品通常包含一个零息票据、定期存单或类似的固定收益产品及一个衍生工具。其中的衍生工具将在固定收益产品到期时进行结算。例如，将一份定期存单与某个份额的指数基金组合在一起，形成一个结构化产品。该结构化产品在到期时将投资本金全额归还给投资者，同时也将指数基金份额的价值增长部分回馈给投资者。总体而言，各种类型的结构化产品共有的特征体现在以下五个方面。

一、固定投资期限

与常见的债券、期货和期权类似，结构化产品通常具有固定的投资期限，或者说具有固定的到期日，产品将在到期日被赎回。例如，某个结构化产品与一个期限为 30 个月的期权的行情相联结，则该结构化产品的投资期限就是 30 个月。结构化产品与封闭式基金也有类似之处，即产品的投资者都是在同一时刻以同一价格进行投资。从近几年来的结构化产品市场来看，投资者进行投资的最短期限是 3 个月；在美国的结构化产品市场中，众多产品的平均到期期限是 3 年。

将固定收益证券(通常是固定利率债券)和衍生工具(通常是一个远期合约或期权合约)组合起来并包装成为一个金融产品，这是结构化产品设计的标准机制。这样设计的最主要目的是，可以为特定的投资者群体带来"量身定做"的投资机会，来满足投资者指定的投资目标，使投资者更易于将他们对市场变化的预期进行货币化。

二、本金保护

结构化产品通常能够给投资者提供全额的或者部分的本金保护。所谓本金保护，是指投资者在结构化产品到期时将至少能收回其所投资的全部初始本金(全额本金保护)，或者全部初始本金的某个百分比(部分本金保护)。拥有本金保护特征的结构化产品具有了非对称的收益特征，这与期权是类似的。投资者应该认识到的一点是，本金保护只有在产品到期时才能实现，这是至关重要的一点。因此，投资者若购买了一个结构化产品，则应该准备好将该项投资持有至到期。

本金保护的水平通常具有多个层次。有的结构化产品能够提供硬保护(hard protection)，即该产品设置了一个价值的下界，在产品存续期间，其价值不能低于该下界。与此相对的是软保护(soft protection)。在那些以尽量扩大产品收益为目标的结构化产品中，软保护是比较常见的。本金保护的水平越低，就有越多的资金用于投资衍生工具，从而提升了投资盈利的总体可能性，当然，这也提高了投资的风险。

三、基于特定公式计算收益

结构化产品的收益计算通常基于特定的公式。该公式被精心设计和改造，以使其适合某个特定的市场预期或者某个投资者的个性化需求。计算公式的因素通常有：

- 标的物或组合在初始时刻的价值。
- 标的物或组合在到期时刻的价值。
- 投资期限。
- 参与率。

参与率相当于一个乘数或者杠杆，真实收益与该参与率相乘后得到的积，就是投资者最终获得的收益。参与率可以是100%、低于100%或者高于100%。例如，如果投资者用1000元的本金购买了某个结构化产品，且该投资者的参与率是100%；在到期时，该结构化产品的收益率是10%，则投资者在产品到期时收回的资金是1100元。然而，如果投资者的参与率是90%，那么在其他条件相同的情况下，投资者在产品到期时收回的资金就是1090元。

在有些情况下，结构化产品的收益依赖于标的物价格或者指数的平均数。当然，收益计算公式也可以仅仅依赖于初始时刻和到期时刻这两个点的市场情况。例如，可以设计一个结构化产品，这个产品是针对那些相信中国房地产市场将走向衰落的投资者而设计的。该产品的介绍材料中包含了一个与一篮子房地产股票有关的收益计算公式，描述了在投资者预期正确的情况下，在产品到期时的收益情况。在产品到期的时候，如果房地产市场相比期初出现衰退，则投资者将收回其初始的投资本金，并获得额外的收益，收益额度等于一篮子房地产股票价值下降额的某个百分比。相反，如果房地产市场并没有出现衰退，反而继续上涨，则投资者在产品到期时收回的资金将少于初始投资，差额的大小与一篮子股票价值增长额的某个百分比有关，也就意味着投资者要承担亏损。

结构化产品的募集说明书通常还包括展示结构化产品的潜在收益表。这些表格通常是对未来市场状况的模拟，目的在于展示结构化产品收益在理论上的概率，而非实际的情况。例如，募集说明书展示该产品在理论上的收益率范围是-30%～30%，而真实的收益率则只取决于产品到期时的标的物的市场行情表现，或者在到期日前就因为发生某些状况而锁定在特定的区间里。导致收益锁定的行情条件通常也会在募集说明书里陈述。简而言之，结构化产品的收益，无论是盈利还是亏损，通常基于特定的计算公式。

四、衍生工具的角色

为了理解结构化产品的性质，投资者应该理解衍生工具是如何发生作用的。衍生工具是一种金融合约，其价值衍生自标的物的价值。衍生工具的标的物通常包括指数、大宗商品、货币、股票或者债券。结构化产品的类型大休上可以分为看涨型和看跌型。通过使用衍生工具，结构化产品的设计者可以对市场行情的未来走势进行预期管理。

(1) 国内储蓄规模庞大，而结构化产品对储蓄具有良好的替代性。结构化产品可以被设计为保护本金，其中相当部分采取了保本型产品的形式，即保证本金安全甚至承诺最低收益。而目前国内储蓄存款规模达14万亿元，即使部分被保本型的结构化产品所替代，也将是很大的市场空间。目前部分结构化产品就是以结构化存款的方式出现的。

(2) 随着金融市场的开放和市场化程度的提高，结构化产品作为汇率和利率风险管理工具的功能将得到重视。汇率、利率风险将越来越显著地影响国内投资者，而在国内缺乏充分的汇率、利率风险管理工具及市场的情况下，与汇率、利率挂钩的结构化产品有望获得大发展。

(3) 随着居民财富的积累及资本市场的不断发展，居民理财需求日趋强烈。结构化产品的出现，在缺乏投资品种的市场环境下提供了新的投资选择，使投资者能够便利地间接进行股票尤其是商品等投资，并且使投资的风险收益结构更完善。

(4) 结构化产品的发展将与交易所权证等期权产品的发展形成良好的互补关系，促进国内金融市场的体系完善。在国际上，交易所期权市场与场外期权市场都是互动发展的，场外期权的波动性是场内期权重要的参考指标。同时，具有买入期权结构的结构化产品，如ELN(Equity Linked Notes)，将成为权证(卖出期权)发行人对冲风险的重要手段之一。

五、种类繁多的基础资产组合

结构化产品的收益可以挂钩于种类繁多的标的物，包括债券、债券市场指数、股票、股票市场指数、大宗商品、大宗商品市场指数、外汇及外汇指数、货币市场、共同基金、对冲基金、房地产投资信托、产权指数及各类资产的组合等。其中，以债权为标的物的结构化产品占据市场份额的绝大多数。与复合证券在全球大行其道相对应，结构化产品的迅速发展有其必然，那就是这种产品能够最大限度地满足投资者的需求。

(1) 结构化产品具有丰富的可设计结构，包括不同的挂钩标的、挂钩方式和方向、支付方式、期限及风险收益结构等，这些设计极大地丰富了产品的多样性，提高了金融机构为客户量身定制产品的能力。

(2) 结构化产品以科学的金融工程技术为基础，更加科学地实现了保本等产品设计要求。如PGN(Principal-Guaranteed Notes)等保本产品相比目前保本基金普遍依赖的固定比例投资组合保险策略(Constant Pro Portfolio Insurance, CPPI)、时间不变性投资组合保险策略(Time-Invariant Portfolio Protection, TIPP)等投资策略，其保本承诺更加可靠、产品类型更加丰富、业务模式更加符合国际趋势。

(3) 结构化产品内嵌期权、互换、远期等衍生产品，将投资者对标的资产未来走势的预期巧妙地转化为产品化形式，提高了此类产品的潜在收益，极大地提高了产品的吸引力。如高息票据就是以较高的年息率为最大卖点的一种结构化产品。

(4) 结构化产品可以将投资收益与黄金、石油等商品挂钩，为投资者提供一条直接投资黄金、石油等商品的便捷渠道，降低投资成本、提高投资效率。

第二节 结构化产品的分类

在目前的金融市场上，结构化产品可谓品目繁多，涵盖从最简单的股指联动保本票据(如与沪深300指数联结的保本理财产品)，到更加复杂的金融产品，如资产支持证券、指数联结票据、双边可赎回递进式票据、可赎回保本票据、拍卖利率优先证券等。其中，一些结构化产品的收益完全依赖于某种特定市场情况的出现，预期收益比较高，但是风险水平也比较高。

一、以本金保护程度为基准分类

以本金保护程度为基准,可以将结构化产品分为以下三类。

(1) 完全保本产品。以保本型票据为基础,通常能够提供百分之百的本金保护。这类结构化产品提供的最低回报为期初时的初始投资,在标的物行情走势符合预期时,还能产生额外的投资收益。例如,如果标的物在产品到期时产生正的收益,投资者得到的回报既包括其初始投资,也包括用参与率调整的标的物收益;如果标的物在产品到期时产生的收益是零或者产生亏损,投资者就只能获得初始投资额。在这里实现本金保护的方法,是将初始投资资金的一部分投资于债券。通过恰当地确定投资债券的比例,可以使得所投资的债券在产品到期时的价值刚好等于本金保护的额度。这类结构化产品本金风险较低、结构简单,因此,广受众多个体投资者的欢迎。

(2) 部分保本产品。即投资者的本金通常只有部分受到保护。在这类产品中,通常有一个预设的价值下限,例如产品价值不低于本金的80%。这意味着该结构化产品提供了80%的本金保护。如果投资者购买了这一款结构化产品,他就承担了有可能损失初始投资资金的20%的风险。有些部分保本产品还提供一定的本金损失缓冲区:即当产品价值低于初始本金但是高于本金的某个百分比时,产品依然提供全额本金保护。例如,本金损失缓冲区是10%,这意味着产品价值低于初始本金但是高于初始本金的90%时,投资者仍然获得100%的本金保护。但是,若产品价值跌破了初始本金的90%,投资者就要承担一定的本金损失。本金损失的比例取决于产品的条款。

(3) 无本金保护的产品。通常也称为非保本产品,这类产品通常具有收益增强特征,投资方法基本上是买入并持有,投资者承担着损失全部本金的风险。这类产品并不保证本金的任何额度的回收;相反,产品的收益联结在标的物的行情表现上,依赖产品到期时标的物交易的价格,在某些情况下还依赖标的物价格走过的路径。此外,这类产品的投资收益通常是封顶的,例如,标的物在期末比期初升值了20%,但是结构化产品的条款中标明了12%的封顶条款,那么投资者获得的最大收益将不会大于12%。这类产品还有别名,如杠杆票据、高绩效票据、收益增强型结构化产品。

二、以风险程度高低为基准分类

以风险程度高低为基准,可以将结构化产品分为以下三类。

(1) 本金保护类产品。本金保护类产品在期末的价值不低于产品的初始价值或初始价值的某个比例,并可能包括产品对应的标的物价格所带来的风险收益。本金保护类产品具有三个特性:一是投资该产品时投资本金的全部或一部分是受到保护的;二是产品的标的物的风险影响到该结构化产品的最终收益;三是产品的最终收益是不固定的。由此可见,投资保本类结构化产品的目的在于投资风险水平相对较高的资产(如股票、大宗商品或外汇)从而获得较高的预期收益,同时规避了产品的尾部风险。在投资保本类结构化产品前应该明确投资的目标,因为只有明确了投资的目标才能确定投资这个结构化产品的机会成本。例如,如果投资的目的在于参与到风险较高的资产(例如上证综合指数),以便在股市大盘上涨时获得较高的收益,那么投资的机会成本可能包括产品存续期间指数成分股所带来的红利和投票权。如果投资的目的在于获得高于5年期人民币互换利率的收益，那么机会成本就大约等于5年期国债的利率。

(2) 收益增强类产品。收益增强类结构化产品通常没有提供本金保护功能，且其潜在收益有限，其目标在于产生高于普通的债券的收益率。在市场行情不好的情况下，这类产品的风险几乎相当于其标的物的风险。无论是从结构多样性还是产品价值规模来看，收益增强类结构化产品都占据主要地位。虽然收益增强类产品与债券比较类似，但是在管理资产时不应该将其看作债券的替代品，因为它们的风险特征在本质上不同于普通的固定收益产品的风险特征。典型的收益增强类产品通常以面值发行，在存续期间会产生相对较高的利息。也有的产品在发行时以较低的价格发行(相对于发行时的标的物价格)。在以往的收益增强类产品中，通常存在收益封顶特征，表现为产品利息的封顶或者产品发行时的折扣率封底。目前市面上的收益增强类产品在逐步突破收益封顶条款，如有些产品的资本利得、利息或者发行折扣率都没有限制。然而，值得注意的是，这些收益属性的增加，并不一定意味着产品带来高收益的可能性的增加。收益增强类产品的期末收益是标的物价格的凹函数。这样的收益结构通常是通过卖出看跌期权来实现的。持有这类产品的投资者相当于出售了具有正偏收益的保险，并获得保费作为补偿。在欧洲，投资者广泛持有的收益增强类结构化产品是反向可转换债券(reverse convertible bond)和贴现凭证。这两款产品具有几乎相同的到期收益特征，但是各自的构成却完全不同。

(3) 杠杆参与类产品。这类产品的潜在收益或损失保护通常具有杠杆效应，且通常不提供本金保护或者仅提供部分的、有条件的本金保护。杠杆参与类产品在存续期间几乎不提供利息，发行时也没有折价。从以往的历史来看，这类产品具有多种多样的变体。杠杆参与类产品的名字通常以"凭证"等字样命名，且多以股权类资产作为标的物，但并非仅限于股权类资产。有些杠杆参与类产品具有参与率条款，即产品的收益率等于标的物的收益率乘以该产品的参与率，从而达到放大或缩小收益的杠杆效果。例如，如果一款以沪深300指数为标的物的指数跟踪型产品的参与率为60%，那么产品到期时的收益就等于沪深300指数的收益率乘以60%。参与率既可以应用于产品的收益，也可以应用于产品的亏损。

在本金保护类、收益增强类和杠杆参与类这三类产品中，本金保护类产品的风险通常是最低的，而杠杆参与类产品的风险是最高的，收益增强类产品的风险则居中。在实际的市场中，任何一款产品，无论其属于以上哪个种类，均可以通过精巧构造而拥有多个风险收益属性。在评估产品的各方面性质时，投资者不应仅依据产品类型，而应详细考察产品的各个特定条款。随着结构化产品市场的发展，越来越多的具有创新特征的产品被创造出来，创新体现在产品的各个条款和结构上，有些产品可能既属于本金保护类，又属于杠杆参与类。因此，在进行投资之前，投资者应该理解产品的重要条款、收益和风险特征。

案例分析11-1

雪球产品

雪球产品是一种奇异期权，可理解为在市场波动通道中的滚雪球游戏。在上下两条障碍线内进行敲入和敲出，如果碰到上面的障碍线，期权自动生效，叫作"敲出"(赢得游戏)；如果碰到下面的障碍线，期权自动失效，叫作"敲入"(游戏出局)。表11-1和图11-1分别为某雪球产品的产品说明书和四种损益情况。

表11-1 某雪球产品的产品说明书

挂钩标的	中证500指数
期初参考价格	产品备案完成后，为挂钩标的(中证500指数)在期初观察日的收盘价，具体以产品公告为准
敲出事件	指某一敲出付息观察日挂钩标的(中证500指数)收盘价大于或等于敲出价格(即发生敲出事件)，本计划于发生该事件的下一工作日终止
敲入事件	指观察期内某一预定交易日挂钩标的收盘价小于敲入价格
观察期	指期初观察日(含)至期末观察日(含)期间的所有预定交易日
敲出观察	从第3个月起每个月1次，共22次
敲入观察	每个预定交易日
(1) 直接敲出	18.3%
(2) 未敲入也未敲出	18.3%
(3) 敲入后又敲出	18.3%
(4) 敲入且未敲出	发生亏损，(期末参考价格/起初参考价格-1)%

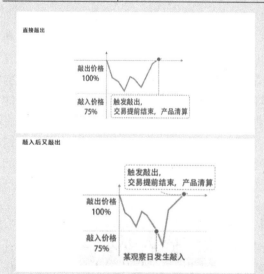
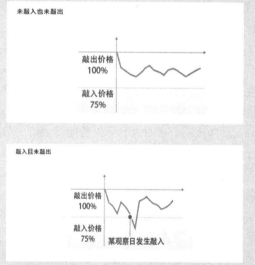

图11-1 雪球产品的四种损益情况

其中，敲出机制以月为单位，敲入机制以日为单位，好比学生的月考和随堂测试。敲出事件相当于该学生只要有一次月考成绩超过80分，就会获得奖励。敲入事件则相当于该学生只要有一次随堂测试不合格，并且之后每个观察月的月考都没有超过80分，期末结束就要受到责罚。

如果学生在每次月考和每天的随堂考试，成绩都在60~80分之间，或者在某一次小考中成绩不及格，而在之后的某一次月考中成绩超过了80分，一样会得到奖励。

"只要不大跌，收益滚雪球"，雪球产品提供了足够的下跌保护空间，同时，还拥有像滚雪球一样越滚越大的收益。雪球产品本质上是做空隐含波动率，而历史数据表明，长期做空隐含波动率所得的收益要高于直接做多股市本身。请参考第七章中的做空跨式策略或者做空勒式策略。

资料来源：http://www.cs.ecitic.com/newsite/tzzjy/zxhd/xqcpfxjs/

第三节　我国结构化产品市场的发展

2006年7月10日，交通银行开始发售"自动提前终止式股票挂钩投资存款"，其收益与三只港股挂钩，最高预期收益率达到12.5%。与此同时，花旗银行、荷兰银行及中国银行、北京银行等国内外金融机构近期也在境内销售类似的结构化产品。然而，在当前国内追求高质量发展的背景下，如何充分理解结构化产品并发展此类理财业务，值得全方位地研究。

一、我国结构化产品市场发展历史

在我国，结构化产品首先是以外汇结构化存款的形式出现的。外资银行在2003年开始推出一些外汇结构理财产品。2004年3月《金融机构衍生产品交易业务管理暂行办法》颁布实施，中、建、工、农四大国有(控股)商业银行分别推出了"汇聚宝""汇得盈""汇利通""汇利丰"理财产品，交通银行、招商银行、光大银行等股份制商业银行也纷纷推出了"得利宝"等理财产品，一些境内外资商业银行也相继推出了"优利账户""汇利账户"等理财产品。按产品的收益特点，可分为固定利率型和浮动利率型；按产品的期限，可分为短期、中期和长期，对应的存款期限为一年及以下、一到三年、三年及以上；按产品挂钩条件(联动)，可分为与利率挂钩、与汇率挂钩、与商品挂钩、与信用挂钩四大类。渣打银行2005年8月推出了国内首个挂钩美国道琼斯工业指数的外汇产品。从收益率这一最核心的因素看，我国银行推出的结构性理财产品要远远高于同期储蓄存款利率，从目前推出的产品情况看，结构性外币理财产品的收益率一般都远远高于同期外币(一般指美元)定期存款利率。

总体来看，在2010年股指期货上市之前，中国大陆结构化产品市场几乎是由外资商业银行所主导的，例如汇丰银行和德意志银行。市场中的大部分结构化产品的标的物通常是境外的资产。这些外资银行通过其境外的分支机构和境外的交易对手对其在中国大陆发行的结构化产品进行风险对冲。因此，很少有境内的结构化产品是以境内A股市场为标的物的，其原因在于这些机构在A股市场难以对产品的风险进行对冲，同时也在于A股市场的熊市阶段较为漫长，特别是2007年大盘高峰之后，漫漫熊市无尽头。股指期货上市之后，境内的商业银行逐渐开始挖掘结构化产品所能带来的价值，并逐渐掌握了为投资者提供A股期权产品的能力。然而，在2010年到2012年期间，境内银行所提供的结构化产品几乎都是场外交易的，其规模和范围也都比较窄，且受到来自中国银行业监督管理委员会严格的监管。监管部门在结构化产品市场发展的过程中，更像一个观察者，而非提供明确信号来支持金融创新。

随着股票市场的逐渐复苏，以股票或股票价格指数为标的物的结构化产品将会越来越多。

但从长期来看,风险厌恶的投资者投资结构化产品的主要期望,仍然是本金保护。在中国大陆的结构化产品市场中,个人投资者所占的比例是较高的,但是在未来,保险资产管理者将成为一类重要的投资者。这是因为中国保险业监督管理委员会(CIRC)在2012年10月发布政策,放松了保险资产管理者使用衍生工具进行套期保值的政策限制,使其可以通过交易场外的期权和互换来管理资产组合中股权类资产的风险,或者锁定已盈利的金融资产所带来的利润。

目前,制约中国结构化产品市场发展的重要因素之一,是投资者教育的不足。大部分个人投资者能够选择的投资途径是很少的,股票市场吸纳了个人投资者投资资金的大部分。对于普通的个人投资者而言,结构化产品中的各式条款、各种类型的标的物及复杂的收益结构都显得过于复杂。此外,2008年金融危机以来,媒体的宣传不够专业、全面,使得结构化产品成为风险甚至欺骗的代名词。需要认识到的是,结构化产品与人们习以为常的汽车相类似。汽车能提供便捷的运输服务,然而车祸经常发生。其实,车祸发生的原因并不在于汽车本身,而在于人。要么是制造厂商不负责任,要么是监管者不负责任,要么是司机不负责任。结构化产品也是如此,能为投资者提供更加适当的资产管理工具,在一定情况下也会带来损失风险。结构化产品仅仅是个工具,导致资产损失的原因是发行者、使用者或者监管者(类似于去中心化中的"人")。因此,关于结构化产品的知识普及工作显得尤为重要。这是一个循序渐进的过程。从目前的情况来看,产品卖方需要做的是,使产品的结构尽量简单,才能易于获得投资者的理解、接受和监管者的认可。

二、我国结构化产品市场发展现状

2012年下半年开始,中国证监会发布政策允许银行和证券公司发行风险中性产品(risk-neutral product),从此,境内机构的金融创新步伐开始加快。风险中性产品通常具有质押担保,因此对发行人资产负债表的影响相对较小。自此,结构化产品作为风险管理的工具逐渐获得了监管当局的认可和支持。除了这些政策性的因素之外,还有另外一个因素会影响境内的结构化产品市场的发展,那就是结构化产品的风险收益属性的改善。在这之前,中国境内的银行等金融机构通过发行理财产品来融入资金,这些理财产品通常具有较高的固定收益,以弥补其相对较低的信用等级带来的不足。随着市场的不断发展,结构化产品的卖方需要加强创新能力和运营能力,才能向投资者提供具有可持续的、优化的风险收益属性的产品,以满足投资者较为个性化、差异化的投资需求[①]。

📖 案例分析11-2

中银理财-海外优选高评级固收 QDII(美元封闭式)

表11-2 理财产品基本信息

投资者类型	经产品销售机构风险承受能力评估为谨慎型、稳健型、平衡型、进取型和激进型的个人投资者、机构投资者。其中,在招商银行股份有限公司渠道风险承受能力评估为保守型、谨慎型、稳健型、进取型和激进型的个人投资者、机构投资者。具体以销售机构风险评级结果和销售要求为准

---

① 更多的理财产品介绍,请参考中国理财网:https://www.chinawealth.com.cn/zzlc/index.shtml。

(续表)

理财产品认购起点金额	认购起点金额【1】【美元】； 认购起点金额以上按照【1】【美元】的整数倍累进认购
理财产品名称	中银理财-海外优选高评级固收 QDII(美元封闭式)2022年16期
理财产品简称	中银理财-海外优选高评级固收 QDII(美元封闭式)2022016
理财产品代码	HWYXGPJQDUSD2022016
全国银行业理财信息登记系统登记编码	【Z7001022000370】投资者可根据登记编码在中国理财网(www.chinawealth.com.cn)查询产品信息
理财本金/理财本金返还/理财收益币种	【美元】
理财产品管理人	中银理财有限责任公司
理财产品托管人	中国银行股份有限公司
理财产品境外托管代理人	【中国银行(香港)有限公司】
理财产品销售机构	招商银行股份有限公司、南京银行股份有限公司
产品类型	固定收益类非保本浮动收益型
产品运作模式	封闭式净值型产品
募集方式	公募
发行对象	本理财产品根据投资者购买理财的销售机构、资金类型(美元现汇/美元现钞)不同，设置不同产品份额，每类产品份额设置单独的份额代码和销售代码，并分别计算和公告产品份额净值。投资者可根据实际情况自行选择购买的产品份额类别。 A 类份额(产品份额代码【HWYXGPJQDUSD2022016A】、产品销售代码【ZYD1205A】)：招商银行美元现汇客户专属； B 类份额(产品份额代码【HWYXGPJQDUSD2022016B】、产品销售代码【ZYD1205J】)：招商银行美元现钞客户专属； C 类份额(产品份额代码、产品销售代码【HWYXGPJQDUSD2022016C】)：南京银行美元客户专属
投资目标	在风险相对可控的情况下力争实现外币资产的保值增值
投资策略	本产品在对宏观经济的分析和相关市场的研判的基础上，将募集的外币资金，配置于境外货币市场，努力增加投资组合价值。投资者可通过本产品实现跨境、跨市场的投资运作，在风险相对可控的情况下力争实现外币资产的保值增值
募集规模上限	【5500万】美元 产品管理人有权根据实际需要对本理财产品募集资金规模进行调整，本理财产品最终规模以产品管理人实际募集的资金数额为准
理财产品份额面值	1【美元】
理财产品份额净值	本产品的一般估值日为工作日每周四。一般估值日外，产品管理人可不定期增加临时估值日。理财产品份额净值可能小于 1【美元】

(续表)

认购期	【2022】年【8】月【8】日至【2022】年【8】月【10】日，具体以理财产品销售机构实际受理时间为准
理财产品成立日	【2022】年【8】月【11】日
理财产品到期日	【2023】年【5】月【31】日(如遇非工作日，则顺延至下一个工作日)
理财产品存续期限	【293】天(以理财产品实际存续天数为准)
业绩比较基准及测算	投资者认购本理财产品时，业绩比较基准为【3.15%】(年化)。业绩比较基准用年化收益率表示，是产品管理人基于产品性质、投资策略、过往经验等因素对产品设定的投资目标，仅用于评价投资结果和测算业绩报酬，不代表产品的未来表现和实际收益，不构成产品管理人对本理财产品收益的承诺或保障。 业绩比较基准测算： 业绩比较基准由产品管理人依据理财产品的投资范围、投资策略、资产配置计划，并综合考虑市场环境等因素测算。本理财产品为【固定收益类】产品，主要投资于【境外存款等境外货币市场工具】。以产品投资【外币存款仓位100%】为例，业绩比较基准参考本产品发行时已知的【外币银行存款报价】，考虑本理财产品综合费率、资本利得收益并结合产品投资策略进行测算得出。(产品示例仅供参考，具体投资比例可根据各类资产的收益水平、流动性特征、信用风险等因素动态调整)
理财产品费用	固定管理费：【0.10】%(年化) 销售服务费：【0.10】%(年化) 托管费：【0.02】%(年化) 认购费：无 本理财产品不收取超额业绩报酬。 其他：1、投资账户开立及维护费、交易手续费、资金汇划费、清算费；2、与产品相关的审计费、诉讼费、仲裁费、律师费、执行费、信息披露费；3、增值税及附加税费等，在实际发生时按照实际发生额支付
提前终止	本理财产品存续期内，投资者无权单方面主动决定终止本理财产品。为保护投资者利益，理财产品管理人有权按照本理财产品资金运作的实际情况，主动终止本理财产品。如理财产品管理人需要提前终止本理财产品，将至少提前【3】个工作日(含)予以公告
工作日释义	指除中国内地、香港特别行政区和美国的法定节假日和公休日外的其他日
投资者资金到账日	理财产品到期后【5个工作日】内，理财产品到期日至资金到账日期间不计利息
资金来源限制	投资者不得使用贷款、发行债券等筹集的非自有资金投资本理财产品
理财产品税款	根据中国税收相关法律法规、税收政策等要求，本理财产品运营过程中发生的增值税应税行为，以理财产品管理人为纳税人。签约各方同意本理财产品在运营过程应缴纳的增值税及附加税费(包括但不限于城市维护建设税、教育费附加及地方教育附加等)由产品管理人从理财产品财产中支付，并由产品管理人根据中国税务机关要求，履行相关纳税申报义务，由此可能会使理财产品净值或实际收益降低，请投资者知悉。投资者从理财产品取得的收益应缴纳的税款，由投资者自行申报及缴纳

该理财产品有三个方面需要重视。第一，投资范围为境外货币市场工具：现金、银行存款、同业存单。以上资产基本属于美元无风险资产，所面临的最大风险是汇率风险和政治风险。第二，层次结构：认购期内，产品管理人按照先到先得的原则分别处理本产品 A 类份额、B 类份额、C 类份额实际收到的投资者认购申请。认购期内，产品管理人实际收到各类份额的认购申请金额累计达到该类份额募集规模上限后，有权自下一工作日起停止接受认购，该类份额认购期间提前结束。其中，A 类和 B 类为招商银行客户，C 类为南京银行客户，请读者思考每层资产投资者所面临的风险。第三，净值的计算：假如投资者在认购期认购理财产品 A 类份额 5 000 000【美元】，产品无认购费，购买理财产品该类份额时份额净值为 1，认购份额为 500 万份，产品期限为 365 天，业绩比较基准定为 4.80(年化)。该产品于到期日正常到期，当日产品净值为 1.060 000，理财产品实际年化收益率=(1.060 000−1)/1×365÷365×100=6.00。

📖 案例分析11-3

人民币结构性存款(黄金看涨鲨鱼鳍)220676

表11-3　产品基本信息

认购起点金额	认购起点金额为【1.00】万元人民币，产品认购起点金额以上按照 1 千元人民币整数倍累进认购	
产品名称	人民币结构性存款(黄金看涨鲨鱼鳍)220676	
产品代码	【GRSDR220676】	
产品类型	保本浮动收益型	
产品认购资金/认购资金返还/产品收益币种	人民币/人民币/人民币	
产品管理人	中国银行	
产品募集规模上限	人民币【5.00】亿元	
认购期	【2022】年【8】月【11】日 8:00 至【2022】年【8】月【13】日 20:00	
收益起算日	【2022】年【8】月【15】日	
到期日	【2023】年【2】月【17】日	
产品费用	本产品无认购费、销售服务费、管理费等	
挂钩指标	名称	定义
	【黄金兑美元价格】	取自 EBS(银行间电子交易系统)黄金兑美元价格的报价，如果该价格因故无法取得，由银行遵照公正、审慎和尽责的原则进行确定
预期收益率(年化收益率)	条件	预期收益率
	如观察期内挂钩指标曾经高于观察水平 2	【3.5000%】

(续表)

预期收益率 (年化收益率)	如观察期内挂钩指标始终小于或等于观察水平 2，且挂钩指标期末价格小于或等于观察水平 1	【0.3000%】(保底收益率)
	如观察期内挂钩指标始终小于或等于观察水平 2，且挂钩指标期末价格大于观察水平 1	【0.3000%】+(期末价格÷期初价格-99.00%)×参与率
	其中，预期年化投资收益率的计算按照四舍五入法精确到 0.0001%，根据上述规则，预期年化投资收益率的波动区间为【0.3000%】~【6.3000%】参与率=【100.00%】	
预期收益率测算依据	当且仅当本结构性存款产品所涉及的所有当事人——中国银行、其他交易相关人等均完全履行了其各项义务和责任且未发生任何争议或任何其他风险的前提条件下，中国银行按照拟投资资产的市场利率水平和期权相关的费用及收益，扣除产品费用，测算出本结构性存款产品在挂钩指标不同表现情形下的预期收益率	
观察水平 1	期初价格×【99.00%】(按照四舍五入法精确到 0.01)	
观察水平 2	期初价格×【105.00%】(按照四舍五入法精确到 0.01)	
期初价格	【基准日北京时间下午 2 点彭博"BFIX XAUUSD"版面公布的黄金兑美元价格中间价，四舍五入至小数点后两位。如果某日彭博 BFIX 页面上没有相关数据，中国银行将以公正态度和理性商业方式来确定。】	
期末价格	【期末观察日北京时间下午 2 点彭博"BFIX XAUUSD"版面公布的黄金兑美元价格中间价，四舍五入至小数点后两位。如果某日彭博 BFIX 页面上没有相关数据，中国银行将以公正态度和理性商业方式来确定。】	
期初基准日	【2022】年【8】月【15】日	
期末观察日	【2023】年【2】月【14】日	
观察期	从期初基准日北京时间下午 3 点至期末观察日北京时间下午 2 点	
观察日	观察期内每个工作日	
提前终止	本产品到期日之前不支持客户提前赎回	
收益计算方法	本结构性存款产品收益按照产品认购资金、预期收益率、收益计算基础和收益期以单利形式计算，预期收益率以观察期内挂钩指标的观察结果为准	
收益期	从收益起算日(含)至到期日或提前终止日(不含)	
收益支付和认购资金返还	本结构性存款产品到期或提前终止时，一次性支付所有产品收益并全额返还产品认购资金，相应的到期日或提前终止日即为收益支付日和产品认购资金返还日	
工作日	观察日采用除国际外汇市场共同假日外的银行工作日	
资金到账日	收益支付日或产品认购资金返还日后的 1 个工作日内。收益支付日或产品认购资金返还日至资金到账日之间，不计利息	
计算行	中国银行	
税款	产品收益的应纳税款由客户自行申报及缴纳	

该产品与雪球产品类似，由多个期权构成，但是期权的标的资产是黄金。依据预期收益率模式，请读者先自行反推出期权组合策略。

从观察水平可以看出，期权的行权价格为期初价格×【99.00%】和期初价格×【105.00%】。

从预期收益率可以看出，与雪球产品类似，一个到期日为 2023 年 2 月 14 日，行权价格为期初价格×【105.00%】的黄金看涨期权空头，一个到期日为 2022 年 8 月 15 日，行权价格为期初价格×【99.00%】的黄金看涨期权多头，请问这时净期权费等于多少？相当于什么期权策略？

基于情景分析及压力测试下的收益分析：

假设某客户认购本结构性存款本金为 100 000 元人民币；假设本结构性存款挂钩的【黄金兑美元价格】的期初价格为【1894.10】，观察水平 1 为【1875.16】，观察水平 2 为【1988.81】，产品期限为【186】天；

情形一(获得较高的预期收益率)：如果【在观察期内，挂钩指标曾经高于 1988.81】，则：

产品收益率为【3.5000%】(年化)；

客户获得的产品收益=100 000×【3.5000%】×【186】÷365=【1783.56】元人民币；

情形二(获得保底收益率)：如果【在观察期内，挂钩指标始终小于或等于 1988.81，且期末价格小于或等于 1875.16】，则：

产品收益率为【0.3000%】(年化)；

客户获得的产品收益=100 000×【0.3000%】×【186】÷365=【152.88】元人民币；

情形三(获得浮动收益率)：如果【在观察期内，挂钩指标始终小于或等于 1988.81，且期末价格等于 1951.3】，则：

产品收益率为【0.3000%+(1951.3/1894.10−99.00%)×100.00%=4.3199%】(年化)；

客户获得的产品收益=100 000×4.3199%×【186】÷365=【2201.37】元人民币。另外，由于该产品受存款保险保护(中国银行的声明)。此时，这里还有一个外部期权，即存款保险。请问什么时候会触发这个期权呢？

三、我国结构化产品发展的政策性建议

(一) 监管层角度

(1) 加强市场监管和投资者教育，充分揭示风险，在探索中逐步制定产品标准，促进业务的规范发展，切实保障投资者利益。

(2) 严格市场准入，把关发行人质量，尽快出台《结构化产品风险管理办法》，明确对发行人在资本金、避险操作、信息披露等方面的要求。同时，考虑对中资机构业务空间的战略性拓展或支持。

(3) 随着市场的逐渐形成，考虑建立结构化产品的集中交易市场，使其持牌上市交易，从而提高产品的流动性、标准化程度和市场普及性。从全球范围来看，结构化产品呈现出场内、场外两个市场同时发展的趋势。其中，场内市场主要针对中小客户，交易更标准化的产品；场外市场主要针对大客户，交易定制的个性产品。台湾地区的实践证明，集中交易市场的存在，极大地促进了此类产品的发展。

(二) 发行人角度

(1) 培养产品设计人才和对冲交易人才，使他们尽快掌握核心技术。同时，加强营销队伍建设，提高销售人员结构化产品方面的知识水平。

(2) 选取合适的产品类型，减少政策压力、增加市场吸引力。

(3) 先发行保本产品，形成对追求安全、获利的储蓄存款的有力替代，并逐步针对风险偏好客户推出不保本产品。目前国内内地市场上几乎都是保本产品，而在港台地区，除了保本产品外，还存在一类以高息票据为代表的不保本产品。

(4) 先选择股票等投资者较为熟悉的挂钩标的，逐步向利率、汇率、商品及其他标的发展。

(5) 可以着重同时发行方向相反的两种产品，从而自动实现发行人风险对冲，降低风险对冲成本，提高潜在收益。

此外，可以积极争取 QDII 资格，利用 QDII 额度进行挂钩境外标的结构化产品的对冲避险，争取自主产品发行通道。同时，也可借助合作外资方的 QFII 资格，发展境内标的的结构化产品。当然，用 QDII、QFII 额度作对冲交易，成本相对较高。

(三) 结构化产品角度

(1) 营销模式：随着结构化金融产品发行受到的金融监管政策趋严，各银行之间对结构化金融产品的竞争也趋向激烈。因此，大部分商业银行都建立了其销售奖励机制，将销售人员工资奖金与产品销售额挂钩。这就导致销售人员在向客户推销结构化金融产品时，往往会过于强调高收益而淡化风险提示，或者向与产品风险级别不相符的投资者推荐产品，或对产品的收益情况，或直接(变相)做出收益承诺等。这样不规范的销售模式，会导致投资者在获得零收益或负收益的情况下，与银行产生法律纠纷，甚至导致银行声誉受损或被罚款、赔偿。因此，需要对客户进行分类。例如，对大客户，由银行组织营销团队主动上门推销，主要采取量身定做的方式，提供非标准化的个性产品；对中小客户，主要由营业网点进行销售，提供统一定制的较为标准的结构化产品。比如，美林等大型银行多盯住高端大客户进行定制产品营销，而恒生银行、荷兰银行等可以通过其营业网点为客户提供标准化的结构化产品。

(2) 定价模式：我国大部分结构化金融产品都提供了较高的预期收益率，并以此来吸引投资者投资该产品。但是，许多投资者在产品到期时只能获得较低或最低级别的收益率，与发行产品时设计的最高收益率存在较大差距。这种实际收益率与预期收益率之间的差距实质上是结构化金融产品所挂钩的标的资产的实际变动率与预设变动率的差异所导致的，这也使得标的资产很难满足最高收益率的条件。这表明银行在发行结构化金融产品时，对产品定价所需的各种参数及影响因素的考量不够准确，进而导致产品收益结构设计与市场差距较大。因此，需要全面落实党的二十大精神要求，提高市场配置资源的效率，进一步实现高质量发展和提高金融市场效率。

(3) 结构化模式：随着近年来结构化金融产品发行规模的不断扩大，结构化金融产品同质化的问题愈发严重。许多商业银行在设计产品时，并不针对本行客户的个性化需求、自身资产结构、当前市场趋势等因素来对产品进行创新设计，而是简单地模仿其他银行已发行的结构化金融产品，从而节省创新成本和风险管理成本。但是这样发行的结构化理财产品的收益率往往低于其预期，因此对投资者的吸引力也较小。此外，目前市面上大部分结构化金融产品都是溢价发行，有些产品的溢价率较高，进而造成投资者花费较多成本而获得较低收益的情况，这就导致商业银行可以通过溢价发行获得部分本该属于投资者的收益，造成事实上的不公平。因此，监管机构应该降低整个市场的信息不对称程度，进而改善结构化金融产品溢价发行的问题。

(4) 风险对冲模式：商业银行发行的结构化金融产品存在市场风险(包括汇率风险)、流动性风险、信用风险、操作风险等。其中，市场风险主要是利率变动和标的资产价格变动引起的。一般来说，商业银行会采取必要的风险管理措施来对冲结构化金融产品的风险，而期权部分的风险对冲则是结构化金融产品风险对冲的重点，银行也会采取复制期权发行方向相反的结构化金融产品等方式来对冲风险。但是，由于我国期权交易市场仍处于起步阶段，许多标的资产的期权(如人民币汇率期权等)的交易活跃度极低，流动性很差，使得银行很难找到相反或相同方向的期权组建风险对冲头寸。这也要求市场参与人必须建立起完善的风险控制体系，并将产品发售之后的风险对冲提高到首要位置加以重视，否则结构化产品可能会给发行人带来巨额损失。发行人首先必须对风险实时揭示、动态对冲，防止风险的潜在累积；其次必须对自身所有产品的风险头寸统一考虑，特别是对基础资产的风险加以综合考虑。

练习与思考

1. 请列举结构化产品。
2. 结构化产品的风险分析该如何进行？
3. 结构化产品的基础(底层)资产有哪些？
4. 请简述理财产品的结构化特征。

参考文献

[1] 陈松男. 金融风险管理：避险策略与风险值[M]. 北京：机械工业出版社，2014.

[2] 张元萍. 金融衍生工具教程[M]. 北京：首都经济贸易大学出版社，2011.

[3] 中国期货业协会. 结构化产品[M]. 北京：中国财政经济出版社，2013.

[4] Beblavý, M., Cobham, D., Ódor, L. 欧元区与金融危机[M]. 北京：中国金融出版社，2013.

[5] 罗丹. PPP项目资产证券化信用风险研究[D]. 武汉：中南财经政法大学金融学院，2020.

[6] 施兵超. 金融衍生产品[M]. 上海：复旦大学出版社，2008.

[7] 吴冲锋，刘海龙，冯芸，等. 金融工程学[M]. 北京：高等教育出版社，2010.

[8] 陈工孟. 金融工程[M]. 北京：清华大学出版社，2003.

[9] 郑振龙，陈蓉. 金融工程[M]. 北京：高等教育出版社，2012.

[10] 吴江水. 完美的合同——合同的基本原理及审查与修改(第四版)[M]. 北京：北京大学出版社，2020：154-201.

[11] 鲍勤，孙艳霞. 网络视角下的金融结构与金融风险传染[J]. 系统工程理论与实践，2014(9).

[12] 戴国强，孙新宝. 我国企业债券信用利差宏观决定因素研究[J]. 财经研究，2011(12).

[13] 陈诗一. 中国各地区低碳经济转型进程评估[J]. 经济研究，2012(8).

[14] 陈守东，王妍，唐亚晖. 我国金融不稳定性及其对宏观经济非对称影响分析[J]. 国际金融研究，2013(6).

[15] 陈云贤. 国家金融学[M]. 北京：北京大学出版社，2018.

[16] 陈云贤，顾文静. 中观经济学[M]. 北京：北京大学出版社，2019.

[17] 方红星，施继坤，张广宝. 产权性质、信息质量与公司债定价——来自中国资本市场的经验证据[J]. 金融研究，2013(4).

[18] 付琳，曹颖，杨秀. 国家气候适应型城市建设试点的进展分析与政策建议[J]. 气候变化研究进展，2020(6).

[19] 韩鹏飞，胡奕明. 政府隐形担保一定能降低债券的融资成本吗？——关于国有企业和地方融资平台的实证研究[J]. 金融研究，2015(3).

[20] 翟永会. 系统性风险管理视角下实体行业与银行业间风险溢出效应研究[J]. 国际金融研究，2019(12).

[21] 黄小琳，朱松，陈关亭. 债券违约对涉事信用评级机构的影响——基于中国信用债市场违约事件的分析[J]. 金融研究，2017(3).

[22] 李永，王亚琳，邓伟伟. 投资者情绪、异质性与公司债券信用利差[J]. 财贸研究，2018(3).

[23] 辛桥利，孙兆东. 美国次贷危机[M]. 北京：中国经济出版社，2008.
[24] 侯鑫，褚剑. 债券投资者关注融资融券交易吗？——基于公司债二级市场信用利差的研究[J]. 上海金融，2019.
[25] 李成，马文涛，王彬. 我国金融市场间溢出效应研究——基于四元VAR-GARCH(1，1)-BEKK 模型的分析[J]. 数量经济技术经济研究，2010(6).
[26] 李红权，洪永淼，汪寿阳. 我国A股市场与美、港励互动关系研究：基于信息溢出视角[J]. 经济研究，2011(8).
[27] 刘瑞兴. 金融压力对中国实体经济冲击研究[J]. 数量经济技术经济研究，2015(6).
[28] 梁琪，李政，郝项超. 中国股票市场国际化研究：基于信息溢出的视角[J]. 经济研究，2015(4).
[29] 刘超，徐君慧，周文文. 中国金融市场的风险溢出效应研究——基于溢出指数和复杂网络方法[J]. 系统工程理论与实践，2017(4).
[30] 沈红波，廖冠民. 信用评级机构可以提供增量信息吗——基于短期融资券的实证检验[J]. 财贸经济，2014(8).
[31] 肖阳，冯玲，冯硕硕. 人民币NDF市场与新台币NDF市场相关性及风险溢出研究[J]. 系统工程理论与实践，2016(9).
[32] 谢远涛，蒋涛，杨娟. 基于尾部依赖的保险业系统性风险度量[J]. 系统工程理论与实践，2014(8).
[33] 熊正德，韩丽君. 金融市场间波动溢出效应研究——GC-MSV模型及其应用[J]. 中国管理科学，2013(2).
[34] 王舒果，沈红波，钟霖佳. 政府隐形担保、债券违约与国企信用债利差[J]. 财贸经济，2019(12).
[35] 王永钦，徐鸿恂. 杠杆率如何影响资产价格？——来自中国债券市场自然实验的证据[J]. 金融研究，2019(2).
[36] 汪莉，陈诗一. 政府隐性担保、债务违约与利率决定[J]. 金融研究，2015(9).
[37] 叶康涛，庄汶资，孙苇杭. 资产减值信息与宏观经济预测[J]. 经济学季刊，2021(1).
[38] 于忠泊，田高良，齐保垒，张浩. 媒体关注的公司治理机制——基于盈余管理视角的考察[J]. 管理世界，2011(9).
[39] 吴建华，张颖，王新军. 信息披露扭曲下企业债券违约风险量化研究[J]. 数理统计与管理，2017(36).
[40] 周宏，周畅，林晚发，李国平. 公司治理与企业债券信用利差——基于中国公司债券2008—2016年的经验证据[J]. 会计研究，2018(5).
[41] 宗计川，付嘉，包特. 交易者认知能力与金融资产价格泡沫：一个实验研究[J]. 世界经济，2017(6).
[42] Chance D. M. Brooks R. An Introduction to Derivatives and Risk Management [M]. Cengage Learning, 2015.
[43] Chen, Wang, Ho, Kung-Cheng, Lu Yang. Network structures and idiosyncratic contagion in the European sovereign credit default swap market[J]. International Review of Financial Analysis, 2020(72): 101594.

[44] David Rubens. Strategic Risk and Crisis Management: A Handbook for Modelling and Managing Complex Risks (first-edition) [M]. London: Kogan Page, 2020.

[45] Lu Yang, Xiaojing, Cai., Shigeyuki, Hamori.What determines the long-term correlation between oil price and exchange rate? [J]. North American Journal of Economics and Finance, 2018(44): 140-152.

[46] Lu Yang., Shigeyuki, Hamori. Modeling the Dynamics of International Agricultural Commodity Prices: A Comparison of Garch and Stochastic Volatility Models[J]. Annals of Financial Economics, 2018, 13(03): 1-20.

[47] Lu Yang., XiaoJing., Cai, Shigeyuki, Hamori. Does the crude oil price influence the exchange rates of oil-importing and oil-exporting countries differently? A wavelet coherence analysis[J]. International Review of Economics & Finance, 2017(49): 536-547.

[48] Lu Yang, Shigeyuki, Hamori. Hot Money and Business Cycle Volatility: Evidence from Selected ASEAN Countries[J]. Emerging Markets Finance and Trade, 2016, 52(2): 351-363.

[49] Lu Yang, XiaoJing., Cai., Huimin, Zhang., Shigeyuki, Hamori. Interdependence of foreign exchange markets: A wavelet coherence analysis[J]. Economic Modelling, 2016(55): 6-14.

[50] Hens, Thorsten, Schenk-hoppe, Klaus Reiner. Handbook of Financial Markets[M]. Amsterdam: North Holland, 2009.

[51] Lu Yang, Shigeyuki Hamori. The role of the carbon market in relation to the cryptocurrency market: Only diversification or more[J]. International Review of Financial Analysis, 2021(72): 101594.

[52] Lu Yang. Idiosyncratic information spillover and contentedness network between the electricity and carbon markets in Europe[J]. Journal of Commodity Markets, 2022(25): 100185

[53] Lu Yang, Lei Yang, Kung-Cheng Ho, Shigeyuki, Hamori. 2020. Dependence structures and risk spillover in China's credit bond market: A copula and CoVaR approach[J]. Journal of Asian Economics, 2020(68): 101200.

[54] Lu Yang, Lei Yang, Shigeyuki, Hamori. Determinants of dependence structures of sovereign credit default swap spreads between G7 and BRICS countries[J]. International Review of Financial Analysis, 2018(59): 19-34.

[55] Hull J.C. Options, Futures, and Other Derivatives [M]. Prentice Hall, 2014.

[56] Nordhaus, W.D. Economic growth and climate: the carbon dioxide problem[J]. American Economic Review, 1977(67): 341-346.

[57] Nordhaus, W.D. To slow or not to slow: the economics of the greenhouse effect[J]. Economic Journal, 1991(101): 920-937.

[58] Nordhaus, W.D. Managing the global commons: the economics of climate change[M]. Cambridge, MA: MIT press, 1994.

[59] Nordhaus, W.D., Popp, D. What is the value of scientific knowledge? An application to global warming using the price model[J]. Energy journal, 1997(18): 1-46.

[60] Nannan Yuan., Lu Yang. Asymmetric risk spillover between financial market uncertainty and the carbon market: A GAS–DCS–copula approach[J]. Journal of Cleaner Production, 2020(59): 25920.

[61] Sedunov, J. What is the systemic risk exposure of financial institutions? [J]. Journal of Financial Stability, 2016(24): 71–87.

[62] Schlenker, W., Taylor, C. A. Market expectations of a warming climate[J]. Journal of Financial Economics, 2021(142): 627-640.

[63] Semieniuk, G., Campiglio, E., Mercure, J. F., Volz, U. Edwards, N. R. Low carbon transition risks for finance[J]. Wiley Interdisciplinary Review: Climate Change, 2021(12): 678.

[64] Stan, K., Watt, G. A., Sanchez-Azofeifa, A. Financial stability in response to climate change in a northern temperate economy[J]. Nature Communications, 2021(12): 7161.

[65] Souza, S.R.S., Silva, T.C., Tabak B.M., Guerra, M. S. Evaluating systemic risk using bank default probabilities in financial networks[J]. Journal of Economic Dynamics & Control, 2016(66): 54-75.

[66] Wang, G.J., Jiang, Z.Q., Linc, M., Xie, C., Stanley, H.E. Interconnectedness and systemic risk of China's financial institutions[J]. Emerging Markets Review, 2018(35): 1-18.

[67] Wei, G., Bostandzic, D., Neumann, S. What factors drive systemic risk during international financial crises?[J]. Journal of Banking & Finance, 2014(41): 78–96.

[68] Weitzman, M.L. On modelling and interpreting the economics of catastrophic climate change[J]. Review of Economics and Statistics, 2009(91): 1-19.

[69] Xiao, X., Zhou, C. The decomposition of jump risks in individual stock returns[J]. Journal of Empirical Finance 2018(47): 207-228.

[70] Zeng, Z., Jin, Y. Banking risk and macroeconomic fluctuations[J]. Journal of Banking & Finance, 2014(48): 350-360.

[71] Zhang, Q., Vallascas, F., Keasey, K., Cai, C.X. Are market-based measures of global systemic importance of financial institutions useful to regulators and supervisors[J]. Journal of Money, Credit & Banking , 2015(47): 1403-1443.